中马企业会计准则比较研究

Zhongma

Qiye Kuaiji Zhunze Bijiao Yanjiu

池昭梅　等著

西南财经大学出版社

图书在版编目(CIP)数据

中马企业会计准则比较研究/池昭梅等著. —成都:西南财经大学出版社,2011.2

ISBN 978-7-5504-0127-3

Ⅰ.①中… Ⅱ.①池… Ⅲ.①企业—会计制度—对比研究—中国、马来西亚 Ⅳ.①F279.23

中国版本图书馆 CIP 数据核字(2011)第 013840 号

中马企业会计准则比较研究

池昭梅　等著

责任编辑:李特军

封面设计:王正好

责任印制:封俊川

出版发行	西南财经大学出版社(四川省成都市光华村街 55 号)
网　　址	http://www.bookcj.com
电子邮件	bookcj@foxmail.com
邮政编码	610074
电　　话	028-87353785　87352368
印　　刷	四川森林印务有限责任公司
成品尺寸	185mm×260mm
印　　张	13.5
字　　数	305 千字
版　　次	2011 年 2 月第 1 版
印　　次	2011 年 2 月第 1 次印刷
印　　数	1—2000 册
书　　号	ISBN 978-7-5504-0127-3
定　　价	35.80 元

前 言

2006年1月，我国财政部颁布1项企业基本会计准则与38项具体会计准则，标志着我国的会计改革取得了巨大的成就，会计规范的国际化程度得到进一步加强。同时，国际贸易、跨国投资和国际金融的迅速发展，把世界经济紧密联系在一起。面对经济全球化的趋势，对世界各国的会计规范进行研究比较，及时了解其差异，有利于进一步促进我国会计准则的国际化，充分发挥会计作为一门通用的国际商业言语在市场经济建设中的重要作用，也为我国企业融入国际资本市场提供会计服务支持。2010年1月，“中国—东盟”自由贸易区建成，标志着区域经济一体化得到进一步加强，同时，中国与东盟国家的交流与合作也全面展开。“中国—东盟”自由贸易区的建成，一方面有利于巩固和加强中国与东盟之间的友好合作关系，有利于中国与发展中国家、周边国家的团结合作；另一方面，有利于进一步促进中国和东盟各国的经济发展，扩大双方贸易和投资规模，促进区域内各国之间的物流、资金流和信息流，促进区域市场的发展，创造更多的财富，提高本地区的整体竞争能力，为区域内各国人民谋求福利。要促进“中国—东盟”自由贸易区的快速健康发展，必须要促使双边相互了解各自的会计准则（制度）并大力推进中国与东盟国家会计准则（制度）的协调与趋同，以提高自由贸易区内各成员国生产要素的自由流动。而2009年亚洲—大洋洲会计准则制定机构组（AOSSG）的成立进一步表明了加强区域会计的国际协调，提高会计信息质量，促进区域经济的快速发展是不可逆转的趋势。

《中马企业会计准则比较》主要采用规范研究的方法，通过比较分析中国与马来西亚现有的会计准则，试图揭示中国与马来西亚在企业会计准则方面存在的差异及其形成原因，为中国企业实施“走出去”战略和吸引马来西亚投资提供会计技术支持。同时，本书也为国际会计比较理论研究者、会计专业学生等提供帮助。本书的出版在一定程度上填补了目前国内对中国与马来西亚会计准则比较的研究空白。

本书共九章：第一章导论，包括本书的研究背景，研究方法与内容，研究的创新与不足；第二章中马企业会计准则框架比较，主要对中马会计准则体系、会计准则制定模式和财务会计概念框架进行比较分析；第三章中马企业资产类项目准则比较，主要对存货准则、固定资产准则、无形资产准则、长期股权投资准则、投资性房地产准则和资产减值准备准则进行比较分析；第四章中马企业负债类项目准则比较，主要对职工薪酬准则、企业年金基金准则、股份支付准则和或有事项准则进行比较分析；第五章中马企业损益类项目准则比较，主要对收入准则、建造合同准则、借款费用准则和所得税准则进行比较分析；第六章中马企业报表列报类准则比较，主要对资产负债表日后事项准则、财务报表列报准则、现金结算流量表准则、中期财务报告准则、合并财务报表准则、分部报告准则和关联方披露准则进行分析比较；第七章中马企业特殊事项准则比较，主要对中马企业发生的特殊事项所运用的准则进行比较分析，如“政府补助准则”、“外币折算准则”、“租赁准则”和“恶性通货膨胀经济中的财务报告准则”等；第八章中马特殊行业会计准则比较，主要对中马特殊行业，如金融保险业、石油行业、水产业、生物资产等准则进行比较分析；第九章区域会计协调：基于会计国际化的视角，通过对比中马会计国际化历程，分析中马会计国际化的原因，并指出中马会计国际化的共性及差异。

本书的第一章、第九章、第二章第三节、第六章第二节由广西财经学院会计系池昭梅副教授撰写；第三章第一节由广西财经学院会计系黄兰副教授撰写；第五章第三、四和第五节、第六章第七节、第七章三节由广西财经学院会计系黄维干副教授撰写；第三章第六节、第七章第一节、第八章第三节由广西财经学院会计系柏思萍副教授撰写；第三章第三节、第四节和第七节、第五章第二节由广西财经学院会计系吴春璇讲师撰写；第三章第二节、第六章第五节、第七章第四节、第五节和第十节由广西财经学院会计系吴清讲师撰写；第六章第三节由广西财经学院会计系秦弋雯讲师撰写；第四章第一节、第六章第四节、第六节和第八节、第七章第二节和第七节由广西财经学院会计系苏艺讲师撰写；第四章第二节、第六章第一节、第八章第二节由广西财经学院会计系王晓莹讲师撰写；第四章第三节和第五节、第五章第一节、第七章第八节、第八章第四节由广西财经学院会计系陆秀芬讲师撰写；第二章第二节、第四章第四节、第八章第一节和第五节由广西财经学院会计系阳春晖讲师撰写；第二章第一节和第四节、第三章第五节、第七章第六节和第九节由广西财经学院会计系孔晓春讲师撰写。

本书的出版得到了广西财经学院校领导及会计系领导和老师的关心和帮助，在此表示感谢。同时，非常感谢西南财经大学出版社的领导和编辑的鼎力支持。

由于对马来西亚整个会计环境缺乏足够的了解和掌握，因此，对中马各个企业会计准则存在异同的原因未能作深入的分析；并且由于缺乏马来西亚上市公司运用会计准则的情况的相关数据和资料，未能对马来西亚会计准则运用的效果进行深入的分析。同时，本书在研究方法上，也仅限于运用规范研究的分析方法。因此，本书在研究深度等方面还有待提高，希望各位专家、学者和广大的读者不吝赐教。

编者

2010 年 12 月

目 录

第一章　导论

第一节　本书研究的背景

一、“中国—东盟”自由贸易区的建成

2010年1月，“中国—东盟”自由贸易区建成，标志着区域经济一体化得到进一步加强，同时，中国与东盟国家的交流与合作也全面展开。“中国—东盟”自由贸易区的建成，一方面有利于巩固和加强中国与东盟之间的友好合作关系，有利于中国与发展中国家、周边国家的团结合作，也有利于东盟在国际事务上提高地位、发挥作用。另一方面，有利于进一步促进中国和东盟各国的经济发展，扩大双方贸易和投资的规模，促进区域内各国之间的物流、资金流和信息流，促进区域市场的发展，创造更多的财富，提高本地区的整体竞争能力，为区域内各国人民谋求福利。与此同时，“中国—东盟”自由贸易区的建立，有利于推动东盟经济一体化，对世界经济增长也有积极作用。

自“中国—东盟”自由贸易区建成以来，2010年1月至7月，中国对东盟进出口总额达1610亿美元，同比增长49.6%。其中，中方出口767.3亿美元，进口842.7亿美元，同比分别增长43.2%和56.1%。而东盟对中国出口增速比从中国进口增速高出13个百分点，中方逆差为75.4亿美元。此外，“中国—东盟”自由贸易区建成也促进了中国对东盟投资快速增长，2010年上半年，中国对东盟新增非金融类直接投资达12.2亿美元，同比增长125.7%。投资东盟国家已成为中国企业实施“走出去”战略的重要举措。

二、中国与马来西亚交流与合作进一步加强

中国与马来西亚有着长期友好的外交关系和传统友谊。马来西亚是第一个与中国建交的东盟国家，1974年两国建立外交关系。近年来，两国高层往来频繁，各领域友好合作不断深化，1999年两国政府签署关于双边合作发展方向的《联合声明》，宣布建立“全方位的睦邻友好合作关系”，2004年两国总理宣布“积极推进两国战略合作”①。目前，马来西亚是中国的第八大贸易伙伴，也是中国在东盟国家中的第二大贸易伙伴国，仅次于新加坡。据中国海关统计，2003年，中国与马来西亚双边贸易额首次突破200亿美元，达201.3亿美元；2004年，双边贸易额达262.61亿美元，同比增

① 转引自驻马来西亚使馆经商参处《中国企业对马来西亚“走出去”前景分析》，2010年7月30日。

长30.5%。自“中国—东盟”自由贸易区建成以来，截至2010年5月，马来西亚对外贸易出口与2009年同比增长21.9%，进口同比增长34.2%，其中对中国出口同比增长28.7%。

此外，近年来，中国与马来西亚双边投资不断增长。随着我国政府加快实施“走出去”战略，越来越多的中国企业在马来西亚投资，在取得良好经济效益的同时，也为马来西亚经济社会发展作出了一定贡献。根据马来西亚投资发展局（原马来西亚工业发展局）统计，我国在马来西亚制造业近几年的投资额如表1.1所示①：

表1.1 我国在马来西亚制造业近几年的投资额

年份	投资项目	投资额（万美元）	雇用员工
2007	13个	56 894.02	2133个
2008	17个	1030.50	898个
2009	17个	4743.32	1080个

据中国商务部统计，截至2008年年底，马来西亚累计在华投资项目4451个，累计实现投资额49.28亿美元，位居中国吸收外资的国家（地区）第16位。马来西亚对华投资的行业主要集中在能源、交通、基础设施、供水、商业、酒店、电站、金融、房地产等领域，投资区域由沿海地区逐渐向内地延伸。

三、区域经济发展与会计服务市场开放的需要

经济全球化与区域经济一体化是当今世界经济发展的重要趋势。随着“中国—东盟”自由贸易区的建成，双边贸易自由化程度势必越来越高，而随着双边投资贸易活动的不断发展，必将要求各国的会计准则（制度）适应这一发展趋势。会计信息作为公共信息资源和国际通用商业语言，其相互可比、真实公允，对各国经济与世界经济的融合与发展，起着不可或缺的作用②。

2007年1月14日，中国与东盟十国签署了“中国—东盟”自由贸易区《服务贸易协议》（以下简称《协议》）。目前，除柬埔寨之外的所有国家均已完成《协议》的国内法律审批程序，《协议》于2007年7月1日起正式生效。《协议》规定了双方在“中国—东盟”自由贸易区框架下开展服务贸易的权利和义务，同时包括了中国与东盟十国开放服务贸易的第一批具体承诺减让表。各方根据减让表的承诺内容进一步开放相关服务部门，而其中就包括会计服务市场的开放。

从中国和东盟十国各自提供的会计服务承诺表内容看（如表1.2所示），其中，有九个国家未就会计服务业作出高于世界贸易组织承诺的具体承诺，如果它们在世界贸易组织层面也未给出承诺减让表，一般可理解为该国会计服务部门未开放；而泰国和柬埔寨两国在《服务贸易协议》中就会计服务业作出了高于世界贸易组织承诺的进一

① 转引自驻马来西亚使馆经商参处《中国企业对马来西亚“走出去”前景分析》，2010年7月30日。
② 转引自《企业会计准则讲解》（2006），财政部会计司编写组，人民出版社，第4页。

步开放承诺①。

表 1.2 "中国—东盟" 11 国在《服务贸易协议》中就会计服务业作出具体承诺情况表

序号	国家	是否就会计服务业作出高于世界贸易组织承诺的进一步开发承诺
1	中国	否
2	新加坡	否
3	马来西亚	否
4	泰国	是
5	菲律宾	否
6	文莱	否
7	印度尼西亚	否
8	越南	否
9	柬埔寨	是
10	缅甸	否
11	老挝	否

综上所述，要促进"中国—东盟"自由贸易区的快速健康发展，必须要促使双边相互了解各自的会计准则（制度）并大力推进中国与东盟国家会计准则（制度）的协调与趋同，以提高自由贸易区各成员国各生产要素的自由流动程度。

第二节 本书研究的方法及内容

一、研究方法

会计研究的方法主要分为两类，一是规范研究，二是实证研究。规范研究与价值判断有关，主要解决的问题在于回答"应该怎么样"。而实证研究是与事实相关的分析，主要是回答"是什么"。

本书主要采用规范研究的方法，同时，大量采用比较研究的方法，通过比较分析中国与马来西亚现存的会计准则，试图揭示中国与马来西亚在企业会计准则方面存在的差异及其形成原因，为中国企业实施"走出去"战略和吸引马来西亚投资提供会计技术支持。

① 转引自《会计师事务所"走进东盟"研究》，商务部合作司，2010 年 6 月 4 日。

二、研究内容

本书共九章，各部分内容简述如下：

第一章，导论。本章主要包括本书的研究背景，研究方法与内容，研究的创新与不足。

第二章，中马企业会计准则框架比较。本章主要对中马会计准则体系、会计准则制定模式和财务会计概念框架进行比较分析。

第三章，中马企业资产类项目准则比较。本章主要对存货准则、固定资产准则、无形资产准则、长期股权投资准则、投资性房地产准则和资产减值准备准则进行比较分析。

第四章，中马企业负债类项目准则比较。本章主要对职工薪酬准则、企业年金基金准则、股份支付准则和或有事项准则进行比较分析。

第五章，中马企业损益类项目准则比较。本章主要对收入准则、建造合同准则、借款费用准则和所得税准则进行比较分析。

第六章，中马企业报表列报类准则比较。本章主要对资产负债表日后事项准则、财务报表列报准则、现金结算流量表准则、中期财务报告准则、合并财务报表准则、分部报告准则和关联方披露准则进行分析比较。

第七章，中马企业特殊事项准则比较。本章主要对中马企业发生的特殊事项所运用的准则进行比较分析，如“政府补助准则”、“外币折算准则”、“租赁准则”和“恶性通货膨胀经济中的财务报告准则”等。

第八章，中马特殊行业会计准则比较。本章主要对中马特殊行业，如金融保险业、石油行业、水产业、生物资产等准则进行比较分析。

第九章，区域会计协调：基于会计国际化的视角。本章主要通过对比中马会计国际化历程，分析中马会计国际化的原因，并指出中马会计国际化的共性及差异。

第三节　本研究的主要贡献与不足

一、本研究的主要贡献

本书的主要贡献体现在以下两个方面：

第一，“中国—东盟”自由贸易区的建成，必然会促进中国与马来西亚的双边交流与合作。研究分析中马企业会计准则的异同，可以为两国企业的贸易投资活动提供更为良好的会计技术服务，有利于推动区域经济一体化进程。

第二，本书结合中马会计准则体系和会计准则制定模式，在综合分析中国与马来西亚会计准则内容异同的基础上，对区域会计协调进行了有益的探索，在一定程度上填补了目前国内对中国与马来西亚会计准则比较的研究空白，丰富了国际会计比较研究的内容。

二、本研究的不足

本研究尚需在以下几个方面作进一步的改进：

第一，由于对马来西亚整个会计环境缺乏足够的了解和掌握，因此，对中马各个企业会计准则存在异同的原因未能作深入的分析。

第二，由于缺乏马来西亚上市公司运用会计准则的情况的相关数据和资料，未能对马来西亚会计准则运用的效果进行深入的分析。因此本研究在研究方法上，仅限于规范研究的分析方法，而实证分析方法更能清楚地表达事情“是什么”。

第二章 中马企业会计准则框架比较

第一节 中马企业会计准则体系比较

随着资本市场和经济全球化的发展，会计准则国际趋同的程度必将进一步加深。然而，国际会计准则考虑得更多的是发达国家的利益，如果我国不加选择地移植国际会计准则，会给我国的经济建设造成灾难性的后果。因此，我们既要关注国际会计准则的动态，也应多研究与我国背景相似的国家建立会计准则体系的经验和教训，从而制定出既具有国际先进性，又适合我国国情的高质量会计准则体系。马来西亚 1979 年已加入国际会计准则委员会，其会计准则国际化的进程比我国早，国际化程度较深，积累了一定的准则制定经验。而且马来西亚与我国同属发展中国家，经济发展情况比较类似，本文通过对中马会计准则体系的比较研究，试图为我国的会计准则体系建设提供参考依据和启示。

一、中马两国会计准则体系的演进

（一）中国会计准则的演进

20 世纪 50 年代初期，我国企业均为单一的所有制形式，为符合计划经济体制，我国借鉴前苏联的会计制度，建立了分部门、分行业统收统支体制下的资金平衡会计模式。

1978 年改革开放后，除公有制外，私营企业、外资企业等多种企业所有制形式逐渐出现。财政部首次借鉴国际通行的会计处理方法，于 1985 年分别发布了《中外合资经营企业会计制度》和《中外合资经营工业企业会计科目和会计报表（试行草案）》，这套会计制度体系适应了投资主体多元化的要求，是我国当前企业会计准则体系的雏形。

1992 年，十四届三中全会召开，确定我国由计划经济体制转向社会主义市场经济体制，并建立现代公司制。财政部出台了企业会计准则和财务通则。随后，为适应我国资本市场的发展，原国家体改委与财政部联合发布了《股份制试点企业会计制度》，专门用于改组上市的企业。这个制度进一步借鉴了国际会计准则的一些做法，包括四项减值准备等。

进入 21 世纪，随着我国加入世贸组织，会计国际化的要求日益紧迫。原来分行业、分制度的会计制度既与国际会计准则相去甚远，也越来越难以达到企业经营的要求，一套全新的会计体系呼之欲出。2000 年，财政部出台了《企业会计制度》，2001 年制定了《金融企业会计制度》，主要是适用于银行、保险公司、证券公司等上市的和外商投资的金融企业。同时，为了规范小企业会计行为，2005 年又发布执行了《小企业会计制度》。这样，会计体系从原来的行业会计制度和行业财务制度变成《企业会计制度》、《金融企业会计制度》和《小企业会计制度》三个制度，基本涵盖全国各类企业。

2006 年，在会计准则国际趋同的背景下，通过多年理论和实践经验的积累，财政部颁布了一套完整、连贯的全新企业会计准则，基本覆盖了我国现代企业经常涉及的交易和经济事项，是我国会计改革中最重要的一个里程碑。

（二）马来西亚会计准则的演进

从 1965 年直到 20 世纪 70 年代末，马来西亚财务报告框架基本遵循 1965 年《公司法》的规范。所有注册公司均向马来西亚公司委员会提交年度经审计的财务报告，该财务报告根据已批准的会计准则进行编制。马来西亚《公司法》第九条要求公司在财务报表中披露特定信息，但该条款未涉及财务报表的格式和内容。

从 1979 年开始，马来西亚成为国际会计准则委员会成员，开始了与国际会计准则协调、趋同的进程，并逐步大量采纳国际会计准则。20 世纪 80 年代，马来西亚会计师委员会与马来西亚注册会计师联合会联合，组成马来西亚注册会计师委员会，发布新的会计准则，即马来西亚会计准则，满足国内报告需求。这些准则不包括由国际会计准则委员会（即后来的国际会计准则理事会）发布的准则，如马来西亚第 1 号准则——每股收益。

1997 年，马来西亚通过了《财务报告法》，并产生两个独立的团体：财务报告基金会（FRF）和马来西亚会计准则理事会（MASB）。财务报告基金会对马来西亚会计准则理事会的活动进行检查。马来西亚会计准则理事会的职责就是发布新准则，复核、修订或采纳现行的会计准则，发布原则公告和构建概念框架等。在马来西亚，公司必须遵循公认会计原则，1965 年《公司法》和其他机构如中央银行、证券委员会、国内收益理事会和马来西亚公司委员会的要求。

2004 年，马来西亚会计理事会发布了一系列针对会计准则改进的征求意见稿（亦称为“马来西亚会计准则理事会改进措施”），使已发布的会计准则与当时相应的国际会计准则的变化一致。2005 年 1 月起，所有由马来西亚会计准则理事会发布的会计准则被称为财务报告准则并且进行重新编号。编号的变化与国际会计准则理事会保持一致。例如，马来西亚会计准则第 1 号——财务报表列报重新编号为财务报告准则第 1 号。

（三）比较分析

由两国的会计准则体系的演进及发展过程可以看出，马来西亚早在 1979 年就已经加入国际会计准则委员会，其会计国际化的进程开始较早，并且进展较为迅速和顺畅。主要原因可能是：马来西亚曾长期受英国统治，政治、经济和文化等均易于与西方的财务会计理念和体系融合。而我国虽然在改革开放后也开始研究和借鉴国际会计准则，但由于长期实行计划经济体制，会计准则国际化进程比较缓慢，直到2006年才真正实现了与国际会计准则趋同的一大飞跃。

二、中马会计准则体系基础比较分析

纵观世界各国会计准则体系，其建立的基础主要有两种：以规则为基础和以原则为基础。原则基础是指会计准则采用比较宽松、具有解释弹性的方式制定，主要对编制财务报表的会计原则进行规范，但对具体交易和事项不作详细规定；规则基础是指会计准则采用较精准的文字及条文制定，注重技术细节，对某些特定会计交易事项等，制定应遵循的会计处理方式。

马来西亚财务报告准则以《财务报表列报框架》为基础，仅针对交易或事项的会计处理和财务报告提出应遵循的原则，是原则基础会计准则体系。我国会计准则体系没有明确提出财务会计概念框架（虽然《企业会计准则——基本准则》类似于概念框架），对特定交易和事项都有详细的操作指南标准和例外事项，因此，我国属于规则基础会计准则体系。

规则基础与原则基础各有利弊。规则基础的会计准则对具体交易和事项都有详细的规定，易于实务操作，但是由于没有原则的指导，容易导致准则缺乏逻辑，甚至自相矛盾。原则基础的会计准则不提供详尽的规则，可在一定程度上防止利用某些规则漏洞进行财务欺诈，但由于原则一般比较抽象，且需要主观判断，对准则的使用者要求较高。

三、中马会计准则体系构成比较分析

我国企业会计准则体系主要分为三大部分，以1项基本会计准则为纲，38项具体会计准则为目，应用指南对具体准则操作进行指引。马来西亚财务报告准则以财务报表列报框架为基础，设置各种具体会计准则。

（一）基本准则与财务报表列报框架比较

财务会计概念框架是编制高质量会计准则体系的基础。美国财务会计准则委员会（FASB）认为：财务会计概念框架是由相互关联的目标和基本概念所组成的逻辑一致的体系，这些目标和基本概念可以用来引导首尾一贯的准则，并对财务会计和报告的性质、作用和局限作出规定。

我国2006年颁布的新会计准则由1项基本准则与38项具体准则构成。基本准则在整个准则体系中起统驭作用，主要规范会计目标、会计基本假设、会计基本原则、会计信息质量特征、会计要素的确认和计量等。可见，基本准则相当于我国现阶段的财务会计概念框架。

马来西亚财务报表列报框架主要包括：财务报表的定义，财务报表的目的，财务信息质量特征，财务报表要素的分类、定义和确认，报表要素的计量以及资本和资本保权概念等。

我国将基本准则作为会计准则体系的第一个层次，并定为法规，明确其对各具体准则的指导作用。而马来西亚的财务报表列报框架不是会计准则，对财务报表列报而言，是一个指南，不会超越任何会计准则。指南并不具有法规的强制性作用。

（二）具体会计准则比较

在我国，38 项具体会计准则是整个会计准则体系的第二个层次，可分为一般业务准则、特殊行业的特定业务准则和报告准则三类。其中：一般业务准则主要规范各类企业普遍适用的一般经济业务的确认和计量，如存货、投资、固定资产、无形资产、资产减值、收入、外币折算等准则项目。特殊行业的特定业务准则主要规范特殊行业中特定业务的确认和计量，如金融工具、石油天然气、农业和保险合同等准则项目。报告准则主要规范普遍适用于各类企业通用的报告类的准则，如合并财务报表、中期财务报告、现金流量表、分部报告等准则项目。（王建新，2006）

马来西亚财务报告准则（FRSs）主要可分为三部分：第一部分从 FRS 1 到 FRS 8，相当于国际财务报告准则（IFRSs），比如 FRS 1 相当于《IFRS 1——首次采用财务会计报告》；第二部分从 FRS 101 到 FRS 140，它们相当于国际会计准则（IAS），例如 FRS 101 相当于 IAS 1；第三部分从 FRS 201 到 FRS 204，这些是马来西亚本国制定的会计准则，分别为《FRS 201——不动产准则》，《FRS 202——一般保险企业》，《FRS 203——寿险企业》和《FRS 201——水产养殖业会计》。

中马两国具体会计准则的设置基本类似，但并不完全相同。例如《FRS 139——金融工具确认与计量》的内容实际涵盖了我国《企业会计准则第 22 号——金融工具确认和计量》、《企业会计准则第 23 号——金融资产转移》和《企业会计准则第 24 号——套期保值》三个会计准则。《企业会计准则第 7 号——非货币性资产交换》、《企业会计准则第 12 号——债务重组》和《企业会计准则第 34 号——每股收益》在 FRSs 中找不到对应的具体准则。同样《FRS 5——持有待售的非流动资产和终止经营》、《FRS 129——恶性通货膨胀经济中的财务报告》、《FRS 201——水产养殖业会计》等并未出现在我国具体会计准则中。除了准则设置上的一些区别外，在相同的会计准则中，中马具体会计准则内容也不尽相同。例如：《企业会计准则第 8 号——资产减值》明确规定，资产减值损失不能转回，但《FRS 136——资产减值》允许资产减值损失在符合一定条件的情况下转回；《企业会计准则第 20 号——企业合并》规定了同一控制下企业合并的会计处理，而《FRS 3——企业合并》并未作出相关规定；《企业会计准则第 36 号——关联方披露》规定仅仅同受国家控制而不存在其他关联方关系的企业不构成关联方，这也与《FRS 124——关联方披露》的要求不同。

通过中马两国具体会计准则的比较可看出，中马两国都积极与国际会计准则趋同，许多准则、会计理念和会计处理方法都借鉴了国际会计准则。比如对公允价值计量属性重要性的肯定，都更加关注资产负债表的真实反映等。但是，中马两国并没有完全照搬国际会计准则，也充分考虑了本国特点。例如：我国关联方披露准则规定仅仅同受国家控制而不存在其他关联方关系的企业不构成关联方，正是考虑到国有企业及国有控股企业在我国经济中占有主导地位的实际情况。资产减值准则不允许减值损失转回，是考虑到目前我国经济法律环境以及人员技术水平等还有待提高，通过规定减值损失不能转回，在现有条件下可以最大程度地规避管理层操纵利润。而马来西亚财务报告准则中的水产养殖业准则也是充分考虑了本国产业的特点来制定的。

四、思考及建议

（一）关于会计准则体系的制定基础

原则基础会计准则和规则基础会计准则各有利弊，无论采用哪一个，都应该立足我国的国情和当前实际情况。目前来看，规则基础的会计准则在我国还比较适用。然而，我国会计准则与国际会计准则趋同是大势所趋，国际会计准则是原则基础的会计准则体系。原则基础会计准则需要相应的法律、公司制度和人员配置，我国目前尚难以达到相应要求。因此，一方面准则制定机构可以继续探索在我国构建原则基础会计准则体系的条件、时机、影响等；另一方面，努力营造良好的法律环境，加快企业现代化进程，提高会计等相关准则适用人员的专业素质，为将来如果采用原则基础会计准则体系做好准备。

（二）正确处理国际趋同与本国化的关系

马来西亚会计准则国际趋同的进程开始较早，且由于经济、政治和文化等与西方国家比较类似，其准则国际化的速度比我国快，程度也更深。但马来西亚财务报告准则并未完全照搬国际会计准则，而是结合了自身的特点，如马来西亚财务报告准则至今仍没有采用《IAS 41——农业准则》，并且根据本国特点设置水产养殖业会计，以规范本国特色相关产业的会计处理。国际会计准则更多关注的是发达国家利益，发展中国家如果完全照搬国际会计准则，对本国经济发展未必有益。我国作为发展中国家，既需要随时关注国际会计准则最新动态，吸收先进的会计理念和处理方法，同时也不能盲目照搬，要结合我国国情和当前各种环境现实，从而制定出既保持国际先进性，又适合本土的会计准则体系。

（三）注意准则体系的发展性

准则体系的建立并不是一成不变，需要根据条件变化时常更新。马来西亚会计准则生效后，还继续在原有会计准则体系中增加新的会计准则，或对原有会计准则进行修订。例如2010年7月1日，新增了对FRS 5的修订。我国也应多关注国际会计准则的最新动态，并掌握本国经济发展情况，注意对会计准则体系的更新，以保持其发展性和时效性。

第二节　中马会计准则制定模式比较

会计准则制定模式主要由制定依据、制定程序、制定机构以及制定人员等构成。它直接影响着会计准则的科学性、权威性、实用性和有效性。因此，要制定出公正的会计准则，必须要有一个完善的会计准则制定模式。世界各国由于政治、经济、法律及文化背景不同，所采用的会计准则制定模式也有所不同，通过国际间的相互交流借鉴，我国会计准则制定模式可得到不断改进。本书试图从制定依据、制定程序、制定机构以及制定人员这四个方面对我国与马来西亚的会计准则制定模式进行比较，从而探讨会计准则制定模式的科学选择与完善措施。

一、会计准则制定依据的比较与评析

会计准则的制定依据一般分为两种，一种以原则为导向，另一种以规则为导向。以原则为导向制定会计准则时，必须以一个完善的财务会计概念框架为基础，只规定一些概括的原则而不全面规定在各种情况下应怎样进行会计处理。而以规则为导向制定会计准则的做法恰恰相反。规则导向型会计准则是在没有完善的理论指导即概念框架的基础上，根据交易和事项的特点以及不同时期的需要，制定出的一系列逻辑上有内在一致性的规范。它通过出台各种解释公告和实施指南来详细规定各种情况下的具体会计处理，力图为每一种可能情况提供详细的规则。

马来西亚会计准则的制定以于2007年7月1日开始施行的《财务报表列报建议框架》为基础，仅针对某一对象或交易、事项的会计处理和财务报告的编制提出应循原则，不会为每种可能发生的情况提供详细的规则。由此可见，马来西亚会计准则的制定是以原则为导向的。从1997年迄今，我国陆续颁布了38项具体会计准则，其中并没有一个完整的概念框架，但包括了详细的操作指南标准和例外事项。例如，《租赁具体准则》在规定融资租赁的判断标准时，给出了五个例外事项，并对这些例外事项的会计处理一一作出了详细的规定。因此可判断，我国会计准则的制定是以规则导向为基础的。

将两国的会计准则制定依据进行比较，可以看到这两种制定依据各有利弊。马来西亚采用原则导向为基础制定出来的会计准则不再提供详尽的规则，在一定程度上限制了利用规则上的漏洞进行财务操作的行为。一旦遇到准则中未作规定的交易，使用者必须以基本原则为依据进行职业判断，这样提供出来的会计信息将更好地反映交易的经济实质。但由于职业判断具有强烈的主观性，对同一类经济业务可能存在不同的职业判断，这样就有可能损害财务信息的一贯性和可比性。同时，过于简化、灵活性过强的准则也会留给使用者一定的利润操作空间。而我国所采用的规则导向型会计准则为有可能的经济交易和事项都提供"唯一"的答案，它的操作性强、执行成本低，有利于提高会计信息的可比性和一贯性。在多方出现利益分歧时，可为达成相对一致提供依据，并且有利于监管机构的监督执行。但是，由于缺乏一个清晰完整的概念框架，有可能导致会计准则的前后内在不一致，从而与会计目标背道而驰。另外，较多的准则解释和执行指南会使执行成本提高，同时弱化会计人员的职业判断能力。

通过对比和分析，可以清楚地看到，马来西亚以原则导向为基础制定的会计准则较具优势，它更能适应目前经济发展的需要，更利于实质重于形式的利用，也更能发挥会计师的职业判断能力。但是一国应选择以何种基础来制定会计准则是由其国情决定的。马来西亚由于受英国统治时间较长，无论是法律环境、经济环境还是文化环境都受到英国的深远影响，从而致使其参照英国的做法选择以原则导向为基础来进行会计准则的制定工作。而以原则为导向的会计准则是建立在健全的公司制度、完备的法律体系和拥有大量的高素质人才之上的。我国目前并不具备完备的法律体系和市场基础，会计人员的业务水平以及职业判断能力也有待提高，正是这些会计环境因素致使我国最终选择以规则导向为基础来制定会计准则。

二、制定机构的比较与评析

当今世界各国，会计准则的制定类型主要有两种：一种是民间主导型，即由民间机构运作、制定并颁布会计准则；另一种是政府主导型，即由政府机构运作、制定并颁布会计准则。马来西亚的会计准则制定机构是1997年依照财务报告法令成立的马来西亚会计准则理事会（MASB）。它与财务报告基金会（FRF）组成制定财务报告准则的组织框架。财务报告基金会的作用是指导会计准则委员会的工作，包括对准则的政策性事务和工作项目提出一般指导和忠告，目的在于确保会计信息的正确性。马来西亚会计准则理事会是制定准则的唯一法定机构。它力图使马来西亚的会计准则在所有重要方面与境外的准则相一致，尤其是与国际会计准则（IAS）保持一致。它尽可能地利用国际会计准则理事会的工作成果，但也根据本国特定的经济、法律环境等进行具体的分析。在国际会计准则没有涉及或不符合本国国情的情况下，它将对国际会计准则作相应的调整或制定新的准则。虽然马来西亚会计准则理事会表面上看不属于政府部门，但它制定和颁布的法律具有一定的法规性质，而且委员会的组成成员均由财政部来任命。因此，它并不是一个完全意义上的民间主导型准则制定机构，其具有一定的官方色彩，官方机构的性质较为突出。目前，我国会计准则制定机构为财政部会计司下设的会计准则委员会。政府既作为一个监管者又作为一个参与者在准则的制定过程中发挥作用。作为监管者，政府对准则的制定程序进行监管与控制；作为参与者，政府以利益相关者的身份直接参与准则的制定工作。由此可见，我国的会计准则制定机构即会计准则委员会是典型的政府主导型准则制定机构。

对比两国的会计准则制定机构可以看出，马来西亚会计准则理事会的性质较为复杂，表面上看是民间主导型，但实质上又具有官方色彩。这种半官方性质的会计准则制定机构从独立性上来看，虽然准则不由政府机构直接制定，但准则委员会的所有成员都由政府任命，他们在准则制定的过程中，难免会将政府机构的利益摆在较为重要的位置。这必定会影响会计准则制定上的独立性。而相比之下，我国会计准则制定机构的独立性更弱。在我国会计准则制定过程中，有大量的政府官员直接参与，会计准则委员会主席由财政部的领导直接担任，这必将导致委员会在制定准则时，将政府的利益放在首位，而疏于考虑其他利益团体的切身利益，从而难以保证制定机构的独立性。从权威性上看，由于马来西亚政府机构并未直接参与准则的制定工作，会计准则制定机构不具有绝对的权威性，极易导致各有关利益集团在准则制定过程中产生摩擦，从而影响准则的制定效率。我国属于大陆法系国家，是典型的以政府参与为主的立法模式，具有较强的强制性和统一性，这极大地限制了会计团体在准则制定过程中作用的发挥。（刘莉萍、王宏艳，2009）因此，我国准则制定机构具有较强的权威性。

三、制定人员的比较与评析

马来西亚会计准则理事会的所有成员由财政部任命，包括 8 个成员和 3 个顾问，成员由有经验的特许会计师、公司董事、律师组成，3 个顾问分别来自证券委员会、马来西亚 Negara 银行和马来西亚公司委员会。我国财政部会计准则委员会有 22 位委员，包括政府财政部门、证券监督机构、会计职业界、高校和科研机构等单位等各方面的代表，但是政府有关部门的委员占主导地位，来自高校的理论界代表有 3 位，来自企业的代表只有 1 位。为了利用社会资源，财政部聘请了更具广泛代表性的 160 多名中外会计准则咨询专家，协助会计准则委员会开展工作。咨询专家来自会计理论界、会计中介机构、政府有关部门、会计职业团体、证券交易所和企业界，具有一定的代表性。会计准则委员会下设若干研究组，各研究组在会计准则委员会及其办公室的领导下开展咨询工作（赵桂琴，2008）。

通过对比可以看到，两国准则的制定基本上既有理论界代表，又有注册会计师、职业团体等一些相关利益集团的代表。这样做使得准则制定时可以充分考虑到各个利益集团之间的利益并进行协调，使制定出来的准则更加充分完善。但是，各利益集团参与准则制定的程度大小、施加影响的大小还各有不同。与机构性质相应，我国的准则制定机构人员大部分由官方人员担任。可以说是在政府的带领下，召集适当的人员进行准则制定工作。尽管召集的人员具有一定的代表性，但还很不全面，其中缺乏各类企业投资人的代表。虽然财政部聘请的咨询专家中有企业界的代表，但是他们只提供咨询服务，并不能对准则的制定工作直接施加影响。另外，证券市场上的投资者以及债权人特别是金融机构的代表也没能出现在委员会中。而马来西亚会计准则理事会的人员组成除了考虑政府部门、职业团体等利益相关方的代表外，更注重包括企业、银行在内的利益相关者，反映出其较为广泛的代表性。

四、制定程序的比较与评析

会计准则制定的程序，是指从会计准则的立项一直到公开发布的整个过程。准则的制定就像生产一个产品，而制定程序就相当于一道道工序，产品的质量直接受到生产工序严谨与否的影响。偷工减料的生产可能会产生次品，而严密的生产程序可以保证高质量的产品。同样，严密的准则制定程序也有助于产生高质量的会计准则。我国和马来西亚的会计准则的制定程序都包括立项、起草、公开征求意见和发布这四个阶段。下面就这四个阶段对两国准则的制定程序进行比较。

（一）立项阶段

我国财政部会计司（以下称会计司）根据我国经济发展的需要，提出会计准则立项意见，其中包括对立项的背景和理由作出说明，向会计准则委员会和有关方面征求意见。会计司根据会计准则委员会和有关方面的意见和建议，对会计准则立项意见作出修改调整，按规定程序报财政部领导批准后正式立项。会计司将立项情况向会计准则委员会通报，并向社会公布。而马来西亚会计准则理事会成员来源广泛，他们通过各种渠道收集计量和报告方面的问题，进行甄别、筛选，确定列入会计准则委员会日程表的项目。经委员会讨论通过，成立专门的工作小组进行立项。

马来西亚会计准则理事会较为民主，保证各利益集团都能够参与到准则立项中来，各利益集团为实现自身经济利益而进行充分讨论，确保了准则制定程序的公正与公平。我国会计准则作为一项行政法规，立项往往过多依附政府意见，准则依靠国家强权强制各利益集团遵循，必然导致一些利益相关者利益受损，造成经济资源浪费，制定程序的公平性受到质疑。另外，马来西亚的会计准则立项一经委员会讨论通过即可向外界正式公布，并立即开始准则的起草工作。而我国的立项意见通过讨论后，还要经过财政部领导的审批才能正式立项，一系列的审批手续必将影响准则的制定效率。

（二）起草阶段

我国会计司成立项目起草组，并将项目起草组的成员及有关情况向会计准则委员会通报。项目起草组根据所承担的会计准则项目，及时提出工作计划和时间表，在有关研究报告和实际调查研究的基础上，起草完成讨论稿，由会计司提交会计准则委员会征求意见，修改形成征求意见稿。马来西亚由马来西亚会计准则理事会成立工作组编制征求意见稿，经委员会研究后提交财务报告基金会，然后根据财务报告基金会的意见进行修改，最终形成征求意见稿。

两国准则编制的起草阶段工作程序基本相同，都是以不公开的方式进行讨论，并未将草案编制过程中的讨论备忘录公布于众，透明度较低。我国的草案由政府向会计准则委员会征求意见，而马来西亚的草案则由马来西亚会计准则理事会向财务报告基金会征求意见，从中体现出马来西亚会计准则理事会在准则制定工作中的主导地位。

（三）公开征求意见阶段

我国会计司通过各省、自治区、直辖市和计划单列市财政厅（局）以及国务院有关部门印发征求意见稿、在会计准则委员会网站和其他主要媒体上公布、召开座谈会、研究讨论会等形式，向社会广泛征求意见。项目起草组对公开征求的意见进行汇总，并根据反馈意见对征求意见稿进行修改，形成草案，由会计司再次提交会计准则委员会征求意见。马来西亚则通过公开发行和媒体发布向公众征求意见，并举行公开听证会，收集关于征求意见稿的优缺点。由工作组收集意见并修改征求意见稿后交马来西亚会计准则理事会，再交马来西亚财务报告基金会审议，再向大众征求意见，程序与前相同。

两国都是以征求意见稿向公众征求意见，征求意见稿也能通过广泛的途径进行公布。但是马来西亚还要求进行公开听证，对征求意见稿进行反复讨论，且讨论民主，博弈性强大，毫无隐私可言。相比之下，我国征求意见稿的讨论过程就没有那么高的透明度。整个过程中主要是向财政部和政府相关部门征求意见。虽然也采取座谈会等形式，但涉及的人员范围比较小，与会计准则相关的广大群众参与的机会很少，会计准则制定者缺乏与信息使用者的真正交流。会计准则的意见反馈环节在某种程度上成为了一种“保密行为”，许多人被拒之门外。我国的会计准则作为各有关方博弈的结果，其利益相关者参与不足，不能充分博弈，致使准则不能让多数利益集团满意。

（四）发布阶段

我国项目起草组根据会计准则委员会的意见对草案进行修改，形成送审稿，会计司按规定程序报送财政部领导审定后，由财政部发布会计准则并组织实施。马来西亚由工作组根据征求的意见对草案进行反复修改，最终由马来西亚会计准则理事会发布准则。

两国准则的最后颁布都没有投票表决程序，而是由权威机构批准。这增加了决策的随意性，外界对这些过程不得而知，无法保证程序的公正性。我国准则由政府部门颁布，马来西亚准则由马来西亚会计准则理事会发布，又再一次体现了马来西亚会计准则理事会在准则制定工作中的主导地位。

五、思考与建议

（一）完善准则制定基础

近年来，对我国是否应采用以原则导向为基础制定会计准则存在诸多争议，主要观点有：一是认为我国会计准则的制定必须以原则导向为基础，以适应经济全球化的发展趋势；二是认为以规则导向为基础制定会计准则符合我国国情，不应盲目变更。在安然、世通等一系列财务舞弊案发生后，国际会计准则理事会与美国财务会计准则委员会一致认同高质量的会计准则制定模式应由规则导向转向原则导向。但就我国具体国情来看，市场基础与法律体系不够完备，会计人员总体素质不高，盲目跟进国际上的会计改革动向对我国而言并非明智之举。笔者认为，随着我国民主法制的不断深化，会计准则的原则导向是必然趋势。但就目前而言，规则转向的转型不应操之过急，应首先完善财务会计概念框架，把不适应市场需求的会计理论剥离出市场，为规则导向向原则导向转型奠定坚实的基础。其次，不断完善我国市场基础和法律体系，提高会计人员专业素质和职业道德修养，为准则制定基础的成功转型提供必备条件。

（二）完善准则制定机构

目前，在我国民间会计组织规模和水平都有限的情况下，由政府部门来制定会计准则仍是一种比较好的选择。由财政部制定准则权威性极高，更容易协调各方利益关系，避免出现冲突。但是如何提高准则制定机构的独立性是一个值得思考的问题。笔者认为，在民间会计职业团体独立制定会计准则的条件尚未成熟的情况下，我国可以借鉴马来西亚半官方性质准则制定机构的做法，政府部门不直接干预准则的制定工作，而是通过任命准则制定机构的组成人员的方式对准则的制定工作进行监管和指导。只有这样，才能在准则制定机构具有一定权威的情况下，提高准则制定过程的独立性和公正性。

（三）完善准则制定过程

会计准则制定过程中的公开性和公正性必然影响到最终结果——会计准则。而公开性和公正性正是我国会计准则制定过程中存在的两大缺陷。要制定出一个社会满意度极高的会计准则，我们应该做到以下两点：首先，确保准则制定人员具有广泛的代表性。准则制定人员是准则制定过程中博弈的直接参与者，制定人员的代表性广泛，各个利益集团的利益就能得到协调和保障。在准则的制定过程中，我们应该更多地关注企业投资人、金融机构等非政府机构利益团体，允许它们直接参与进来争取自身利益，提高会计准则制定的公正性。其次，提高会计准则制定过程的透明度。目前，我国准则在征求意见稿对外公布之前，作为准则应用者的广大实务界参与较少，即使在征求意见阶段，也是形式上小范围的公开，准则制定者与使用者并未进行实质沟通。在这一点上，我们可以借鉴马来西亚的听证制度，让利益相关者与制定机构零距离接触，使利益相关者的意见得到更为充分而直接的表达，实现制定程序的民主。

第三节　中马财务会计概念框架比较

财务会计概念框架一词，最早出现在美国财务会计准则委员会（FASB）1976 年 12 月 2 日所公布的《关于企业财务报表目标的暂行结论》、《财务会计和报告的概念结构：财务报表的要素及其计量》和《概念框架研究项目的范围与含义》三个文件中（王建新，2007）。一般而言，财务会计概念框架对整个会计准则的制定起到一个框架支持作用。目前世界很多国家都很重视财务会计概念框架的制定工作。马来西亚于 1998 年根据《财务报告法》发布了《财务报表列报建议框架》。2006 年，马来西亚会计准则理事会（MASB）发布 53 号征求意见稿（ED 53），对《财务报表列报建议框架》进行了修订，并最终通过《财务报表列报框架》，于 2007 年 7 月 1 日开始施行。我国至今并无真正意义上的财务会计概念框架，但是，我国的基本准则实质上扮演了同样的角色。我国于 1992 年第一次发布《企业会计准则》，基于所面临的经济环境的不断变化，我国对《企业会计准则》进行重大修订，并于 2006 年 2 月发布了《企业会计准则——基本准则》，从 2007 年 1 月 1 日开始实施。

本文所要讨论的为中马两国修订后的《企业会计准则——基本准则》及《财务报表列报框架》。

一、中马财务会计概念框架内容比较

马来西亚的《财务报表列报框架》（以下简称“框架”）共分为八大部分共 110 段的内容，具体为前言、财务报表目标、基本假设、财务报表质量特征、财务报表要素、财务报表要素的确认、财务报表要素的计量、资本与资本保全的概念。而我国的《企业会计准则——基本准则》（以下简称“基本准则”）分为十一章共五十条，即第一章总则、第二章会计信息质量要求、第三章资产、第四章负债、第五章所有者权益、第六章收入、第七章费用、第八章利润、第九章会计计量、第十章财务会计报告和第十一章附则。中马两国财务会计概念框架具体内容的对应关系如表 2. 1 所示。

表 2.1 中马财务会计概念框架内容对应关系表

	中国《企业会计准则——基本准则》	马来西亚《财务报表列报框架》
比较一	第一章 总则	前言（第 1 段至第 11 段） 财务报表的目标（第 12 段至第 21 段） 基本假设（第 22 段至第 23 段）
比较二	第二章 会计信息质量要求	财务报表质量特征（第 24 段至 46 段）
比较三	第三章 资产；第四章 负债； 第五章 所有者权益；第六章 收入； 第七章 费用；第八章 利润	财务报表要素（第 47 段至 81 段） 财务报表要素确认（第 82 段至 98 段）
比较四	第九章 会计计量	财务报表要素计量（第 99 段至 101 段）
比较五	第十章 财务会计报告	
比较六		资本和资本保全概念

（一）比较一："总则"与"前言、财务报表的目标、基本假设"的比较

我国《企业会计准则——基本准则》"总则"中，主要提及了基本准则的制定依据、适用范围、财务会计报告目标、会计基础和会计基本假设，大致与马来西亚的《财务报表列报框架》第 1 段至第 23 段的内容相对应。从总体上来看，两者在财务报表目标、财务报告使用者方面的表述相差无几，但也存在差异，主要表现在：

（1）制定财务会计概念框架的目的。

在马来西亚的"框架"前言第 1 段中，指出制定"框架"的目的在于：①对马来西亚会计准则理事会将来要承认的及现存的会计准则的发展进行指导；②对财务报表列报在运用会计准则时进行指导；③对审计人员形成审计意见，以判断财务报表是否遵循会计准则进行指导；④对财务报表使用者在解释财务信息时进行指导；⑤为那些对马来西亚会计准则理事会的工作感兴趣的人提供相关信息。

在我国"基本准则"第一条，指出了制定基本准则的目的是"为了规范企业会计确认、计量和报告行为，保证会计信息质量"。

（2）财务会计概念框架的法律地位。

在马来西亚"框架"前言第 2 段中，明确指出了《财务报表列报框架》不是会计准则，对特殊的计量及披露问题不进行规定，同时，"框架"不会替代具体的会计准则。

而在我国的"基本准则"第二条中，指出"基本准则"属于会计准则体系的有机组成部分。

（3）会计基本假设。

马来西亚"框架"专门讨论了权责发生制（第 22 段）及持续经营（第 23 段）两个基本假设，对其他的基本假设并未涉及。

而在我国"基本准则"的第五条、第六条、第七条和第八条分别阐述了"会计主体"、"持续经营"、"会计分期"和"货币计量"四个基本假设，同时在第九条明确了权责发生制的计量基础。

（4）财务报表的目标。

马来西亚概念框架以专门的段落阐述财务报表的目标（第12~21段），在第12段指出，“财务报表的目的就是关于企业财务状况、经营成果及财务状况变化的信息，这些信息对 一系列的使用者在作出经济决策时是有用的。”

我国“基本准则”第四条明确指出，“财务会计报告的目标是向财务会计报告使用者提供与企业财务状况、经营成果和现金流量等有关的会计信息，反映企业管理层受托责任履行情况，有助于财务会计报告使用者作出经济决策。”

（5）财务报表的使用者。

马来西亚在概念框架的前言中，详细地列明了财务报表使用者及其对信息的需求（第9~11段），财务信息的需求者主要有投资者、雇员、贷款者、供应商、顾客、政府及相关机构和社会公众。同时指出企业内部管理者在满足其内部管理需要的情况下，可以自行决定内部额外信息提供的内容及形式，但是，这类信息的报告不包括在概念框架之中。

我国在“基本准则”的第四条中，提到的财务会计报告使用者包括投资者、债权人、政府及其有关部门和社会公众等。对每一类财务信息使用者的具体信息需求，并没有详细地进行解释。

（二）比较二：“会计信息质量要求”与“财务报表质量特征”比较

马来西亚“框架”中提及了四个主要的质量特征及九个次要的质量特征，其中四个主要的质量特征为可理解性、相关性、可靠性和可比性，九个次要的质量特征为及时性、重要性、可证实性、如实反映、实质重于形式、中立性、谨慎性、完整性和一致性。同时，对于这些质量特征之间的关系，在该“框架”里进行了描述，如及时性对相关性和可靠性的限制等，并且对“真实与公允的反映”进行了解释。

我国“基本准则”第二章中提到了八项质量要求，其中，可靠性、相关性、可理解性和可比性是会计信息的首要质量要求，是企业财务报告中所提供会计信息应具备的基本质量特征；实质重于形式、重要性、谨慎性和及时性是会计信息的次级质量要求，是对可靠性、相关性、可理解性和可比性等首要质量要求的补充和完善。

由上可知，中马两国在会计信息质量要求方面，都把可理解性、相关性、可靠性和可比性作为其首要考虑的要求，而在次级质量要求中，两国存在较大的区别。马来西亚共有九项次级质量特征，而我国仅有四项，除提及实质重于形式、谨慎性、及时性和重要性外，我国对“可证实性”、“如实反映”“中立性”、“完整性”和“一致性”均未进行阐述。此外，通过比较两国对会计信息质量特征的描述，我们可以看到，马来西亚框架对会计信息质量特征的描述更为充分，层次更为清晰，同时，在其框架中的第43~45段，对相关性与可靠性这两个质量特征相互抵触时应考虑的因素进行了描述，为企业如何提供会计信息以达到财务报表目标提供更为实用的指导。

（三）比较三：财务报表要素比较

两国在财务报表要素方面规定的异同主要表现在：

（1）财务报表要素包含的内容。马来西亚在“框架”中确定了五个财务报表要素，即资产、负债、所有者权益、收益和费用，而我国的“基本准则”定义了六个财务报表要素，即资产、负债、所有者权益、收入、费用和利润。两国在定义财务报表要素时，只提及资产负债表及损益表要素，对现金流量表要素均未涉及。

（2）财务报表要素确认标准。马来西亚在框架的第83段对要素的一般确认标准进行了阐述，即“与该项目有关的未来的经济利益很可能流入主体”和“该项目的成本和价值能可靠地计量”。同时，对未来经济利益的可能性（第85段）、成本及价值计量的可靠性（第86段）进行了解释，并且在框架中规定了资产、负债、收益和费用四个要素的确认标准。而我国在基本准则中，并未对要素的一般确认标准进行表述，只是在第三、四、六、七章分别明确指出资产、负债、收入和费用的确认标准。

（3）收益和费用的界定。

马来西亚在阐述收益和费用时，主要提到了以下几点：①明确利得和损失的定义，即利得符合收益定义，产生于企业日常经营活动之中或之外，表示未来经济利益的增加。而损失符合费用定义，产生于企业日常经营活动之中或之外，表示未来经济利益的减少。框架对利得和损失所包含的内容以举例的方式进行了解释。②明确收益包括了收入和利得，费用包括了日常经营过程中产生的费用和损失。③明确利得和收入、损失与费用在本质上是相同的，因此其在概念框架中没有必要单独作为一个财务报表要素。④利得和损失均包括了已实现的利得（损失）和未实现的利得（损失）。⑤没有专门设置利润要素。

而我国在“基本准则”的第六、七和八章，主要有以下内容：①明确了收入和费用的定义。“收入是企业在日常活动中形成的、会导致所有者权益增加的、与所有者投入资本无关的经济利益的总流入”。而“费用是指企业在日常活动中发生的、会导致所有者权益减少的、与向所有者利润分配无关的经济利益的总流出”。同时，明确了收入和费用的确认标准。②明确了“利润是指企业在一定会计期间的经营成果”，并对利润的组成内容进行了阐述。③明确了利得和损失的定义，同时对直接计入所有者权益的利得和损失和直接计入当期利润的利得和损失进行了分类定义。

（4）财务报表要素列示的方式。马来西亚“框架”中，以举例的形式列举了资产和负债的形式，如资产可以是通过交换或通过偿还负债取得的。而在我国的“基本准则”中，对财务要素的阐述比较简单，仅列明其定义和确认条件。

（四）比较四：财务报表要素计量比较

中马两国均在“框架”中对财务报表要素计量进行了规定。

（1）从内容来看，两国所规定的计量方法略有不同。在马来西亚的“框架”中，列明了四种计量方法，即历史成本、现行成本、可变现价值和现值。而在我国的“基本准则”中，列明了五种会计计量方法，即历史成本、重置成本、可变现净值、现值和公允价值。在马来西亚所规定的计量基础中，没有把“公允价值”纳入其中，现行成本实质上就是重置成本。

（2）从对计量方法使用的限制来看，马来西亚在“框架”中指出企业通常运用历史成本进行财务报表要素计量，至于对其他方法的选用，并未作任何限制性规定，也就是说，企业可以根据实际情况选用其他的计量基础。而在我国的“基本准则”第四十三条中指出，“企业在对会计要素进行计量时，一般应当以历史成本作为会计计量的基础。法律、行政法规和企业会计准则规定允许采用其他会计计量基础的，也可以采用其他会计计量基础，但应当保证所确定的会计要素金额能够取得并可靠计量。”由以上的阐述可知，在我国会计计量基础首选为历史成本，企业可以根据具体情况选用其他的计量基础，但是在使用过程中受到限制。

（五）比较五：财务会计报告比较

马来西亚没有专门的段落来介绍财务报告，但是在“财务报表要素”中介绍了资产负债表和利润表，对现金流量表并未提及，也没有对报表的适用范围进行规定。

在我国的“基本准则”中专门以一章的形式介绍财务会计报告，并列明了财务报告的内容，同时指出了例外情况，即小企业编制的财务报表可以不包括现金流量表。

（六）比较五：资本和资本保全问题比较

在马来西亚的“框架”中提出了资本及资本保全的概念（第102～110段），具体内容如下：

（1）把资本分为财务资本与实物资本两种类型，财务资本是大多数企业在编报财务报表时所采用的。与此相对应，在资本保全方面就产生了财务资本保全与实物资本保全两个概念。

（2）资本保全概念把企业的资本与利润联系起来。在财务资本保全概念下，企业只有在期末净资产的金额超过期初净资产的金额时才算是实现了利润，财务资本保全通常是以名义货币或不变的购买力来进行计量。而在实物资本保全概念下，企业只有在期末实物生产能力超过期初实物生产能力时才算是赚取了利润。两种资本保全概念的区别在于实物资本保全要考虑物价变动情况。

（3）实物资本保全概念要求企业运用现行成本的计量基础，而财务资本保全并没有要求对某种特定计量基础的使用。

在我国的“基本准则”中，并没有涉及资本和资本保全的相关内容。

二、中马两国财务会计概念框架差异分析

综合以上六个方面的比较，我们发现，中马两国财务会计概念框架既存在共性，也存在不同之处。本书认为，以下三个方面的因素对中马两国概念框架存在的差异产生了重要的影响。

其一，会计国际化程度的影响。马来西亚早在20世纪70年代就开始部分采用国际会计准则，在其财务会计概念框架的制定过程中，不可避免地受到国际财务会计概念框架的影响，从内容到体例上与国际财务会计概念框架多有相似之处，甚至有些内容与国际财务会计概念框架完全相同。而我国对是否应制定财务会计概念框架及如何制定财务会计概念框架目前尚处于争论之中，1992年发布及2006年修订的基本准则虽在实质上发挥概念框架的作用，但离真正意义的概念框架存在一定的差距。

其二，会计法律环境的影响。我国作为一个成文法国家，其法律主要体现出体系

完整、规定具有强制性的特点。作为会计法律制度第二层次的基本准则，无不体现这些特点，即我国的基本准则具有法规式会计概念框架的特征。同时，我国的基本准则对具体准则具有统驭的作用。而马来西亚的司法体系属于英美法系，在马来西亚的整个会计法律体系中，1965 年《公司法》及 1997 年《财务报告法》对其财务会计概念框架及会计准则的制定产生了重要的影响。马来西亚会计准则理事会（MASB）负责制定财务会计概念框架及相关的会计准则，但在其概念框架第 2 段中明确指出，概念框架不是具体的会计准则，不对准则的相关计量和披露进行规定，同时，概念框架不能替代任何已通过的会计准则，也即是会计准则优于概念框架。由于两国的会计法律环境不同，直接导致财务会计概念框架的体例及内容都有所不同。

其三，经济环境的影响。中马两国虽同属新兴的发展中国家，两国经济在近年均取得了很大的成绩，尤其是我国，通过实行改革开放国策，我国经济所取的成绩更是有目共睹，但由于历史原因，我国市场经济发展程度不高，资本市场的发展存在诸多问题，由此导致中马两国财务会计概念框架中对财务要素的计量、财务会计的目标、资本保全等内容存在着差异。如在财务要素的计量方面，我国直至 2006 年才首次在基本准则中把公允价值作为一种重要的计量基础，同时，在相关的具体准则中规定了公允价值的三个级次，并对公允价值的使用范围进行了限制。而在马来西亚的概念框架中，虽然没有把公允价值作为一种计量基础，但是提出了“真实与公允地表述”的观点。而在资本保全方面，马来西亚概念框架提出了实物资本保全和财务资本保全，考虑了价格发生变化时如何对企业利润进行衡量。而目前我国并无财务资本保全的概念，但是在《企业财务通则》中体现了资本保全的思想。

三、思考及建议

根据美国财务会计准则委员会对财务会计概念框架的解释，概念框架是一部章程、一套目标与基本原理相互联系并有内在逻辑性的体系。从财务会计概念框架发挥的作用来看，其能使会计准则的制定前后一致，减少会计准则体系的相互矛盾。通过上述对中马两国财务会计概念框架的比较，我们可以看到两国“框架”由于其历史及内容的差异，直接造成其发挥的作用也不尽相同。具体表现在：从财务会计概念框架的制定历史来看，马来西亚对制定财务会计概念框架的重视早于我国，更为重要的是，其制定的“框架”在指导其具体会计准则方面发挥着重要的作用。而我国虽然也早在 1992 年发布了类似概念框架的《企业会计准则》，并于 2006 年发布了《企业会计准则——基本准则》，但是，从我国会计准则制定及发布的实践效果来看，由于基本准则无论是从内容还是形式上都无法担当起概念框架的重任，如会计信息质量特征层级不明确等，这就使得具体会计准则的制定往往脱离企业会计基本准则而存在，而非以统一的概念框架及理论基础作为依据，从而造成具体会计准则相关内容的反复改变，大大降低了会计准则作为国家行政法规的严肃性，如近年来对公允价值的运用就是一例。从内容的详略程度来看，马来西亚的《财务报表列报框架》内容丰富详尽，并在“框架”中以列举的方式对其内容进行解释，便于使用者理解掌握。反之，我国的《企业会计准则——基本准则》的内容则要简单得多。近年来财务会计概念框架的重要性已日益被人们所了解，但如何制定高质量的财务会计概念框架并使其更好地指导具体准则，以下的问题值得我们思考。

思考一：财务会计概念框架构建的必要性。

近年来对我国是否也应该构建财务会计概念框架存在诸多争论，主要观点有三：一是认为我们必须及早构建财务会计概念框架，以取代会计基本准则；二是认为目前的会计基本准则已发挥了财务会计概念框架的作用，没必要再重新构建；三是认为我国应循序渐进地构建财务会计概念框架。根据我国财政部的相关解释，我国的基本准则类似于国际会计准则理事会的《编报财务报表的框架》和美国财务会计准则委员会的《财务会计概念公告》。基本准则属于部门规章，它在整个企业会计准则体系中具有统驭的作用。但是我国学者在把基本准则进行国际比较后发现，我国的基本准则存在如下的缺陷：对相关会计概念及标准的表述具有高度的概括性，未明确表述各部分会计概念体系之间的逻辑关系等（刘永泽，2006）；形式上过于简单，理论基础薄弱（李小荣，2008）。也就是说，与国际会计准则理事会的《编报财务报表的框架》相比，我国的基本准则并非是真正意义上的财务会计概念框架。本书认为，在会计国际化进程不断加快的情况下，我国必须要构建财务会计概念框架，以适应经济全球化的发展趋势。但是，分析英美等会计职业比较发达的国家，我们可以看到，其概念框架的构建也并非一蹴而就，而是经过漫长的探索并最终成形，目前也仍处于不断的改进之中。在我国目前资本市场不发达、会计环境与其他发达国家存在很大不同的情况下，构建我国的财务会计概念框架更要慎重，否则难以真正发挥框架在整个准则体系中的作用。

思考二：财务会计概念框架的国际趋同。

近年来，随着会计国际化程度的不断提高，各国会计准则趋同尤其是向国际会计准则趋同的趋势越来越明显，从而使得作为指导具体会计准则制定的理论基础和前提条件的概念框架也存在着国际趋同的必要。尤其是在安然、世通等一系列财务舞弊案发生后，国际会计准则理事会与美国财务会计准则委员会一致同意高质量的会计准则制定模式应由规则导向转向原则导向，而原则导向的会计准则模式必须以概念框架作为基础。同时，随着会计环境的不断变化，对国际会计准则理事会或美国财务会计准则委员会而言，先前所制定的概念框架还存在诸多不合时宜之处，也使得概念框架的国际趋同成为可能。2004 年 4 月，国际会计准则理事会与美国财务会计准则委员会在伦敦举行了第三次联合会议，就双方是否应当共同制定一套概念框架进行探讨。当年 10 月，国际会计准则理事会与美国财务会计准则委员会联合立项，在遵循两者概念框架的基础上，结合两框架，根据会计环境的变化，制定一个通用的概念框架。2006 年 7 月，国际会计准则理事会与美国财务会计准则委员会发布第一阶段的研究成果《财务报告概念框架：财务报告目标和决策有用的财务报告信息的质量特征》初步意见讨论稿，以征求意见。此后，国际会计准则理事会与美国财务会计准则委员会开始第二阶段的工作，讨论资产、负债及其基本特征的初步定义及报告实体的构成。（景翠莲，2007）以上事实表明，作为会计国际化强有力的推行者，国际会计准则理事会与美国财务会计准则委员会在对待财务会计概念框架国际趋同上的态度是一致的。我国虽在 2006 年发布了《企业会计准则——基本准则》，但其与国际会计准则理事会的《编报财务报表的框架》无论是从体例还是内容上都存在着不少差异。本书认为，在国际会计准则影响日益深远的今天，我们必须要正视财务会计概念框架国际趋同的现实，今后我国制定财务会计概念框架时，一方面要立足于自身的国情，另一方面应多多借鉴国际会计准则理事会及其他国家准则制定机构在财务会计概念框架方面所取得的研究成果，取其之长，补己之短，方能制定出适合自身需要的财务会计概念框架。

第四节　本章小结

本章对中马会计准则的体系、制定模式和概念框架进行了比较，两者有相似之处，但也各有特色。马来西亚早在1979年就已经加入国际会计准则委员会，其会计国际化的进程开始较早，并且进展较为迅速和顺畅。主要原因可能是，马来西亚曾长期受英国统治，政治、经济和文化等均易于与西方的财务会计理念和体系融合。而我国虽然在改革开放后也开始研究和借鉴国际会计准则，但由于曾长期实行计划经济体制，会计准则国际化进程比较缓慢，直到2006年才真正实现了与国际会计准则趋同的一大飞跃。

我国会计准则体系以规则为基础，对特定交易和事项都有详细的操作指南标准和例外事项；而马来西亚会计准则体系以原则为基础，仅针对交易或事项的会计处理和财务报告提出应遵循的原则。

对比两国的会计准则制定机构，马来西亚会计准则理事会（MASB）的性质较为复杂，表面上看是民间主导型，但实质上又具有官方色彩。这种半官方性质的会计准则制定机构从独立性上来看，虽然准则不由政府机构直接制定，但准则委员会的所有成员都由政府任命，他们在准则制定的过程中，难免会将政府机构的利益摆在较为重要的位置。相比之下，我国会计准则制定机构的独立性更弱。在我国会计准则制定过程中，有大量的政府官员直接参与，会计准则委员会主席由财政部的领导直接担任，这必将导致委员会在制定准则时，将政府的利益放在首位，而疏于考虑其他利益团体的切身利益，从而难以保证制定机构的独立性。

从准则指定人员构成上看，两国准则的制定基本上既有理论界代表，又有注册会计师、职业团体等一些相关利益集团的代表参与。这样准则制定时可以充分考虑各个利益集团之间的利益并进行协调，使制定出来的准则更加充分完善。但是，各利益集团参与准则制定的程度大小、施加影响的大小还各有不同。与机构性质相应，我国的准则制定机构人员大部分由官方人员担任。可以说是在政府的带领下，召集适当的人员进行准则制定工作。尽管召集的人员具有一定的代表性，但还很不全面，其中缺乏各类企业投资人的代表。虽然财政部聘请的咨询专家中有企业界的代表，但是他们只提供咨询服务，并不能对准则的制定工作直接施加影响。另外，证券市场上的投资者以及债权人特别是金融机构的代表也没能出现在委员会中。而马来西亚会计准则理事会的人员组成除了考虑政府部门、职业团体等利益相关方的代表外，更注重包括企业、银行在内的利益相关者，反映出其较为广泛的代表性。

对比两国财务会计概念框架，马来西亚概念框架只规定了两个基本会计假设：权责发生制及持续经营假设。而在我国的基本准则中规定了“会计主体”、“持续经营”、“会计分期”和“货币计量”四个基本假设，同时在第九条明确了权责发生制的计量基础。马来西亚概念框架以专门的段落阐述财务报表的目标（第12段至21段），在第12段指出，“财务报表的目的就是关于企业财务状况、经营成果及财务状况变化的信息，这些信息对一系列的使用者在作出经济决策时是有用的。”在我国基本准则第四条明确指出，“财务会计报告的目标是向财务会计报告使用者提供与企业财务状况、经营成果和现金流量等有关的会计信息，反映企业管理层受托责任履行情况，有助于财务会计报告使用者作出经济决策。”中马两国在会计信息质量要求方面，都把可理解性、相关性、可靠性和可比性作为其首要考虑的要求，而在次级质量要求中，两国存在较大的区别。马来西亚共有九项次级质量特征，而我国仅有四项，除提及实质重于形式、谨慎性、及时性和重要性外，我国对“可证实性”、“如实反映”“中立性”、“完整性”和“一致性”均未进行阐述。此外，通过比较两国对会计信息质量特征的描述，我们可以看到，马来西亚框架对会计信息质量特征的描述更为充分，层次更为清晰，同时，在其框架中的第43至45段，对相关性与可靠性这两个质量特征相互抵触时应考虑的因素进行了描述，为企业如何提供会计信息以达到财务报表目标提供更为实用的指导。马来西亚在“框架”中确定了五个财务报表要素，即资产、负债、所有者权益、收益和费用，而在我国的基本准则中，定义了六个财务报表要素，即资产、负债、所有者权益、收入、费用和利润。两国在定义财务报表要素时，只提及资产负债表及损益表要素，对现金流量表要素均未涉及。在马来西亚的“框架”中，列明了四种计量方法，即历史成本、现行成本、可变现价值和现值。而在我国的基本准则中，列明了五种会计计量方法，即历史成本、重置成本、可变现净值、现值和公允价值。在马来西亚所规定的计量基础中，没有把“公允价值”纳入其中，现行成本实质上就是重置成本。在马来西亚的“框架”中提出了资本及资本保全的概念，而在我国的基本准则中，并没有涉及资本和资本保全的相关内容。

中马两国具体会计准则的设置基本类似，但并不完全相同。例如《FRS 139——金融工具确认与计量》的内容实际涵盖了我国《企业会计准则第22号——金融工具确认和计量》、《企业会计准则第23号——金融资产转移》和《企业会计准则第24号——套期保值》三个会计准则。《企业会计准则第7号——非货币性资产交换》、《企业会计准则第12号——债务重组》和《企业会计准则第34号——每股收益》在马来西亚财务报告准则中找不到对应的具体准则。同样《FRS 5——持有待售的非流动资产和终止经营》、《FRS 129——恶性通货膨胀经济中的财务报告》、《FRS 201——水产养殖业会计》等并未出现在我国具体会计准则中。除了准则设置上的一些区别外，在相同的会计准则中，中马具体会计准则内容也不尽相同。例如：《企业会计准则第8号——资产减值》明确规定，资产减值损失不能转回，但《FRS 136——资产减值》允许资产减值损失在符合一定条件的情况下转回；《企业会计准则第20号——企业合并》规定了同一控制下企业合并的会计处理，而《FRS 3——企业合并》并未作出相关规定；《企业会计准则第36号——关联方披露》规定仅仅同受国家控制而不存在其他关联方关系的企业不构成关联方，这也与《FRS 124——关联方披露》的要求不同。

第三章 中马企业资产类项目准则比较

第一节 中马存货准则比较

马来西亚是东盟重要的成员国，同时也是中国在东盟地区的最重要的贸易伙伴之一，其货物贸易在中国与东盟各国的经济贸易往来中具有典型性和代表性。存货作为资产的重要组成部分，在企业的资产中占有很大比重，存货的确认和计量正确与否将直接影响资产负债表中资产的真实性和相关性。本书主要通过对中国、马来西亚的存货会计准则进行比较，分析两国关于存货的确认、存货的计量、存货的信息披露等，揭示存货对企业会计信息带来的可能影响，为两国企业之间的经济贸易往来提供相关、可比、有用的会计信息，进而带动整个“中国—东盟”自由贸易区内成员国之间的货物贸易往来，降低贸易区各国企业的交易成本，加快区域经济一体化进程。

一、存货准则比较分析

马来西亚《财务报告准则第 102 号——存货》（简称 FRS 102），主要是对存货成本的确定、成本分配计算、确认为费用的金额以及减至于可变现净值的金额提供指南；我国《企业会计准则第 1 号——存货》（简称 CAS 1），主要规范了存货的确认、计量和相关信息的披露，为存货的计量（初始成本、发出成本、期末计价的金额）提供指南。FRS 102 由范围、定义、存货的计量、确认为费用、披露以及生效日期等部分构成；CAS 1 是由总则、确认、计量、披露四部分组成的。

（一）存货确认

（1）FRS 102 规定：“存货是用于贸易的库存，包含原材料、在产品和产成品，并分类为流动资产。《财务报告准则第 102 号——存货》适用于所有的存货，除了由其他特定的准则规定的以外，例如：建造合同形成的在建工程（参见财务报告准则第 111 号），金融工具（参见财务报告准则第 132 号和第 139 号）；生物资产（参见财务报告准则第 141 号）。同时不适用于下列持有存货的计量：以可变现净值计量的农林产品、收割后农产品、矿物和矿产品；商品经纪人持有的按公允价值减去出售费用后的余额计量的存货。”

（2）CAS 1 规定：“存货是指企业在日常活动中持有以备出售的产成品或商品、处在生产过程中的在产品、在生产过程或提供劳务的过程中耗用的材料和物料等。同时满足下列两个条件的，才能予以确认：一是与该存货有关的经济利益很可能流入企业；

二是该存货的成本能够可靠地计量。下列各项适用其他相关会计准则：①消耗性生物资产，适用《企业会计准则第5号——生物资产》；②通过建造合同归集的存货成本，适用《企业会计准则第15号——建造合同》。”我国《企业存货准则讲解与运用》中详细解释说明了存货准则不包括的范围：在建工程、生物资产、农业企业收获的农产品和采掘企业开采的矿产品、畜牧业与农业生产活动有关的生物资产等。

(3) 中马两国存货的定义、确认条件、范围的比较分析。

第一，存货定义比较分析：存货作为资产的主要内容之一，就必须符合资产定义及满足资产的条件。虽然在FRS 102中没有明确规定其确认条件，但已明确表示将存货分类为流动资产，持有存货的最终目的是为了出售。因此，中马两国存货准则中对存货的确认是一致的，是否规定存货的确认条件并无大碍。第二，存货准则不包括的范围比较分析：首先，FRS 102将金融工具排除在外；CAS 1也没有将金融工具纳入存货准则的规范范畴中；其次，我国企业准则讲解与运用中明确“《企业会计准则第1号——存货》不涉及……企业合并中取得的存货的初始计量”，FRS 102虽没有明确将其排除在外，但却在《财务报告准则第3号——企业合并》中对企业合并中取得的存货计量作出了具体的规定；最后，FRS 102有关规定将“商品经纪人持有的按公允价值减去出售费用后的余额计量的存货”排除在存货准则外，我国没有作出明确的相关规定。

以上比较分析表明中马两国对存货的定义及核算范围在行文说明上有些差异，这主要是由于存货可以通过不同的渠道取得。但两国在存货内容的认定上实质是一致的，都被认定为是企业在日常活动中持有以备出售的产成品或商品、处在生产过程中的在产品、在生产过程或提供劳务的过程中耗用的材料和物料等。

(二) 存货计量

1. FRS 102规定

(1) 存货计量：应以成本与可变现净值两者中的较低者来计量。

①成本：存货成本包括所有使存货达到目前场所和状态而发生的成本，包括采购成本、加工成本、其他成本。

采购成本包括采购价格、进口关税、相关税金、运输费、装卸费和其他直接归属于产成品、原材料和劳务取得的费用。但以下这些特定的成本不包括在存货成本中：非正常浪费的原料、人工和制造费用；储存费用；管理费用；销售费用。如果符合《财务报告准则第123号——借款费用》的要求，主体应把借款费用作为存货成本；根据《财务报告准则第141号——农业》，当农产品收割时，应以公允价值减去估计的销售费用进行计价；根据财务报告准则第102号规定，农产品按公允价值减去估计销售费用来计价；对于劳务提供者而言，存货的成本主要包括人工和间接费用。管理和销售费用不能计入存货成本，但是在发生时应在损益表中冲销。

加工成本：工厂把原材料加工成产成品就会发生加工成本，包括直接和间接成本(间接费用)。如人工和制造费用，这些与产品生产直接有关是直接成本。间接费用又可分为变动和固定费用。

其他成本：其他发生在使存货达到其目前的位置及状态的支出。

②可变现净值：指企业正常生产过程中估计销售价格减去估计的完工成本和达到销售发生的必要成本。存货要以成本与可变现净值孰低进行列示。任何发生的跌价都应该在发生当期确认为费用。任何转回都应该在发生转回的当期的利润表中确认。

（2）存货成本计算方法：如果结果与实际成本大致相同，标准成本和零售价法可用于成本的计量；当存货项目不能变换时，就用特别辨认法；先进先出法用于可变换的存货项目；加权平均法用于可变换的存货项目。

（3）确认为费用：当商品销售时，商品的入账金额就要确认为费用。存货的跌价的所有的损失要在跌价当期确认为费用。跌价转回将减少存货确认为费用的金额。

2. CAS 1 有关规定

（1）存货应当按照成本进行初始计量，包括采购成本、加工成本和其他成本。

采购成本，包括购买价款、相关税费、运输费、装卸费、保险费以及其他可归属于存货采购成本的费用。

加工成本，包括直接人工以及按照一定方法分配的为生产产品和提供劳务而发生的各项间接费用。

其他成本，是指除采购成本、加工成本以外的，使存货达到目前场所和状态所发生的其他支出。

下列费用应当在发生时确认为当期损益，不计入存货成本：非正常消耗的直接材料、直接人工和制造费用；仓储费用（不包括在生产过程中为达到下一个生产阶段所必需的费用）；不能归属于使存货达到目前场所和状态的其他支出。另外，应计入存货成本的借款费用，按照《企业会计准则第 17 号——借款费用》处理；投资者投入存货的成本，应当按照投资合同或协议约定的价值确定，但合同或协议约定价值不公允的除外；收获时农产品的成本、非货币性资产交换、债务重组和企业合并取得的存货的成本，应当分别按照《企业会计准则第 5 号——生物资产》、《企业会计准则第 7 号——非货币性资产交换》、《企业会计准则第 12 号——债务重组》和《企业会计准则第 20 号——企业合并》确定。

（2）存货应当采用先进先出法、加权平均法或者个别计价法确定发出存货的实际成本。对于性质和用途相似的存货，应当采用相同的成本计算方法确定发出存货的成本；对于不能替代使用的存货、为特定项目专门购入或制造的存货以及提供的劳务，通常采用个别计价法确定发出存货的成本；对于已售存货，应当将其成本结转为当期损益，相应的存货跌价准备也应当予以结转。企业应当采用一次转销法或者五五摊销法对低值易耗品和包装物进行摊销，计入相关资产的成本或者当期损益。

（3）资产负债表日，存货应当按照成本与可变现净值孰低计量。可变现净值，是指在日常活动中，存货的估计售价减去至完工时估计将要发生的成本、估计的销售费用以及相关税费后的金额。存货成本高于其可变现净值的，应当计提存货跌价准备，计入当期损益。以前减记存货价值的影响因素已经消失的，减记的金额应当予以恢复，并在原已计提的存货跌价准备金额内转回，转回的金额计入当期损益。企业发生的存货毁损，应当将处置收入扣除账面价值和相关税费后的金额计入当期损益。存货的账面价值是存货成本扣减累计跌价准备后的金额。存货盘亏造成的损失，应当计入当期损益。

3. 中马两国存货计量比较分析

存货计量是采用一定的计量标准和计量方法，确定企业一定会计期间取得、发出和结存存货的价值的计算方法。正确选择存货计量方法对企业利润计算、期末存货的价值确认具有重要的影响，与评价企业的财务状况和预测未来现金流量也有密切联系。通过存货计量比较分析，对于确定企业一定期间净收益，反映库存存货的实际经济价值，预测企业未来的现金流量都是十分必要的。

第一，存货成本的比较分析：中马两国存货准则都将加工过程中发生的间接生产费用，如车间生产产品过程中直接从事产品生产的工人的职工薪酬，企业生产部门管理人员的职工薪酬、折旧费、办公费、水电费等归集于“制造费用”项目中。但基于报告的目的，在确定产品成本时通常运用制造成本法，FRS 102 还把间接生产费用划分为变动间接生产费用和固定间接生产费用，而在 CAS 1 中并没有对此作专门的划分。

第二，存货发出成本的比较分析：在一定报告期内，由于不同的时间购买、销售或使用原材料和产品，计算已销售或使用存货成本和期末存货成本，并把成本分配到不同的产品中就成了企业关注并需解决的重要问题。因此，企业应根据报告期内不同的购买时间、销售或使用原材料和产品选择不同的存货发出计价方法。而不同的存货发出计价方法的选择对企业财务状况、经营成果会产生较大的影响。这就使得不同的国家根据各类企业存货的实物流转方式、管理的要求、存货的性质等实际情况，对选择存货发出计价方法在相关的法律规定中作出了一些限定。通过对马来西亚存货成本计算方法与我国存货发出方法的比较可看出，两国在存货发出计量上方面有一定的差异。如：FRS 102 除了明确规定存货成本计算可采用先进先出法、加权平均法、特别辨认法等与我国一致的存货发出方法外，还规定可采用标准成本、零售价法进行存货成本计算，而在 CAS 1 中并没有对此作专门的规定，只是在会计实务的应用中可根据企业情况用计划成本、移动平均法、毛利率法等计算存货的发出成本；CAS 1 规定对于企业在正常生产经营过程中多次使用但未列入固定资产目录周转材料等存货，可以采用一次转销法、五五摊销法和分次摊销法进行摊销，FRS 102 并未作出规定。

第三，确认为费用的比较分析：费用是获取收入的代价，是企业为销售商品，提供劳务等日常经营活动所发生的经济利益的流出。因此，费用的确认至关重要，直接关系到企业利润的正确与否，关系到会计信息的质量。FRS 102 中将销售存货成本应确认为费用、存跌价造成的损失应确认为费用、跌价转回将减少存货确认为费用的金额；CAS 1 除了与 FRS 102 “确认为费用”相同外，还规定企业对低值易耗品和包装物进行摊销，计入相关资产的成本或者当期损益，企业发生的存货毁损，应当将处置收入扣除账面价值和相关税费后的金额计入当期损益，存货盘亏造成的损失，应当计入当期损益。

第四，存货期末计价的比较分析：会计期末，需要在资产负债表中揭示存货的价值，这就产生了存货期末计价的问题。通常情况下，存货应按成本进行计价。但是，如果存货遭到损坏、过时或销售价格下跌时，存货的成本就不能得到补偿。此外，如果到完工或完成销售时所估计发生的费用有所增加，存货的成本也有可能得不到补偿。

因此，遵循会计信息谨慎性要求，存货不应以超过其可变现净值来入账，企业的存货期末计价应按成本与可变现净值孰低进行计量。FRS 102 虽然没有如同我国对存货计量划分为存货初始计量、发出计量、期末计价三个部分，但明确规定：存货要以成本与可变现净值孰低进行列示，任何发生的存货的跌价的所有的损失要在跌价当期确认为费用，跌价转回将减少存货确认为费用的金额，任何转回都应该在发生转回的当期的利润表中确认。因此，通过以上比较分析不难看出，中马两国关于存货计量的方法及内容是基本一致的；只是在具体的规定中我国在层次上显得较明晰，更易于操作。

（三）存货披露

（1）FRS 102 对存货要求披露的内容：存货计量所采用的会计政策，含所使用的成本计算公式；每类存货的入账价值；以公允价值减去销售成本计价的存货的入账成本；确认为费用的金额；转回的金额；导致转回的情况及事项；保证安全的存货的入账价值。

（2）CAS 1 要求披露的内容为：各类存货的期初与期末账面价值；确定发出存货成本所采用的方法；存货可变现净值的确定依据，存货跌价准备的计提方法，当期计提的存货跌价准备金额，当期转回的存货跌价准备金额，以及计提和转回的有关情况；用于担保的存货账面价值。

（3）对中马两国存货披露比较分析：期末对存货结存的正确披露是企业财务报告中的一项重要内容，通过对企业存货有关信息的披露，使信息使用者更加了解企业存货的信息，以满足各信息使用者的需求。经过对比不难看出，我国存货披露与马来西亚存货披露存在着一定的差异。如：FRS 102 要求披露的“确认为费用的金额”，我国并没有作出要求。费用表现为企业经济利益的流出，其流出金额的大小直接影响企业的利润和投资者的回报，是会计信息使用者关注的重要内容之一。遵循重要披露原则，笔者认为马来西亚存货披露的内容相对于我国存货披露的内容更全面和完整，更能满足信息使用者的需求。

二、中马两国存货准则比较分析的结论

通过对中马两国存货准则的比较分析，我们可以清楚地看到，CAS 1 在所有重大方面与 FRS 102 大同小异。按其存货准则所提供的存货信息，将有利于揭示存货对中马两国企业会计信息带来的可能影响，为两国企业之间的经济贸易往来提供可用的会计信息。但由于两国的社会制度、经济环境等方面的不同，CAS 1 与 FRS 102 之间存在一定的差异，其主要原因如下：一是我国与马来西亚会计准则的供给主体不同。我国《企业会计准则》由国务院财政部统一制定，马来西亚《财务报告准则》是由马来西亚会计准则理事会来制定的为民间组织，因而中马两国制定的会计准则目标不同，所采用的会计政策与会计方法显然会各有所侧重。二是我国与马来西亚两国的市场发育程度、会计监管体系、法律体系、文化背景等存在差异而导致两国存货准则不可能没有差异。总之，随着“中国—东盟”自由贸易区内成员国之间的货物贸易往来的发展，会计这一国际通用的商业语言已经成为我国与东盟各成员国货物贸易往来的重要桥梁，

会计信息将成为评价各国企业之间的资本实力、投资风险、财务状况等重要信息。因此，笔者认为通过比较分析中马两国存货准则，我国可以：一是在存货确认上，力求实现与东盟会计区域的协调，不断缩小东盟各国的会计差异，形成一套各方可接受的会计准则；二是在存货计量上，充分考虑我国的实际情况，体现会计处理求同存异的原则，确保相互适应，以满足各方信息使用者的需求；三是在存货准则披露的内容上，充分借鉴国际会计准则，尊重市场经济的规律，遵循人类的认识规律，提高财务报告信息质量，使信息使用者更加了解企业存货的信息，促进东盟各国企业之间的投资决策，带动整个“中国—东盟”自由贸易区内成员国之间的货物贸易往来，降低贸易区各国企业的交易成本，加快区域经济一体化进程。

第二节　中马长期股权投资准则比较

随着“中国—东盟”自由贸易区经济合作的深入发展，各国之间的股权投资、企业并购等业务不断增加，我们必须对东盟各国的长期股权投资准则有所了解，才能更好地为相关的会计信息使用者服务。我国的《企业会计准则第 2 号——长期股权投资》是在借鉴国际会计准则相关规定的基础上制定的。而马来西亚自 1979 年成为国际会计准则委员会的成员后就开始根据本国情况采纳国际会计准则，其会计准则与国际会计准则趋同程度比较高。因此中国会计准则（CAS）和马来西亚财务报告准则（FRS）关于长期股权投资的规定在很多方面是相似的，但两者也存在一些差异。本书拟从相关准则的范围、长期股权投资的计量、长期股权投资的披露三个方面来对中国和马来西亚的会计准则进行比较和分析，以期推动会计在中国与东盟各国的经济往来中充分发挥商业语言的作用，进而促进东盟自由贸易区的经济发展。

一、相关准则的范围

我国对于长期股权投资有专门的准则进行规范，即《企业会计准则第 2 号——长期股权投资》（以下简称 CAS 2）。在这一准则的应用指南中明确指出，该准则规范的是对子公司的投资，对合营企业的投资，对联营企业的投资以及企业对被投资单位不具有控制、共同控制或重大影响，且在活跃市场中没有报价、公允价值不能可靠计量的权益性投资。另外，CAS 2 还提到，本准则没有规范的长期股权投资，适用《企业会计准则第 22 号——金融工具确认和计量》。马来西亚没有专门的长期股权投资准则，与我国长期股权投资相类似的内容是分散在《FRS 127——合并财务报表和单独财务报表》（以下简称 FRS 127）、《FRS 131——合营中的权益》（以下简称 FRS 131）、《FRS 128——联营中的投资》（以下简称 FRS 128）、《FRS 139——金融工具：确认与计量》（以下简称 FRS 139）等准则中。之所以存在这一差异，主要是因为我国在制定准则时就有意将《国际会计准则第 27 号——合并财务报表和单独财务报表》、《国际会计准则第 28 号——联营中的投资》和《国际会计准则第 31 号——合营中的权益》等的相关内容进行整合，形成长期股权投资准则及其应用指南。因为我国的旧准则中就是以

《投资》这一个准则来规范企业的短期投资、长期投资等所有的对外投资业务。在将短期投资等业务改用《企业会计准则第 22 号——金融工具确认和计量》等相关准则进行规范的前提下，如果再完全按照国际会计准则的框架来设置长期股权投资的相关准则，就有可能会使得旧《投资》准则下的内容零乱地出现在若干个新准则中，从而完全打乱原有的投资准则体系。因此为了符合中国会计实务多年来的习惯，我国在制定准则时考虑了原有的投资准则体系，将相关内容整合形成了专门的长期股权投资准则，从而使会计人员能更好地理解和掌握该准则的内容。

对于持有待售的对子公司、联营企业的投资等，马来西亚有专门的准则《FRS 5——持有待售的非流动资产和终止经营》进行规范。而我国仅在《企业会计准则第 4 号——固定资产》中提到持有待售的固定资产的处理，不过在《企业会计准则解释第 1 号》中说明，持有待售的其他非流动资产与持有待售固定资产采用相同的原则处理，也就是说，我国关于持有待售的对子公司、联营企业的投资等可采用持有待售固定资产的处理原则。我国之所以没有对持有待售的非流动资产制定专门的准则，主要是考虑到以我国目前的情况，合理确定持有待售的非流动资产的公允价值具有一定的难度。

二、长期股权投资的计量

（一）中国关于长期股权投资的计量规定

我国会计准则对于长期股权投资的初始计量和后续计量均作出了具体的规定。

（1）初始计量。对于长期股权投资的初始计量，CAS 2 分别对企业合并形成的和非企业合并形成的两种情况进行了规定。同一控制下企业合并形成的长期股权投资，合并方应在合并日按照取得被合并方所有者权益的账面价值份额作为长期股权投资的初始投资成本。而非同一控制下的企业合并形成的长期股权投资，购买方应当按照确定的企业合并成本作为长期股权投资的初始投资成本。这里的合并成本是由《企业会计准则第 20 号——企业合并》规定的，具体包括购买方付出的资产、发生或承担的负债、发行的权益性证券的公允价值以及为进行企业合并发生的各项直接相关费用之和。非企业合并形成的长期股权投资则按以下规定确定初始投资成本：以支付现金取得的长期股权投资，应当按照实际支付的购买价款作为初始投资成本；以发行权益性证券取得的长期股权投资，应当按照发行权益性证券的公允价值作为初始投资成本；投资者投入的长期股权投资，应当按照投资合同或协议约定的价值作为初始投资成本，但合同或协议约定价值不公允的除外；通过非货币性资产交换和债务重组取得的长期股权投资按相应准则确定初始投资成本。

（2）后续计量。对子公司的投资和对被投资单位不具有控制、共同控制或重大影响，且在活跃市场中没有报价、公允价值不能可靠计量的权益性投资，采用成本法进行后续计量。对合营企业的投资和联营企业的投资，采用权益法进行后续计量。

（二）马来西亚关于长期股权投资的计量规定

马来西亚的会计准则中关于对子公司的投资、对合营企业的投资以及对联营企业的投资并没有分别对初始计量和后续计量进行具体的规定。其关于对子公司的投资的计量问题是由 FRS 127 规定的。该准则相应条款为：在投资者单独财务报表中，如果投资没有被归类为持有待售，应按成本或根据 FRS 139 进行披露。FRS 131 规定在合营者的单独财务报表中，合营者按照成本或重估金额披露他们在合营中的权益。FRS 128 则规定，投资者对非持有待售联营企业按照其成本或根据财务报告准则第 139 号的规定进行会计核算。也就是说，对子公司的投资、对合营企业的投资以及对联营企业的投资如果没有归类为持有待售的非流动资产，投资者在编制单独财务报表时，应按成本法或作为金融资产进行核算，即按成本法或公允价值法进行核算。这里强调的是单独财务报表。单独财务报表是相对于合并财务报表而言的。投资者合并财务报表中对投资的子公司、联营企业及合营企业的会计处理则根据 FRS 127、FRS 128 和 FRS 131 等的规定采用权益法等相关方法进行处理。

（三）两国关于长期股权投资计量的差异分析

通过分析我国会计准则和马来西亚财务报告准则的相关规定，可以发现我国和马来西亚关于长期股权投资计量规定的区别主要体现在以下四个方面：

（1）同一控制下企业合并形成的长期股权投资的计量。我国对于同一控制下企业合并形成的长期股权投资要求按被合并方所有者权益的账面价值为基础进行初始计量，而马来西亚会计准则没有对同一控制下企业合并形成的长期股权投资的初始计量进行考虑。这主要是因为两国国情不同。我国同一控制下的企业合并比较多，如中央、地方国资委所控制的企业之间的合并，由于合并不一定是合并方和被合并方双方完全出于自愿的交易行为，合并对价也不一定是公允价值，因此有必要对其初始计量进行单独规定，即要求以账面价值为基础进行计量。而马来西亚国有企业相对较少，因此它和国际会计准则一样尚未对同一控制下企业合并形成的长期股权投资作出相关规定，但以后它们可能会借鉴我国的规定对这一业务进行规范。

（2）权益法的运用。我国对合营企业的投资和对联营企业的投资后续计量均要求采用权益法核算。因为我国规定，如果根据有关章程、协议等表明投资企业不能够对被投资单位实施控制的，就不需要将被投资单位纳入合并财务报表的合并范围。而所谓的控制是指一个企业能够决定另一个企业的财务和经营政策，并能据以从另一个企业的经营活动中获取利益的权利。因此合营企业和联营企业就不需要纳入合并财务报表的范围。为了向财务报告使用者提供与合并财务报表效果类似的损益等信息，就有必要对合营企业和联营企业的投资采用权益法核算。而马来西亚强调的是在单独财务报表对合营企业的投资和对联营企业的投资采用成本法或公允价值法核算，权益法是在编制合并报表时才使用。这主要是由于马来西亚要求对合营企业的投资和对联营企业的投资都要纳入合并财务报表的范围，而包括主体在内的合并财务报表中已经提供了财务报告使用者所需要的集团损益等信息，并且更为完整，因此在单独财务报表中则不需要再提供类似信息，也就没有必要在单独财务报表中采用权益法进行核算。此外，马来西亚认为，单独财务报表应该重点关注投资资产的业绩，无论是成本法还是 FRS 139 所要求的公允价值法都比权益法能够提供更为相关的信息。因此，马来西亚要求在单独财务报表对合营企业的投资和对联营企业的投资采用成本法或公允价值法核算。从以上分析我们可以看出，我国的权益法实质上是会计核算的权益法，而马来西亚的权益法是财务报告的权益法。这与我国的企业会计准则制定的出发点有着密切的联系。因为我国的企业会计准则不仅要规范财务报告，还要规范会计的确认和计量，而马来西亚的 FRS 主要规范的是财务报告。

（3）对合营企业投资采用比例合并法的态度。我国的 CAS 2 对于合营企业的投资规定只能使用权益法，不能使用比例合并法。而马来西亚的 FRS 131 规定合营者应编制合并财务报表，编制方法可采用比例合并法或权益法，优先使用比例合并法，权益法只是一个备选方法。也就是说，中国和马来西亚对于合营企业的投资使用比例合并法的态度是不同的，我国是完全否定了比例合并法的使用，而马来西亚则比较偏好于比例合并法。这主要是由两方面原因造成的：第一，如前文所述，我国的合并财务报表是基于控制为基础的，因此合营企业被排除在合并范围之外，当然也就不允许对合营企业采用比例合并法来编制合并财务报表。第二，比例合并法是以所有权理论为基础的，它曾是欧洲大陆国家流行的会计惯例，而马来西亚曾是英国的殖民地，因此也一直延续这一做法。他们认为，采用比例合并法，能够在合并资产负债表中反映合营者共同控制资产的份额和共同承担负债的份额，在利润表中反映合营者在合营企业的收益和费用份额，而权益法反映的信息十分有限，因此，比例合并法比权益法更能较好地反映合营企业权益的实质和经济现实。不过，从目前来看，越来越多的国家开始偏向于主体理论，也就是基于控制的合并理念，比例合并法也逐渐被一些国家所弃用，而国际会计准则也计划取消比例合并法。因此，马来西亚也有可能在今后对此作出一些修订。

（4）对联营企业投资的商誉的处理。我国的 CAS 2 规定，取得投资时初始投资成本与应享有被投资单位可辨认净资产公允价值份额之间的差额应区别情况处理。如果初始投资成本大于应享有被投资单位可辨认净资产公允价值份额，不确认商誉，也不调整长期股权投资成本。如果初始投资成本小于应享有被投资单位可辨认净资产公允价值份额，应对长期股权投资的账面价值进行调整，计入取得投资当期的损益。马来西亚的 FRS 128 也规定，在购买日，投资者需要确定投资成本和投资者占被投资者可确认净资产公允价值的份额之间的差异。这种差异，应该根据相关的会计准则确认为正商誉或负商誉，商誉每年都要进行减值测试，负商誉应作为投资者的收益立即确认。可见，对于投资成本大于应享有被投资单位可辨认净资产公允价值份额的差额（即商誉）的处理，两国是有差异的。由于我国现有环境下公允价值的取得相对比较困难，因此，我国对于商誉的处理也相对比较谨慎。

除了以上主要的差异以外，我国和马来西亚关于长期股权投资的计量规定还存在一些细节的差异。例如，FRS 128 和 FRS 131 均规定了满足一定条件时对合营企业和联营企业的投资可以不采用权益法或比例合并法进行核算，而我国没有相关的例外规定。

三、长期股权投资的披露

由于马来西亚的财务报告准则主要规范的是财务报告，因此相关的披露规定相对 CAS 2 来说更详细、更具体。例如，FRS 128 要求披露：有公开报价的对联营投资的公允价值；投资者持有被投资者不足20%的表决权但具有重大影响的原因；投资者持有被投资者20%或超过20%的表决权但不具有重大影响的原因；联营企业的报告日与投资者的报告日的差异；未采用权益法核算的事实和相关企业财务数据的披露等。这些披露要求CAS 2中均没有提到。这其中有些披露要求是跟FRS 128本身的规定直接相关的。例如，FRS 128规定在满足一定条件下，对联营的投资可以不采用权益法核算，因此它要求要作出相应的披露。另外，FRS 128规定，当母公司和联营企业采用不同的报告日时，应调整联营企业报告日和母公司报告日之间发生的重大交易和事项的影响，但是，报告日的差异不能超过三个月。因此，如果出现差异，也要求要作出相应的披露。我国会计准则并没有对联营企业投资权益法的运用作出例外规定，也没有提到有不同报告日的情况，因此，自然也就不会提出相关的披露要求。但是，上述所列举的FRS 128的其他披露要求实际上对我国也是适用的，只是CAS 2并没有作出相关的规定。因此，我国可以借鉴马来西亚的做法，参考国际会计准则的同时根据自身的实际情况对长期股权投资的披露规定进行增加或修订。

四、未来的展望

马来西亚财务报告基金会及会计准则理事会于2008年8月共同发布公告，提出计划在2012年1月1日前实现马来西亚会计准则与国际财务报告准则的全面趋同。而我国财政部公布的《中国企业会计准则与国际财务报告准则持续趋同路线图》也指出，力争在2011年完成准则体系的修订工作。因此，可以合理预计，随着两国企业会计准则的不断修订与完善，中国和马来西亚关于长期股权投资相关规定的差异将逐渐减少。例如，我国的CAS 2并没有对联营企业和合营企业的投资采用权益法核算时涉及的内部交易损益作出规定。不过，之后所颁布的《企业会计准则解释第1号》对这一问题作出了明确的规定：投资企业与联营企业及合营企业之间发生的内部交易损益按照持股比例计算归属于投资企业的部分，应当予以抵消，在此基础上确认投资损益。这一规定与马来西亚的相关规定是一致的。当然，可以肯定的是，即使差异在逐渐减少，但由于国情和文化不同，个别差异可能依然还会存在。

第三节　中马投资性房地产准则比较

随着房地产市场的火爆和企业投资理念的增强，企业除了将拥有的房地产用于生产厂房、办公场所等自用外，还可能持有房地产作为投资。基于这样这种背景，我国借鉴了国际会计准则并于2006年2月15日颁布了《企业会计准则第3号——投资性房地产》（简称CAS 3），以完善我国投资性房地产的确认、计量和披露问题。为促进中国与马来西亚会计信息的交流，本书将我国的《企业会计准则第3号——投资性房地产》（CAS 3）与马来西亚《财务报告准则第140号——投资性房地产》（FRS 140）进行对比。

一、投资性房地产核算范围比较

（一）我国投资性房地产核算范围

CAS 3 首先定义了投资性房地产，是指为赚取租金或资本增值，或两者兼有而持有的房地产。同时，对投资性房地产的类型进行了限定：①已出租的土地使用权；②持有并准备增值后转让的土地使用权；③已出租的建筑物。

（二）马来西亚投资性房地产核算范围

FRS 140 定义的投资性房地产，指为赚取租金或为资本增值，或两者兼有（由业主或融资租赁的承租人）而持有的房地产（土地或建筑物，或建筑物的一部分，或两者兼有），但是不对其类型进行限定，只是通过举例的方式来说明有：①为长期资本增值而持有的土地，不包括在正常经营过程中为短期销售而持有的土地；②尚未确定未来用途的土地（如果企业尚未确定将其持有的土地用于自用还是用于在正常经营过程中的短期销售，则持有的土地应视为用于资本增值）；③报告企业拥有（或报告企业在融资租赁下持有）并在一项或多项经营租赁下租出的建筑物；④准备在一项或多项经营租赁下租出的空闲建筑物。

（三）主要区别

（1）CAS 3 所说的土地是指土地使用权，而 FRS 140 是指土地所有权，这是因为在中国土地归国家或集体所有，企业只能取得土地使用权而不是所有权。另外，CAS 3 对持有并准备增值后转让的土地使用权并无时间限制，但是按照国家有关规定认定的闲置土地不属于持有并准备增值后转让的土地使用权，而 FRS 140 中则指出为长期资本增值而持有的土地应视为投资性房地产，不包括在正常经营过程中为短期销售而持有的土地。

（2）CAS 3 规定经营租入的房地产均不属于投资性房地产，我国作为投资性房地产的建筑物或土地使用权应当是企业拥有产权的建筑物或通过受让方式取得的土地使用权。而 FRS 140 规定对于经营租赁方式租入的房地产再转租，只要该类房地产符合投资性房地产的定义且企业对该房地产采用公允价值模式计量的，允许将其归类为投资性房地产，但企业必须对所有其他投资性房地产采用公允价值模式计量。

（3）FRS 140 规定，对于承租人在融资租赁下持有的房地产权益，如满足投资性房地产的定义，可归类为投资性房地产。我国准则对此没有明确说明。

二、投资性房地产确认和初始计量比较

（一）确认的比较

中马两国投资性房地产准则在确认的要求上是基本一致的，都规定了确认条件是同时满足“与投资性房地产相关的未来经济利益很可能流入企业”和“投资性房地产的成本能够可靠地计量”两个条件。除此之外，马来西亚准则还对后续确认做了规定：①日常维护成本不构成投资性房地产的成本；②另外如果发生投资性房地产的后续支

出符合资本化条件，则确认其成本，并对其账面成本进行再确认。

（二）初始计量的比较

1. 相同之处

中马两国在投资性房地产初始计量的原则是一致的，都要求投资性房地产初始应按其成本计量。

2. 不同之处

（1）初始成本的计量。CAS 3 更强调初始计量的成本由取得该项资产达到预定可使用状态前所发生的必要支出构成，FRS 140 注重可直接归属于投资性房地产的支出。FRS 140 规定了启动费（使房地产达到工作状态所必需的启动费除外），在投资性房地产达到计划的占用水平之前发生的初始经营亏损，在房地产的建造或开发过程中浪费的材料、人工或其他资源等不正常损失，不作为投资性房地产的成本。

（2）经营租赁取得投资性房地产的计量。FRS 140 规定如果一项经营租赁被划分为投资性房地产，则按融资租赁进行会计核算，按照该项资产的公允价值与最低租赁付款额现值孰低者计量，并按相同的金额确认负债。为租赁而支付的利息构成最低租赁付款额，并包含在资产的成本中，但是并不计入负债。如果经营租赁被划分为投资性房地产，此时，该租赁业务将作为融资租赁核算。由于 CAS 3 没有规定经营租入的房地产均属于投资性房地产，所以没有相关的初始计量规定。

（3）自行建造投资性房地产的计量。CAS 3 明确规定，企业自行建造或开发的房地产，只有在自行建造或开发活动完成（即达到预定可使用状态）的同时开始对外出租或用于资本增值，才能将自行建造的房地产确认为投资性房地产，按建造该项资产达到预定可使用状态前所发生的必要支出计量。但 FRS 140 规定，自建房地产变成投资性房地产是投资性房地产转换的形式之一，应该按照相应类型的投资性房地产转换的要求进行计量。

三、投资性房地产后续计量的比较

投资性房地产的后续计量模式有成本和公允价值计量两种：采用成本模式计量的建筑物的后续计量与其作为固定资产或者不动产的成本模式计量要求一致；采用公允价值模式计量的，不对投资性房地产计提折旧或进行摊销，应当以资产负债表日投资性房地产的公允价值为基础调整其账面价值，公允价值与原账面价值之间的差额计入当期损益。但是，中马两国在后续计量模式的选择和使用上都存在差异：

（1）对公允价值计量模式的态度不同。CAS 3 规定的后续计量模式有成本和公允价值计量两种，通常应当采用成本模式计量，企业有确凿证据表明投资性房地产的公允价值能够持续可靠取得的，可以对投资性房地产采用公允价值模式进行后续计量。而且已采用公允价值模式计量的房地产，不得从公允价值模式转为成本模式。与之相比，FRS 140 与 CAS 3 存在差异，由于我国公允价值属性条件尚未成熟，所以偏向于成本计量模式，对公允价值模式的使用谨慎严格。而 FRS 140 允许企业在成本会计和公允价值模式之间作出选择，并鼓励企业在能够持续获得公允价值的前提下，采用公允价值计量模式；已采用公允价值模式计量的投资性房地产，不鼓励从公允价值模式转为成本模式。也就是说，FRS 140 并没有完全禁止企业把已采用公允价值模式计量的投资性房地产从公允价值模式转换为成本模式。另外，当承租人在经营租赁下持有的房地产权益被归类为投资性房地产时，投资性房地产的后续计量模式只能采用公允价值模式，从而所有投资性房地产的后续计量模式都只能选用公允价值模式，不得选用成本模式。

（2）公允价值模式下的例外规定不同。CAS 3 对公允价值模式要求很严格，同一企业只能采用一种模式对所有投资性房地产进行后续计量，不得同时采用两种计量模式。但是 FRS 140 允许存在例外：如果有证据清楚地表明，当主体首次取得投资性房地产时（或某项现有房地产在完成建造或开发活动后，或改变用途后首次成为投资性房地产时），主体将无法在持续的基础上对投资性房地产的公允价值进行可靠确定，在这种情况下，主体应采用成本模式计量投资性房地产，投资性房地产的残值应假定为零。这种情况下，尽管主体可能对该项投资性房地产采用成本模式，但对于其他各项房地产仍可以采用公允价值模式。

四、投资性房地产转换的比较

（一）转换类型的比较

CAS 3 规定，企业有确凿证据表明房地产用途发生改变，满足下列条件之一的应当将投资性房地产转换为其他资产或者将其他资产转换为投资性房地产：①投资性房地产开始自用；②作为存货的房地产改为出租；③自用土地使用权停止自用，用于赚取租金或资本增值；④自用建筑物停止自用，改为出租。FRS 140 增加了：①为销售而开发，相应的投资性房地产转换成存货；②与另一方开始一项经营租赁，相应的由存货转换成投资性房地产；③结束建造或开发，相应的由在建或开发的房地产转换成投资性房地产。由此可见，FRS 140 的转换类型比我国更加详细和丰富。

（二）转换会计处理的比较

CAS 3 规定，自用房地产或存货转换为采用公允价值模式计量的投资性房地产时，投资性房地产按照转换当日的公允价值计价，转换当日的公允价值小于原账面价值的，其差额计入当期损益；转换当日的公允价值大于原账面价值的，其差额计入所有者权益。FRS 140 在这方面的规定与我国的差别较大，FRS 140 分别规定了存货、完成的自建投资性房地产与自用房地产转换为以公允价值计量的投资性房地产的处理原则，具体规定如下：

（1）对于将存货转换成按公允价值计量的投资性房地产，转换日该房地产的公允价值与其原先的账面金额之间的任何差额应确认为损益。将存货转换成按公允价值计量的投资性房地产的会计处理与存货销售的会计处理一致。因为存货的最终目的是出售，因此将存货转换为以公允价值计量的投资性房地产时，对该存货视同销售。

（2）当主体完成一项按公允价值计量的自建投资性房地产的建造或开发活动时，在完成之日该项房地产的公允价值与其原先的账面金额之间的任何差额应确认为损益。

（3）如果一项自用房地产转换成按公允价值计量的投资性房地产，主体应在用途改变之日，对该项房地产的账面金额与其公允价值之间的任何差额，采用与不动产、厂场和设备准则中价值重估相同的方式进行处理。对重估价与资产账面金额之间的差异作如下会计处理：①如果重估引起资产账面金额增加，增值额应直接贷记权益中的“重估价盈余”科目。但是，就同一资产而言，该增值中相当于转回之前确认为损益的重估价减值的部分，应确认为损益。对于产生的账面金额的增加额应按下列规定进行处理：增加额中相当于转回以前该项房地产的减值损失部分，应确认为损益。确认为损益的金额不得超过将账面金额恢复为如果以前没有确认减值损失应当确定的账面金额（扣除折旧后的净额）所需要的金额。同时，增加额的剩余部分应直接作为重估盈余贷记权益类科目。对于投资性房地产的后续处置，包括在权益中的重估盈余可以转为留存收益。从重估盈余向留存收益的转换不通过损益。②如果重估引起资产账面金额减少，减值额应确认为损益。但是，就同一资产而言，在现有“重估价盈余”科目的贷方余额范围内的减值应直接借记“重估价盈余”科目。

五、投资性房地产处置的比较

FRS 140 规定，当投资性房地产处置或永久退出使用，且预期没有来自处置的未来经济利益流入时，应终止确认投资性房地产（从资产负债表中消除）。投资性房地产的报废或处置的净处置收入与该项资产的账面金额之间的差额，确定由此所产生的利得或损失，并应在收益表中确认为收益或费用。CAS 3 的规定与 FRS 140 基本一致。

六、投资性房地产披露的比较

CAS 3 要求企业在附注中披露投资性房地产的五个方面的信息：一是投资性房地产的种类、金额和计量模式；二是采用成本模式的，投资性房地产的折旧或摊销，以及减值准备的计提情况；三是采用公允价值模式的，公允价值的确定依据和方法，以及公允价值变动对损益的影响；四是房地产转换情况、理由，以及对损益或所有者权益的影响；五是当期处置的投资性房地产及其对损益的影响。FRS 140 在信息披露方面的规定比我国会计准则更加详细，主要增加了：一是收益表的相关披露内容，包括来自投资性房地产的租金收益以及相应的修理维护费用等；二是即使采用成本计量模式，也要披露投资性房地产的公允价值。

七、比较的启示

通过以上比较，我们可以清楚地看到中马两国投资性房地产准则的主要差异，通过比较我们发现 FRS 140 有值得我国借鉴的地方：

（一）适当扩大投资性房地产的范围

我国的投资性房地产包括三类：已出租的土地使用权、持有并准备增值后转让的土地使用权和已经出租的建筑物。马来西亚规定除此之外还包括融资租赁租入的房地产和经营租赁租入转租的房地产。这是由于我国会计实务中的融资租赁主要是房地产等，不动产的融资租赁很少见，经营租赁租入的房地产承租方不入账。但是会计实务当中确有这样一些房地产的存在，我国的投资性房地产准则规避了对这些房地产的规范，一定程度会导致该类会计信息得不到应有的反映。

（二）逐渐鼓励企业采用公允价值计量投资性房地产

马来西亚在对投资性房地产的计量上，推荐采用公允价值模式。公允价值是对历史成本的补充计量，共同成为会计主要的计量属性，公允价值的使用使得会计信息更具有决策的相关性。投资性房地产作为一种投资资产，公允价值计量能够较好地反映投资性房地产的市场价格盈利能力。因此，我们应重视对公允价值的研究。同时，我国应加速完善资本市场和产品市场。尤其是在我国逐渐鼓励应用公允价值模式的趋势下，我们应努力做到使投资性房地产的重估价公允、透明，防止企业利用公允价值操纵利润的现象。

第四节　中马固定资产准则比较

“中国—东盟”自由贸易区组建以来，双边投资发展势头迅猛，在此情形下，无法回避的东盟各国之间的会计与财务问题日益凸显。对于准备同东盟各成员国进行投资贸易的潜在企业，或需要进一步增大对东盟贸易或投资的企业，也需要了解和解决相关会计与财务问题。2009 年，中国已经是马来西亚第一大进口国和第二大出口国。但是由于中马两国特有的会计环境，两国的会计准则还存在着差异。本节将对我国固定资产准则（《企业会计准则第 4 号——固定资产》，简称 CAS 4）与马来西亚不动产、厂场与设备准则（《财务报告准则第 116 号——不动产、厂场和设备》，简称 FRS 116）进行比较，分析其差异，并就两国准则的差异进行理性思考。

一、中马固定资产准则发展历程

（一）我国固定资产准则发展历程

2001 年 11 月财政部颁布了《企业会计准则——固定资产》，这是我国的第一个固定资产准则。到了 2006 年我国又颁布了新的会计准则，对 2001 年颁布的会计准则（简称为原会计准则）进行了较大的修改。我国 2006 年颁布的《企业会计准则》包括 1 个基本会计准则和 38 项具体会计准则，基本涵盖了目前国际财务报告准则的大部分内容。《企业会计准则第 4 号——固定资产》，即 CAS 4，是在充分借鉴《国际会计准则第 16 号——不动产、厂房和设备》（简称 IAS 16）的基础上进行修订的。

（二）马来西亚固定资产准则发展历程

马来西亚现行的《财务报告准则第 116 号——不动产、厂场和设备》，是其较早建设的一个准则，其发展历程与其财务报表准则的发展历程一致。从 1979 年开始，马来西亚成为国际会计准则委员会的成员，此后不久，大多数但非全部的国际会计准则被马来西亚所采纳。2004 年，马来西亚会计理事会发布了一揽子针对会计准则改进的征求意见稿（亦称为“马来西亚会计准则理事会改进措施”），这些措施直接影响到当时已发布的 13 项会计准则，并使已发布的会计准则与当时相应的国际会计准则的变化相一致。2005 年，马来西亚会计准则理事会（MASB）宣布只对国际财务报告准则（IFRS）中不适用于本国的内容进行修改，本国不再制定新的会计准则。

二、中马固定资产准则比较

（一）固定资产准则规范范围的比较

CAS 4 规范固定资产的确认、计量和相关信息的披露，但不涉及投资性房地产的建筑物和生产性生物资产。FRS 116 准则适用于不动产、厂场和设备的会计处理，认为不动产、厂场和设备属于非流动有形资产，即是用于生产性或其他生产能力的资产，其有实物形态。无形资产是诸如专利权、特许专营权、商标权、研究及开发成本，其没有实物形态；长期投资是企业投资到别的企业的证券，如股票和公司债券，这些资产作为金融资产。无论是无形资产还是金融资产，都不属于非流动有形资产，不在 FRS 116 准则规范。

由上可见，FRS 116 准则规范的范围与 CAS 4 准则规范的范围大致相同，均不包括作为投资性房地产的建筑物和生产性生物资产。

（二）固定资产确认的比较

1. 初始确认

CAS 4 会计准则规定固定资产同时满足如下条件的，才能予以确认：①与该固定资产有关的经济利益很可能流入企业；②该固定资产的成本能够可靠地计量。

FRS 116 规定，确认一项资产为不动产、厂场和设备，必须符合两个标准：

（1）未来的经济利益能流入企业。企业要估计与利益流入有关的确定性程度。当企业能拥有与资产相关的报酬，并分担与资产相关的风险时，这种确定性就是明确的。换句话说，风险与报酬就要转移到企业。风险就是对资产的维护负责，就是使资产处于一个好的状态，报酬就是资产报酬的绝对拥有。

（2）成本能可靠地计量。当有交易事项的时候，如用现金购买资产，第二个确认的标准就满足了。但是，当资产是非货币取得或是自建时，成本可能不是很明显（但是可以确定）。所有发生的取得、建造的成本，和发生的后续增加、置换零件或服务成本都必须符合确认的标准，以便确认为不动产、厂场和设备。

可以看出，对于固定资产的确认的基本标准，CAS 4 与 FRS 116 的规定是基本一致的。

2. 确认时的辨认

在这方面，FRS 116 的规定要比 CAS 4 的规定详细具体，便于操作判断。

FRS 116 强调，大多数的资产易于辨认，如房屋。但是，一些资产可能是不重要的，所以把这些小资产作为单独的资产记录是不明智的。如，一组资产如工具、刀具、书本、模具和冲模独自可能是不重要的，但是可以合计起来，确认的标准就运用于整个合计数。

另一方面，FRS 116 规定一个庞大的资产可能要分为组成的零件并按多个资产进行核算。例如，一艘船可以分为三个部分，如甲板和船身、船舱和娱乐区间、动力系统。细分是为了记账的目的，因为每个部分的维修及经济寿命是不一样的。同时，当对资产的零件进行置换时，对一项庞大资产的零件进行细分更加方便。但是在支付一项庞大资产的价格时可能没有显示每个组成部分的成本。在这种情况下，企业要按合理的方法对成本进行分配。对一些大型资产，分配成本不成问题，因为成本可以辨认，如购物中心、电梯和自动电梯系统。

当企业要在超过一个周期内使用主要的备用零件和备用设备时，这些资产就归为不动产、厂场和设备。同样，如果一些备用零件和维修设备的使用只和某一项不动产、厂场和设备有关，它们同样被看做是不动产、厂场和设备。其他备用零件和维修设备列为存货。

3. 后续确认

CAS 4 规定与固定资产有关的后续支出，其确认原则和初始确认原则是一致，看其支出是否会给企业带来额外的现金流：可以的话，资本化；否则，无论其金额，费用化。另外，我国准则应用指南规定固定资产的大修理费用和日常修理费用通常不符合规定的确认条件，应当在发生时计入当期管理费用，不得采用预提或待摊方式处理。

FRS 116 规定在资产确认之后，企业可能发生额外的成本，其中的一些成本可能仅仅是维修成本，而另一些可能产生未来的经济利益，日复一日的维修成本不能资本化，但是可以冲销，那些符合初始确认标准的支出可以资本化。

可以看出，两国在后续确认的原则上要求是一致的，但我国准则与马来西亚准则在固定资产的大修费用资本化方面仍存在差异。

（三）固定资产初始计量的比较

1. 初始计量的原则大同小异

CAS 4 规定，固定资产应当按照成本进行初始计量。外购固定资产的成本包括买价、增值税、进口关税等相关税费，以及为使固定资产达到预定可使用状态前发生的可直接归属于该资产的场地整理费、运输费、装卸费、安装费和专业人员服务费等。确定固定资产成本时，应当考虑预计弃置费用因素。

FRS 116 规定在确认时资产的初始计量就是发生的成本，该成本通常是其公允价值。初始成本就是发生的所有使资产达到目前状态的成本，并使其处于预定的使用状态。通常这些成本表示资产公允价值。对于购买的资产而言，成本包括买价扣除商业折扣后的净额和所有发生的取得和安装这些资产的费用，如税金和运输费用。如果该资产涉及拆除和迁移资产、重建场地的成本，而这些工作产生于资产获得时，或作为某一特定时期使用资产的后果，而使用该资产并不是为了生产存货，那么其初始估计数要计入资产成本。

以上可以看出，在初始成本的计量原则上两国都要求使用成本计量，有关的使用资产承担的后果即弃置费用按现值计入成本。但是，FRS 116 在计量上强调用公允价值，CAS 4 没有作要求。另外，由于中马两国在处理现金折扣的方法不同，因此涉及现金折扣时我国按总价计算成本而马来西亚按净值计成本。

2. 递延支付计量要求基本一致

CAS 4 规定："购买固定资产的价款超过正常信用条件延期支付，实质上具有融资性质的，固定资产的成本以购买价款的现值为基础确定。实际支付的价款与购买价款的现值之间的差额，除按照《企业会计准则第 17 号——借款费用》应予资本化的以外，应当在信用期间内计入当期损益。"

FRS 116 规定当取得不动产、厂场和设备所要支付的金额不是立即支付，而是超过正常信用期延期支付时，资产的成本就是未来支付金额的现值。现值与即时支付价格之间的差额确认为利息费用并在信用期内进行费用化。

3. 自行建造固定资产的计量详略不同

CAS 4 规定，企业自行建造的固定资产，应按其达到预定可使用状态前所发生的必要支出作为入账价值。同时规定，应计入固定资产成本的借款费用，按照《企业会计准则第 17 号——借款费用》处理。

FRS 116 规定对于自建的资产，发生的成本有材料、人工、制造费用和其他直接归属的资源。用于购买资产的同样标准适用于自建资产初始成本的计量。在建设过程中内部利润、材料、人工和其他资源的不正常浪费金额不作为资产的一部分。但是，当企业借款用于建设不动产、厂场和设备时，其可能对借款费用进行资本化。如果符合资本化的条件，并且企业打算将借款费用资本化，这是允许的。另外，当不动产、厂场和设备进行建设时，可能会实施一些运作，但这些运作对资产的建设不是必要的。这些运作的相关成本不计入资产成本。如，建筑场地直到建设开始时，当做停车场。

4. 非货币性交易取得的固定资产计量基本一致

CAS 4 规定，非货币性资产交换、取得的固定资产的成本，应当按照《企业会计准则第 7 号——非货币性资产交换》确定。其计量基本原则，非货币性资产交换同时满足具有商业实质和换入资产或换出资产的公允价值能够可靠计量两条件时，应当以公允价值和应支付的相关税费作为换入资产的成本，公允价值与换出资产账面价值的差额计入当期损益。否则，换出资产的入账价值就视为取得资产的价值。

FRS 116 规定不动产、厂场和设备可能通过交换非货币资产或货币和非货币的组合来取得。如，用一台旧小车换一台摩托车。取得的成本按公允价值来计量，除非交换事项缺乏商业实质，或换入的资产和换出的资产的公允价值都不能可靠地计量。如果取得的资产不能按公允价值计量，则换出资产的入账价值就视为取得资产的价值。

（四）固定资产后续计量的比较

1. 折旧

（1）折旧范围

FRS 116 规定确认为不动产、厂场和设备项目的成本应分摊至其重要的部分，并分别计提折旧。有时，如果单独的部分的使用年限及折旧方法是相同的，它们可以列为一组并计提折旧。例如，一架飞机的机舱和发动机应与飞机剩余部分单独计提折旧。

而 CAS 4 没有明确规定。

另外，FRS 116 规定所有应提折旧的不动产、厂场和设备都要计算折旧，即使公允价值超过其入账价值。然而，如果残值超过其入账价值，折旧额就是零。当资产可使用时，就应计提折旧（也就是说，达到预期可使用的状态）。即使资产是闲置不用的，它也要计提折旧。当资产终止确认时，就停止计提折旧。这些规定跟 CAS 4 的规定基本一致。

（2）固定资产折旧方法

FRS 116 没有规定折旧方法，但是规定了所使用的折旧方法应该反映资产未来经济利益由企业预期所耗用的方式。CAS 4 中允许采用的折旧方法有年限平均法、工作量法、双倍余额递减法及年数总和法四种。

（3）固定资产开始或停止折旧时间

在 FRS 116 中没有明确规定增加或减少的固定资产应从何时开始或停止计提折旧。CAS 4 中规定：固定资产计提折旧时，以月初应提取折旧的固定资产账面原值为依据，当月增加的固定资产当月不提折旧，从下月起计提折旧；当月减少或者停用的固定资产当月仍提折旧，从下月起停止计提折旧。相比之下，我国的这一规定有利于实际操作。

2. 后续计量模式

根据 FRS 116 规定，企业可以选择成本模式或重估价模式作为其不动产、厂场和设备后续计量的会计政策。但是，企业对其整类的不动产、厂场和设备要运用相同的会计政策。

（1）成本模式。在这种模式下，确认为资产后，不动产、厂房和设备项目的账面金额应为其成本扣减累计折旧和累计减值损失后的余额。

（2）估价模式。重估价模式就是指确认为资产后，对资产进行重估，如果不动产、厂房和设备项目的公允价值能够可靠计量，则其账面金额应为重估金额，即该资产在重估日的公允价值减去随后发生的减累计折旧和累计减值损失后的余额。也就是说，只有在资产的公允价值能可靠地计量时，才选择该模式。同时要求，该项资产属于整类的不动产、厂场和设备时就要进行重估，这主要是避免在一组不动产、厂场和设备成本和公允价值的混淆。

CAS 4 对固定资产的计量以历史成本为主，注重资产的账面价值，期末按成本和可收回金额较低者确认账面价值。

相比之下，CAS 4 更加注重谨慎性原则，而 FRS 116 更侧重于真实性原则。随着时间的推移，资产的入账价值很可能会与与其公允价值不同，不能反映企业的真实价值，而公允价值更能提供决策相关的信息。

3. 减值

在减值的计提处理上，两国的规定基本一致，具体内容在资产减值准则中作详细的论述。

4. 固定资产处置的比较

CAS 4 规定：固定资产满足下列条件之一的，应当予以终止确认：①该固定资产处于处置状态；②该固定资产预期通过使用或处置不能产生经济利益。该规定与改进后的 IAS 16 的要求基本一致。

5. 固定资产信息披露的比较

CAS 4 要求，会计主体披露的固定资产的会计信息内容是：①固定资产的确认条件、分类、计量基础和折旧方法；②各类固定资产的使用寿命、预计净残值和折旧率；③各类固定资产的期初和期末原价、累计折旧额及固定资产减值准备累计金额；④当期确认的折旧费用；⑤对固定资产所有权的限制及其金额和用于担保的固定资产账面价值；⑥准备处置的固定资产名称、账面价值、公允价值、预计处置费用和预计处置时间等。

FRS 116 对固定资产信息披露的内容除了 CAS 4 要求披露的全部内容外，还包括：①确定账面原值的计量模式（成本或重估价模式）；②在期初及期末重估时的盈余/逆差等；③对于重估资产还需披露重估的影响日期、是否涉及独立的估价人、用于估计项目公允价值的方法及重要假设、用于评估资产的基础（如作为参考的活跃市场的可观察到的价格等）、如果按成本模式处理的账面价值和该期间重估盈余的变化及对股东余额分配的影响。

通过比较可以看出，由于后续计量模式选择上的差异，两国在披露的内容上要求也不一样。

三、中马固定资产准则差异对有关经济事项的影响

从以上几个方面的分析我们可以看出：除几个实质性差异外，CAS 4 与 FRS 116 基本趋同。但是差异的存在会对两国会计信息的交流产生影响：

（一）对资产结构的影响

FRS 116 在初始计量和后续计量都强调公允价值计量，特别是后续计量可以选择使用重估价模式，而 CAS 4 更多地使用成本计量，不允许使用重估价模式计量，这种差异使马来西亚资产负债表中的固定资产相比中国而言往往会偏高，导致同等情况下企业的资产结构不同，长期资产的比重提高。

（二）对所有者权益的影响

FRS 116 规定，当对不动产、厂场和设备进行重估时，在资产的入账价值与其公允价值之间存在较大的差额时，如果公允价值超过其入账价值，这个差额就是重估盈余，重估盈余不应计入损益表而应贷记所有者权益，作为重估公积。只有当资产处置时（通过销售或使用，也就是说计提折旧），重估盈余才能转入留存盈余作为已实现的利得。相比较而言，马来西亚采用重估价模式会导致持有资产期间所有者权益增加。

（三）对损益的影响

FRS 116 规定，当对不动产、厂场和设备进行重估时，在资产的入账价值与其公允价值之间存在较大的差额时，如果入账价值超过其公允价值，就会有重估减值。基于稳健原则，重估减值被认为是损失，直接计入损益表。而我国不确认这样的损益。

另外，我国准则明确规定固定资产减值损失一经确认，在以后的会计期间不得转回，这与马来西亚准则规定的在有迹象表明以前期间据以计提固定资产减值的各种因素发生变化的情况下，固定资产的可收回金额大于其账面价值，则以前期间已计提的减值损失应当转回。相比较而言，我国的准则不允许转回固定资产减值准备更有利于防止企业利用固定资产减值准备来操纵利润。

第五节　中马无形资产准则比较

伴随知识经济时代到来，无形资产在企业总资产中的比重日益增加，一些企业无形资产所占比重高达70%～80%甚至更高。如何对无形资产进行准确公允地计量，日益成为各国会计准则制定机构关注的问题。在会计准则制定过程中，既需要注重国际趋同，也应该关注本地的特点，不能盲目照搬。马来西亚加入国际会计委员会较早，在会计准则制定中较多参照国际会计准则，有比较丰富的制定准则经验。同时，马来西亚与我国同属发展中经济体，地理位置也较为相似，本书对马来西亚无形资产会计准则与我国会计准则进行比较，希望为我国会计准则的制定和完善抛砖引玉。

一、中马无形资产准则简介

我国《会计准则第6号——无形资产》（CAS 6）是在原2001年无形资产准则基础上借鉴《国际会计准则第38号——无形资产》制定的，主要划分为无形资产确认、无形资产初始计量、无形资产的后续计量、无形资产的处置和报销、无形资产应披露的事项五个部分。该准则进一步规范了无形资产的确认、计量及报告。

马来西亚无形资产准则，即《财务报告准则第138号——无形资产》（FRS 138），主要分为概览、无形资产的特征、初始确认和后续支出确认、计量和后续计量、内部产生的商誉及一些特殊的内部产生的无形资产、使用年限、处置和报销等部分。总体上涵盖了无形资产的确认、计量和列报，并详细说明了对研发支出的处理。

二、中马无形资产准则比较分析

（一）无形资产的定义及适用范围

我国CAS 6中的无形资产定义为：企业拥有或控制的、无实物形态的、可辨认的非货币资产。可辨认是指可分离用于出售、转移、授予许可、租赁、交换，或者源自合同或其他法定权利。无形资产准则的适用范围不包括：企业合并中产生商誉的确认和计量；矿区权益的确认和计量；作为投资性房地产的土地使用权等。

FRS 138指出，无形资产是没有实物形态的非货币性资产。无形资产具有三个特征：可分辨性，控制和未来经济利益。可辨认的标准是可分离或产生于合同或其他合法权利。控制则指企业有权从基本的资源中获得未来的经济利益，并且能限制其他人获得这些经济利益。该准则不适用于：金融资产；勘探资源的确认与计量；矿产、石油、天然气和类似不可再生资源的开发和提取的支出；企业在日常生产经营过程中持有以备销售的无形资产；在企业合并中获得的商誉等。

总体而言，中马两国对于无形资产的定义基本一致，并且均将商誉从无形资产核算中独立了出来。

（二）无形资产的确认

无形资产确认是指将符合无形资产条件的项目作为企业的无形资产予以记录，并将其列入资产负债表的过程。

我国会计准则指出：在满足可辨认性标准的同时，无形资产满足：①与该无形资产有关的经济利益很可能流入企业；②该无形资产的成本能够可靠地计量，即可予以确认。需强调的是，企业自创商誉以及内部产生的品牌、报刊名等，因其成本无法明确区分，不应确认为无形资产。

马来西亚会计准则中规定无形资产符合以下标准时应予以确认：①无形资产的定义。②确认的标准，即归属于该项无形资产的预期未来经济利益极有可能流入企业，资产的成本能可靠计量。

两国会计准则对无形资产的确认标准基本一致。值得一提的是，我国旧会计准则曾将商誉归入无形资产，现已将商誉的确认和计量等问题纳入《企业会计准则第8号——资产减值》或《企业会计准则第20号——企业合并》。

（三）自创无形资产研发支出的会计处理

为了获取竞争优势，企业必须日益关注价值链的异质性及漂移性。企业价值链的异质性来自于不断创新导致的不可模仿性与核心能力，而由工业经济向知识经济的过渡则使价值链的重心由实物资产投资的规模效应“漂移”至无形资产，从而使无形资产对企业价值的驱动作用日益凸显（企业的创新主要是通过加大研究开发费用的投入而实现的）。（葛家澍、杜兴强，2004）研究开发费用日益成为企业经常性支出，且数额越来越大。对研发支出的会计处理一般有两种方法：全部费用化和部分费用化。

CAS 6 规定，企业内部研究开发项目的支出分为两个阶段：研究阶段与开发阶段。研究是指为获取并理解新的科学或技术知识而进行的独创性的有计划调查。研究阶段的支出，应当于发生时计入当期损益。开发是指在进行商业性生产或使用前，将研究成果或其他知识应用于某项计划或设计，以生产出新的或具有实质性改进的材料、装置、产品等。开发阶段的支出，同时满足下列条件的才能确认为无形资产：①完成该无形资产以使其能够使用或出售在技术上具有可行性；②具有完成该无形资产并使用或出售的意图；③无形资产产生经济利益的方式，包括能够证明运用该无形资产生产的产品存在市场或无形资产自身存在市场，无形资产将在内部使用的，应当证明其有用性；④有足够的技术、财务资源和其他资源支持，以完成该无形资产的开发，并有能力使用或出售该无形资产；⑤归属于该无形资产开发阶段的支出能够可靠计量。

马来西亚无形资产准则也将自创无形资产的研发支出分成两个阶段：研究阶段和开发阶段。企业在研究阶段发生的成本确认为其所发生期间的一项费用。这是因为与该项无形资产有关的未来的经济利益流入企业的可能性不大。而如果符合以下标准，发生在开发阶段的成本必须资本化：①企业有完成该项无形资产的技术可能性，使该项无形资产可使用或销售；②企业打算完成该项无形资产并使用或销售它；③企业有能力使用或销售该项无形资产；④该项无形资产能产生未来的经济利益，对于无形资产及其自身的生产存在市场，或是用于内部使用而不销售的，该项无形资产的使用性应能得到证实；⑤企业有合适技术、财务和其他资源来完成开发并使用及销售该项无形资产；⑥发生在开发阶段的成本能可靠地计量。

两准则均将无形资产研发分为研究与开发两个阶段，并且研究阶段的成本都确认为当期费用。关于将开发阶段的成本资本化须符合的条件，我国规定了五个，马来西亚会计准则规定了六个，除两准则比较类似的五个条件外，增加了一个条件，即该项无形资产能产生未来的经济利益，对于无形资产及其自身的生产存在市场，或是用于内部使用而不销售的，该项无形资产的使用性应能得到证实。

（四）无形资产摊销

我国 CAS 6 规定，企业应于取得无形资产时分析判断其使用寿命，分为使用寿命有限和使用寿命不确定两类：①对于使用寿命有限的无形资产，应估计使用寿命的年限或构成使用寿命的产量等类似计量单位的数量，然后在使用寿命内系统合理摊销应摊销金额。企业选择无形资产摊销方法时，应反映与该项无形资产有关的经济利益的预期实现方式，如果无法可靠确定摊销方式，采用直线法摊销。企业至少应于每年年度终了时，对使用寿命有限的无形资产的使用寿命及摊销方法进行复核。无形资产的使用寿命及摊销方法与以前估计不同的，应当改变摊销期限和摊销方法。②对于使用寿命不确定的无形资产（指无法预见无形资产为企业带来经济利益期限的），不摊销其成本，但企业应当在每个会计期间（每月）复核使用寿命，计提减值。如果有证据表明无形资产的使用寿命是有限的，应当估计其使用寿命，并按本准则规定处理。

马来西亚会计准则规定：企业需要评价无形资产的使用的年限是有限还是无限。有限的使用年限可以用时间、产量或同样的单位来表示。如果一项无形资产的使用年限是无限的，就意味着该资产给企业带来现金净流量的期限没有限制。如果该项无形资产是一项合同权利，则其使用的年限不应超过法定年限。

当无形资产开始使用时，无形资产开始计提摊销。摊销的金额要在损益表中作为费用处理，或包括在其他资产的入账成本中。企业所使用的摊销期限及方法必须在每年度末进行复核。使用年限有限的无形资产的残值通常假设是零，除非销售这项资产的可能性很高。例如，企业同意第三方购买该项无形资产或该项无形资产存在活跃的市场。

使用年限不确定的无形资产不需要计提摊销额，但要每年进行减值评价，评估何时发生减值的表现。该项资产的使用年限也需要每年进行复核，使用年限从无限到有限的变化作为会计估计的变更，这一变化表明了资产可能发生减值。

我国会计准则将无形资产区分为使用寿命有限和使用寿命不确定两种。但是马来西亚会计准则还需评价无形资产使用年限有限还是无限。对于使用年限有限的无形资产，两国会计准则处理基本一致，而且，对于年限不确定的无形资产均不需计提摊销额。马来西亚会计准则规定，如果一项无形资产的使用年限是无限的，就意味着该资产给企业带来现金净流量的期限没有限制。如果该项无形资产是一项合同权利，则其使用的年限不应超过法定年限。我国对使用年限无限的无形资产未作说明。

（五）无形资产的披露

我国 CAS 6 规定：企业应当按照无形资产的类别在附注中披露无形资产的期初和期末账面余额、累计摊销额及累计减值损失金额；使用寿命有限的无形资产，其使用寿命的估计情况；使用寿命不确定的无形资产，使用寿命不确定的判断依据；无形资产摊销方法；作为抵押的无形资产账面价值、当期摊销额等情况。同时企业应当披露当期确认为费用的研究开发支出总额。

FRS 138 要求企业进行以下披露：①对每类无形资产，须披露无形资产的使用年限或摊销比率；摊销的方法；在每个会计年度的年初及年末的总入账价值，累计摊销额和累计减值损失；期末和期初入账价值的调整，包括增加数、报废数或处置数、重估数、减值损失、减值损失转回、本期摊销费用及交易净差额。②其他披露，无形资产使用年限被认为是无限的原因；初始确认的公允价值、入账价值，以及无形资产在政府授予下取得并以公允价值进行初始计量时，其后续计量的会计处理；其他单独的重要无形资产详情；无形资产受到限制或已进行保证时的入账价值；取得无形资产的合同金额。

总体来说，马来西亚会计准则关于无形资产的披露的规定更为详细。

（六）无形资产减值及其转回

1. 无形资产减值的确认

我国会计准则规定：可收回金额的计量结果表明，资产的可收回金额低于其账面价值的，应当将资产的账面价值减记至可收回金额，减记的金额确认为资产减值损失，计入当期损益，同时计提相应的资产减值准备。资产减值损失确认后，减值资产的折旧或者摊销费用应当在未来期间作相应调整，以使该资产在剩余使用寿命内系统地分摊调整后的资产账面价值（扣除预计净残值）。

FRS 要求：当可收回金额低于账面价值时，要确认资产减值损失。减值损失确认为费用，列示在利润表中（除非该资产以再评估模式计量，其价值变动直接计入所有者权益），未来期间的折旧也要随之调整。

虽然表述繁简有所区别，但两准则对减值损失的确认和会计处理基本相同。

2. 减值损失转回

我国会计准则明确规定：资产减值损失一经确认，在以后会计期间不得转回。

FRS 规定为：在每一个资产负债表日，判定是否存在资产减值损失已减少的迹象。如果存在，则计算可收回金额。资产减值损失转回后的账面价值不能高于如果未发生减值损失正常计提折旧后的折余价值。转回的资产价值损失确认为收入，列示在利润表中，该项资产未来期间的折旧也随之调整。然而，商誉的减值损失不允许转回。

在我国，减值损失不允许转回。但是，在马来西亚会计准则中，除商誉外，其他资产的减值损失只要符合相关要求，均可以转回。这体现出我国会计准则对资产减值损失转回更为谨慎。

三、思考及建议

通过中马两国会计准则的比较可以看出，在许多方面，两准则都有相似之处，体现出各国会计准则与国际会计准则趋同的趋势。但是，两国会计准则并非完全相同，各国会计准则制定机构在国际化背景下，都充分考虑了自身文化、政治和经济环境。

(一) 关于无形资产计量

无形资产缺乏活跃的公开市场，因此如何对无形资产进行可靠计量，对中马两国均是一个挑战。马来西亚直到引入企业合并准则后才在资产负债表确认无形资产。但是，现在无形资产评估在马来西亚发展很快，并且他们一直与国际评估准则委员会深入合作，其副主席就是马来西亚人。这对我国也有很大启发。我们可以一方面增进同国际相关组织的合作，同时加强对本国相关技能人才的培养。

(二) 关于资产减值损失转回

马来西亚会计准则中，除商誉外，其他无形资产如果符合规定，其减值损失可以转回。但是在我国，资产减值损失不能转回。资产减值损失如果可以转回，会给管理层操纵利润提供空间。这就需要提高监管机构的监督能力，同时提高相关会计人员等的职业技能和素质。我国目前的经济环境和人员配置，尚难以达到上述要求。通过规定资产减值损失不能转回，可以在目前条件下尽量减少管理层操纵空间。但是，国际会计准则已经规定资产减值损失可以转回，这是大势所趋。因此，我国可以加强相关人员培训，提高监管能力，培育适宜的经济环境，从而更好地适应这一趋势。

第六节 中马资产减值准备准则比较

一、概念

在我国《企业会计准则第 8 号——资产减值》中明确了减产减值是指资产的可收回金额低于其账面价值。在此所指的资产除了特别规则外，包括单项资产和资产组。其中资产组是指企业可以认定的最小资产组合，其产生的现金流入应当基本上独立于其他资产或者资产组产生的现金流入。

可收回金额根据资产的公允价值减去处置费用后的净额与资产预计未来现金流量的现值之间的较高者确定。资产的公允价值减去处置费用后的净额与资产预计未来现金流量的现值，只要有一项超过了资产的账面价值，就表明资产没有发生减值，不需要再估计另一项金额。

资产减值的概念在马来西亚《财务报告准则第 136 号——资产减值》中只作了简单的定义，即资产的经济价值减少。

二、适用范围

我国《企业会计准则第 8 号——资产减值》第一章第三条规定：存货的减值，适用《企业会计准则第 1 号——存货》；采用公允价值模式计量的投资性房地产的减值，适用《企业会计准则第 3 号——投资性房地产》；消耗性生物资产的减值，适用《企业会计准则第 5 号——生物资产》；建造合同形成的资产的减值，适用《企业会计准则第 15 号——建造合同》；递延所得税资产的减值，适用《企业会计准则第 18 号——所得税》；融资租赁中出租人未担保余值的减值，适用《企业会计准则第 21 号——租赁》；《企业会计准则第 22 号——金融工具确认和计量》规范的金融资产的减值，适用《企业会计准则第 22 号——金融工具确认和计量》；未探明石油天然气矿区权益的减值，适用《企业会计准则第 27 号——石油天然气开采》。这至少表明了两层意思：一是在我国《企业会计准则》中规定了相关资产减值的准则有九个；二是除存货、采用公允价值模式计量的投资性房地产、消耗性生物资产、建造合同形成的资产、递延所得税资产、融资租赁中出租人未担保余值、未探明石油天然气矿区权益及在《企业会计准则第 22 号——金融工具确认和计量》规范的金融资产之外的其他资产均适用《企业会计准则第 8 号——资产减值》。

在马来西亚《财务报告准则第 136 号——资产减值》中更为明确地规定了本准则适用的资产是：财务报告准则第 116 号和财务报告准则第 117 号规范的不动产、场厂及设备；财务报告准则第 138 号规范的无形资产；商誉。本准则不适用的资产是：以公允价值计量的资产，以及由其他准则规范其减值核算的资产。具体有：①存货（参见财务报告准则第 102 号）；②建造合同（参见财务报告准则第 111 号）；③递延税金（参见财务报告准则第 112 号）；④因职工福利而产生的资产（参见财务报告准则第 119 号）；⑤金融资产（参见财务报告准则第 132 号和财务报告准则第 139 号）；⑥以公允价值计量的投资性房地产（参见财务报告准则第 140 号）；⑦生物资产（参见财务报告准则第 141 号）；⑧持有出售的非流动资产（参见财务报告准则第 5 号）；⑨因保险合同而产生的资产（参见财务报告准则第 4 号）。这也表明了两层意思：一是马来西亚《财务报告准则》中规定了相关资产减值的准则有十个；二是《财务报告准则第 136 号——资产减值》只适用于不动产、场厂及设备，无形资产，商誉三类资产，其余九类资产由其相关的财务报告准则规定。

三、制定背景

我国于 2006 年重新修订企业会计准则，对资产减值准则作出了较大的改动，从会计理论角度分析来看，在以“决策有用观”为主导的会计目标下，财务会计的目标在于向信息使用者提供有助于经济决策的相关信息。这就要求现有的财务会计准则能产生可靠、有用的会计信息。但会计准则在一定时期内是固定不变的，不会随着企业经济活动和利益相关各方关系的变化而变化。这种静态的客观存在决定了会计准则具有不完备性和不及时性，不能在一个时期内穷尽所有会计事项和交易情况的处理规定，如此一来许多上市公司利用现有准则的漏洞大打“擦边球”，出现了在技术上遵循了会计准则却在实质上规避准则的现象，从而导致会计信息的“规则性失真”。（吴联生，2005）就资产减值而言，由于资产的具体状况各异，则现有的准则规定以前期间计提的减值在当期及以后各期可以转回。这种允许先计提后转回的规则的制定的出发点是为了更客观地反映资产价值。但是在实际操作过程中该规则本身就变成了企业经营者调节经营成果的手段。

此外，我国一向强调注册会计师及内部审计人员的独立性，但对会计人员本身的独立性却很少提及。而在企业现实经济活动中却存在着这样的矛盾：一方面，会计人员都是由管理当局雇用的，受其管理，对其负责，那么企业会计人员就不可能对经营者保持独立性，反而会受到来自经营者的异常压力；另一方面，会计人员是相关财务信息的直接生产者，只有他们最清楚企业真实的财务状况和经营成果，而要保证会计信息的真实性和相关性，就要求会计人员在处理会计信息时必须保持应有的客观公正，即保持恰当的独立性。这一矛盾的存在使得当上市公司经营者企图进行利润操纵时，作为外部监管者的注册会计师和证监会并不能保证及时发现所有上市公司存在的重大问题并采取有效措施，而最熟悉内情的企业会计人员迫于压力只能按上司意愿处理，使会计信息被扭曲，从而使投资者和债权人等利益相关者的利益受到损害。会计准则的不完备性、不及时性及会计人员的不独立性导致会计信息出现“规则性失真”和虚假。客观上，会计准则要求会计工作遵守的准则和制度是刚性的，趋于严格的，尽量减少会计处理方法的可选性，缩小可能对准则及制度进行蓄意操作的余地。这样，一方面，可以使准则更好地反映经济活动实质，减少会计准则本身的缺陷；另一方面，即使会计人员的独立性不能实现，管理当局粉饰信息的动机也会因违规风险的增加而相应减弱，同时也更有利于外部监管者发现企业的违规行为。

基于这样的理论背景分析，我国对现有的资产减值准则进行了大幅度的修改：对固定资产、无形资产等原定义的长期资产以及新增的生产性生物资产、投资性房地产（成本模式计量）、金融资产（权益工具及其相关衍生金融工具）、石油开采权，规定其已计提的减值准备在以后年度不得转回。只有存货、消耗性生物资产、递延所得税资产等仍允许在以后年度根据“账面价值与可收回金额孰低”原则进行转回。这一修改旨在缩小我国现有资产减值准则和制度的操作漏洞，降低会计信息的“规则性失真”和虚假，同时提高我国证券市场中现行条件下上市公司披露会计信息的可靠性和相关性，尤其是在提高会计盈余信息的决策有用性方面起了重要的作用。

从经济学角度分析来看，对资产减值准则的修改是我国政府监管部门与上市公司博弈过程的产物。博弈参与人主要是政府和上市公司。理论上，证券市场中上市公司的利益相关各方都应参与到为谋求自身利益的博弈中来，但我国证券市场中博弈的机制不健全，各利益相关者的博弈动机并不强烈。因此，在实际上市场中主要表现为政府代表各利益相关者与上市公司进行博弈。其中，上市公司的目标是通过财务会计准则向社会公众传递有利于管理当局意愿的信息，吸引投资者投资及债权人放贷（由于企业真实的财务状况及经营成果不一定总能符合管理当局的意愿，因此他们有了利用财务准则和制度进行粉饰的动机）。而政府的目标则是通过财务会计准则来规范上市公司的经济行为，了解其真实的财务状况和经营成果等信息，而无论其好坏。政府先制定一套会计准则和制度要求上市公司按此执行，然后上市公司管理层根据自己的需要和准则的限制决定粉饰程度。经过测算可得知，上市公司的粉饰动机强度和准则的限制力度与上市公司受到惩罚后的损失程度成反相关，与偏离概率成正相关。即当偏离程度一定时，准则的限制越严格，受到惩罚后的损失越严重，上市公司想要粉饰报表及相关信息的动机就越小；而当其他条件一定时，偏离程度越大，上市公司想要粉饰报表及相关信息的动机就越大。由此可以推出这样的结论：要想限制上市公司故意提供不真实的会计信息，就必须制定更为严格的会计准则，加重对上市公司违规后的惩罚，或者让企业真实的财务状况及经营成果更符合经营者的意图。但偏离程度是政府在博弈前不知道的，无法控制。损失程度也是上市公司已经粉饰了报表并对社会公众利益造成了损害后才会起作用的，属事后惩罚，缺乏主动性。而且实际上政府也不可能把损失程度定得无限高以此警惩违规的企业。比如政府不可能制定这样的惩罚措施："一旦上市公司蓄意提供不真实的会计信息便要求其关闭或者对其进行巨额罚款。"因为这样的措施虽然会给管理当局最严厉的打击，但是针对企业的惩罚最终损害的是股东及债权人的利益，且并未起到增加社会福利的作用。因此，最有效的办法便是加强对资产减值准则的限制，通过事前控制来减少上市公司的操纵行为。（黄煜惠，2008）

四、比较

（一）共同点

我国《企业会计准则》与马来西亚《财务报告准则》中对于资产减值部分的相关规定，其主要共同点在于：

（1）总体框架结构是一致的：在其他准则部分已专门对资产减值作出规定的资产，在资产减值准则中不再赘述；资产减值准则只规定除其他准则部分未作规定的资产减值。

（2）制定的大环境一致，均是与国际财务报告准则趋同。

（3）均引入了资产组的概念，并且对资产组的认定方式也基本一致。在我国《企业会计准则》中，对于资产组的认定是以现金流入是否独立以及企业的管理方式来进行的。在马来西亚的《财务报告准则》第 136 号中，对于资产组的认定是通过现金产出单元及各种相关因素（包括企业经营状况，如生产线、营业场所等，以及管理层如何做出关于持续经营、终止经营或是处置资产的决策）来进行的，当现金产出单元满足下面两下条件时可认定为最小资产组：一是在持续使用过程中产生现金流入量；二是在很大程度上独立于其他资产或资产组产生现金流入。

（4）减值迹象认定的方法一致，尽管有些小的出入，但均通过企业的内部迹象与外部迹象综合考虑，并且所表述的意思基本一致。马来西亚《财务报告准则》第 136 号对资产减值迹象的判定有七条，并且明确规定了外部信息来源有四条：①资产的市价在当期下跌，下跌的幅度大大高于因正常的时间推移或正常使用而发生的下跌；②技术、市场、经济或法律等企业经营环境，或资产提供服务的市场，在当期或未来期间发生重大变化，对企业产生负面影响；③市场利率或市场其他投资报酬率在当期已经提高，从而可能影响企业计算资产使用价值时采用的折现率，从而大幅度降低资产的可收回价值；④企业净资产的账面价值大于其资产的市场资本化金额。市场资本化金额是企业发行在外的股份的市场价值总和。内部信息来源有三条：①有证据表明，资产已经陈旧过时或发生损坏；②资产的使用方式或程度已经发生或将要发生重大变化，对企业产生负面影响，如计划中止或重组业务，或在预定的日期之前进行处置；③内部报告提供的证据表明，资产的经营业绩已经或将要不及预期，并且对内部报告提供的证据在下文中有具体规定。我国对于资产减值迹象的判定在企业会计准则第八号第二章的第五条中混合列出了六条，其中前三条是属于外部迹象信息源：①资产的市价当期大幅度下跌，其跌幅明显高于因时间的推移或者正常使用而预计的下跌。②企业经营所处的经济、技术或者法律等环境以及资产所处的市场在当期或者将在近期发生重大变化，从而对企业产生不利影响。③市场利率或者其他市场投资报酬率在当期已经提高，从而影响企业计算资产预计未来现金流量现值的折现率，导致资产可收回金额大幅度降低。后三条属于内部迹象信息源：④有证据表明资产已经陈旧过时或者其实体已经损坏。⑤资产已经或者将被闲置、终止使用或者计划提前处置。⑥企业内部报告的证据表明资产的经济绩效已经低于或者将低于预期，如资产所创造的净现金流量或者实现的营业利润（或者亏损）远远低于（或者高于）预计金额等。

（5）资产减值的确认标准一致。从理论来说，企业的任何一项资产的减值都应当予以确认。但是在会计实务中，不可能也没有必要对每一项资产的减值进行确认，资产减值的确认应当考虑资产减值的可能性的大小。企业资产面临的不确定因素多种多样，其中某个或某几个因素共同发生作用，都会给企业带来损失。对什么情况下的资产减值损失应当予以确认，这由选定的资产减值标准来决定。目前存在三种观点：永久性标准、可能性标准、经济性标准。我国与马来西亚均采用了经济性标准，与国际惯例保持了一致。即当企业资产的可收回金额小于账面价值就应当予以确认减值，确认和计量采用相同的基础。

（二）区别点

我国《企业会计准则》与马来西亚《财务报告准则》中对于资产减值部分的相关规定，其主要区别点在于：

（1）未达到可使用状态的无形资产的减值测试时点的规定不一致。我国《企业会计准则第 8 号——资产减值》对未达到可使用状态的无形资产的减值测试时点的规定未作要求。而马来西亚《财务报告准则第 136 号——资产减值》规定，对于寿命确定的无形资产、不可用的无形资产，无论其是否存在减值迹象，每年都应进行减值测试。

（2）为了减值测试目的所进行的商誉分摊的具体方法不一致。我国《企业会计准则第 8 号——资产减值》中为了减值测试目的所进行的商誉分摊以各资产组或资产组合的公允价值占相关资产组或者资产组组合公允价值总额的比例为基础，将商誉的账面价值分摊至相关资产组和资产组组合。公允价值难以可靠计量的，以账面价值为基础进行分摊。而马来西亚《财务报告准则第 136 号——资产减值》中认为购买企业时产生的商誉所代表的是可望取得未来经济利益而发生的支出。该项经济利益可能由于购买的总部资产的协同作用而形成，也可能形成于某些不能单独在财务报表上予以确认的资产。商誉并不能独立于其他资产或资产组合而为企业带来现金流量，所以作为单个资产的商誉，其可收回价值是无法确定的。为此规定，为了进行减值测试，须将企业合并形成的商誉分配至合并方的现金产出单元或单元组。

（3）企业合并产生的商誉在以减值测试目的的初始分摊的规定不一致。我国《企业会计准则第 8 号——资产减值》对企业合并产生的商誉在以减值测试目的的初始分摊的规定未涉及。而马来西亚《财务报告准则第 136 号——资产减值》中规定如果不能在企业合并发生当期的期末完成对企业合并所形成商誉的初始分配，则应在合并后第一会计期间结束前完成初始分配。

（4）持有资产减值损失转回的观点不一致。我国对《企业会计准则第 8 号——资产减值》中规定的资产的减值损失一经确认，在以后会计期间不得转回。该准则所表述的观点认为，允许资产减值损失的转回与历史成本框架相冲突，禁止转回资产减值损失的做法与或有利得的处理方法相一致，资产减值的初始确认是基于确认时的事项和环境进行的，如果允许转回已经确认的减值损失，会使人们对初始确认的可信性产生怀疑。而马来西亚《财务报告准则第 136 号——资产减值》中规定企业必须在每个资产负债表日判定是否已有迹象表明以前年度确认的资产减值损失不再存在或已减少。如果是，企业必须估计该项资产的可收回价值。此项规定表述的观点认为，在事项、环境和计量假设的变化表明资产的可收回金额高于其账面价值的情况下，要求记录减值损失的转回。这是因为初始确认暗含的一些估计有可能在未来发生变化，本质上允许对可收回金额进行重述，而且这样有利于信息的公允表达。

（5）重估价模式下的资产减值损失的处理的规定不一致。我国《企业会计准则第 8 号——资产减值》中未对重估价模式下的资产减值损失的处理作出规定。而马来西亚《财务报告准则第 136 号——资产减值》中规定如果资产以再评估金额计量，则产生的减值冲减前期的再评估增值准备，转回的减值损失则增加再评估增值准备。

第七节　本章小结

本章对中国和马来西亚主要资产类项目准则进行比较，比较了中马存货准则、中马长期股权投资准则、中马投资性房地产准则、中马固定资产准则、中马无形资产准则和中马资产减值准备准则共六个准则。

第一节中国与马来西亚存货会计准则比较主要通过对中国、马来西亚存货会计准则进行比较，分析两国关于存货的确认、计量、信息披露等，揭示存货对企业会计信息带来的可能影响，为两国企业之间的经济贸易往来提供可比、有用的会计信息。通过对中马两国存货准则的比较分析，我们可以清楚地看到，我国存货准则在所有重大方面与马来西亚存货准则大同小异。但由于两国在社会制度、经济环境等方面的不同，我国存货准则与马来西亚存货准则之间还是存在一定的差异。

第二节中马长期股权投资准则比较从相关准则的范围、长期股权投资的计量、长期股权投资的披露三个方面来对中国和马来西亚的会计准则进行比较和分析。我国的

《企业会计准则第 2 号——长期股权投资》是在借鉴国际会计准则相关规定的基础上制定的。而马来西亚自 1979 年成为国际会计准则委员会的成员后就开始根据本国情况采纳国际会计准则，其会计准则与国际会计准则趋同程度比较高。因此中国会计准则（CAS）和马来西亚财务报告准则（FRS）关于长期股权投资的规定在很多方面是相似的，但两者也存在一些差异。

第三节中马投资性房地产准则比较将我国的《企业会计准则第 3 号——投资性房地产》与马来西亚《财务报告准则第 140 号——投资性房地产》进行对比。通过比较我们也发现马来西亚的准则值得我国借鉴的地方：①适当扩大投资性房地产的范围。我国的投资性房地产包括三类：已出租的土地使用权、持有并准备增值后转让的土地使用权和已经出租的建筑物。马来西亚规定除此之外还包括融资租赁租入的房地产和经营租赁租入转租的房地产。这是由于我国会计实务中的融资租赁主要是动产，房地产等不动产的融资租赁很少见，而经营租赁租入的房地产承租方不入账。但是会计实务当中确有这样一些房地产的存在，我国的投资性房地产准则规避了对这些房地产的规范，在一定程度上会导致该类会计信息得不到应有的反映。②逐渐鼓励企业采用公允价值计量投资性房地产。马来西亚在对投资性房地产的计量上，推荐采用公允价值模式。公允价值是对历史成本的补充计量，也是会计主要的计量属性，公允价值的使用使得会计信息更有决策的相关性。投资性房地作为一种投资资产，公允价值计量能够较好地反映投资性房地产的市场赢利能力。因此，我们应重视对公允价值的研究。同时，我国应加速完善资本市场和产品市场。尤其是在我国逐渐鼓励应用公允价值模式的趋势下，我们应努力做到使投资性房地产的重估价必须公允、透明，防止企业利用公允价值操纵利润。

第四节中马固定资产准则比较对我国《企业会计准则第 4 号——固定资产》与马来西亚《财务报告准则第 116 号——不动产、厂场和设备》进行比较，分析其差异，并就两国准则的差异进行理性思考。除几个实质性差异外，比如后续计量模式的不同，我国第 4 号准则与马来西亚第 116 号准则基本趋同。但是差异的存在会对两国会计信息的交流产生影响，我们在比较差异的同时还需要了解差异带来的影响。

第五节中马无形资产准则比较对我国会计准则与马来西亚无形资产会计准则进行比较，通过中马两国会计准则的比较可以看出，在许多方面两准则有相似之处，体现出各国会计准则与国际会计准则趋同的趋势。但是，两国会计准则并非完全相同，其主要差异有：①关于无形资产计量。无形资产缺乏活跃的公开市场，因此如何对无形资产进行可靠计量，对中马两国均是一个挑战。马来西亚直到引入企业合并准则后才在资产负债表确认无形资产。但是，现在无形资产评估在马来西亚发展很快，并且他们一直与国际评估准则委员会深入合作，其副主席就是马来西亚人。②关于资产减值损失转回。马来西亚会计准则中，除商誉外，其他无形资产如果符合规定，其减值损失可以转回。但是在我国，资产减值损失不能转回。资产减值损失如果可以转回，会给管理层操纵利润提供空间。这就需要提高监管机构的监督能力，同时提高相关会计人员的职业技能和素质。

第六节中马资产减值准备准则比较从资产减值的概念、适用范围、制定背景和准则内容的异同点几个方面进行比较，总结出其主要区别点。其主要区别点在于：

（1）未达到可使用状态的无形资产的减值测试时点的规定不一致。我国《企业会计准则第 8 号——资产减值》对未达到可使用状态的无形资产的减值测试时点的规定未作要求。而马来西亚《财务报告准则第 136 号——资产减值》规定，对于寿命确定的无形资产、不可用的无形资产，无论其是否存在减值迹象，每年都应进行减值测试。

（2）为了减值测试目的所进行的商誉分摊的具体方法不一致。我国《企业会计准则第 8 号——资产减值》中为了减值测试目的所进行的商誉分摊以各资产组或资产组合的公允价值占相关资产组或者资产组组合公允价值总额的比例为基础，将商誉的账面价值分摊至相关资产组或资产组组合。公允价值难以可靠计量的，以账面价值为基础进行分摊。而马来西亚《财务报告准则第 136 号——资产减值》中认为购买企业时产生的商誉所代表的是可望取得未来经济利益而发生的支出。该项经济利益可能由于购买的总部资产的协同作用而形成，也可能形成于某些不能单独在财务报表上予以确认的资产。商誉并不能独立于其他资产或资产组合而为企业带来现金流量，所以作为单个资产的商誉，其可收回价值是无法确定的。为此规定，为了进行减值测试，须将企业合并形成的商誉分配至合并方的现金产出单元或单元组。

（3）企业合并产生的商誉在以减值测试为目的的初始分摊的规定不一致。我国《企业会计准则第 8 号——资产减值》对企业合并产生的商誉在以减值测试为目的的初始分摊的规定未涉及。而马来西亚《财务报告准则第 136 号——资产减值》中规定如果不能在企业合并发生当期的期末完成对企业合并所形成商誉的初始分配，则应在合并后第一会计期间结束前完成初始分配。

（4）持有资产减值损失转回的观点不一致。我国对《企业会计准则第 8 号——资产减值》中规定的资产的减值损失一经确认，在以后会计期间不得转回。该准则所表述的观点认为，允许资产减值损失的转回与历史成本框架相冲突，禁止转回资产减值损失的做法与或有利得的处理方法相一致，资产减值的初始确认是基于确认时的事项和环境进行的，如果允许转回已经确认的减值损失，会使人们对初始确认的可信性产生怀疑。而马来西亚《财务报告准则第 136 号——资产减值》中规定企业必须在每个资产负债表日判定是否已有迹象表明以前年度确认的资产减值损失不存在或已减少。如果是，企业必须估计该项资产的可收回价值。此项规定表述的观点认为，在事项、环境和计量假设的变化表明资产的可收回金额高于其账面价值的情况下，要求记录减值损失的转回。这是因为初始确认暗含的一些估计有可能在未来发生变化，本质上允许对可收回金额进行重述，而且这样有利于信息的公允表达。

（5）重估价模式下的资产减值损失的处理的规定不一致。我国《企业会计准则第 8 号——资产减值》中未对重估价模式下的资产减值损失的处理作出规定。而马来西亚《财务报告准则第 136 号——资产减值》中规定如果资产以再评估金额计量，则产生的减值冲减前期的再评估增值准备，转回的减值损失则增加再评估增值准备。

第四章　中马企业负债类项目准则比较

第一节　中马职工薪酬准则比较

我国财政部于2006年2月15日颁布的《企业会计准则2006》，共由1个基本准则、38个具体准则构成，其中《企业会计准则第9号——职工薪酬》（以下简称CAS 9）对企业关于职工薪酬业务核算作出相应的规范，而马来西亚财务报告准则理事会（MASB）颁布的《财务报告准则》中，则是《财务报告准则第119号——雇员福利》（以下简称FRS 119）对雇员福利业务核算作出规范，自2003年1月1日生效。2009年，马来西亚会计准则理事会重新对该准则进行修订，修订后的FRS 119于2010年1月1日生效。以下对两国的职工薪酬会计准则作对比。

一、职工薪酬会计准则的框架内容比较

FRS 119共由160条条款构成，这160条条款按其内容可分为目标、使用范围、短期雇员福利、离职后福利、其他长期雇员福利、辞退福利、过渡性条款及生效日八部分。在"目标"部分明确了马来西亚会计准则理事会颁布FRS 119的原因；在"适用范围"部分中，列示了FRS 119的适用范围；在"短期雇员福利"部分明确界定了短期雇员福利的含义、涵盖范围及处理方法。在"离职后福利"部分中，列示了离职后福利的支付方式、不同支付方式处理方法以及披露的要求；在"其他长期雇员福利"部分中，规范了其他长期雇员福利的含义、确认及计量；在"辞退福利"部分中，规范了辞退福利的确认及计量；在"过渡性条款"部分中，规范了企业使用新准则转换核算方法的操作；在"生效日"部分中，明确了本准则的生效时间。这种框架结构是按照财务会计的核算内容进行设计的。

CAS 9由总则、确认和计量、披露三部分组成。它将职工薪酬的相关概念、适用范围纳入到"总则"部分；在"确认和计量"部分，规范了职工薪酬的确认与计量；最后部分是信息披露。这种框架结构是按照财务会计的核算程序进行设计的。

二、职工薪酬会计准则的适用范围比较

FRS 119适用于雇主所承担的短期以及长期的员工福利的核算，这些福利来自于企业和雇员（个人、团体或代理人）之间依据法律规定或推定义务签订的正式协议或合同。但是，企业为员工提供各种形式的退休金福利，则适用于《财务报告准则第126

号——退休金计划的会计处理和报告》，不在 FRS 119 的适用范围内。

CAS 9 适用于企业为获得职工提供的服务而给予各种形式的报酬及其他支出的职工薪酬的核算，而以企业年金基金作为职工薪酬、以股份为基础的薪酬则不适用于该会计准则，应分别适用《企业会计准则第 10 号——企业年金基金》、《企业会计准则第 11 号——股份支付》。

三、职工薪酬的定义比较

FRS 119 规定了雇员福利，包括根据以下各项提供的福利：①根据企业与雇员个人、雇员团体或他们的代表所签订的正式计划或其他正式协议；②根据法律要求或通过行业安排，企业需要向全国、州、行业或其他多雇主计划注入资金；③由于非正式的惯例所导致的推定义务。雇员福利包括短期雇员福利、离职后福利、其他长期雇员福利、辞退福利四种，并且指出雇员福利包括提供给雇员或其亲属的福利。

CAS 9 规定了职工薪酬包括：①构成工资总额组成部分的工资、奖金、津贴和补贴；②职工福利费；③社会保险费，包括医疗保险费、养老保险费、失业保险费、工伤保险费和生育保险费；④住房公积金；⑤工会经费和职工教育经费；⑥未参加社会统筹的退休人员退休金和医疗费用；⑦因解除与职工的劳动关系给予的补偿；⑧其他与职工薪酬相关的支出。

四、职工薪酬确认和计量的比较

（一）FRS 119 对于雇员福利确认和计量的规定

FRS 119 对短期雇员福利、离职后福利、其他长期雇员福利、辞退福利、其他计划五类福利均单独作了规定。

1. 短期雇员福利

当雇员在一个会计期间为企业提供了服务，企业应对为获得该服务预期支付的短期雇员福利的非折现金额确认为一项费用或负债。

短期雇员福利包括：①雇主向雇员支付的工资、薪酬、职员准备基金和社会保险；②预计在会计期末后 12 个月内发生的带薪缺勤，包括年假和病假；③会计期间结束后的 12 个月内到期的利润分享和红利；④给在职人员的非货币福利如医疗保险、住宿以及交通福利等。应支付的短期福利扣除已支付的部分，剩余的金额应确认为一项负债（未折现）。

实行累计带薪缺勤的企业，必须在资产负债表中对预计的累计带薪缺勤成本进行确认，该项成本应在带薪缺勤未被享用的当期确认为期间费用。非累计带薪缺勤的企业不需将其确认为负债。

如果企业存在法律或推定义务要向雇员支付利润分成或红利并且可以准确计量，则企业必须对预计发生的利润分成和红利支出成本进行确认。若企业并没有法律义务要向雇员支付红利，但在上一年度每个月都向雇员支付了红利，则在本年企业就有了一项推定义务，并且要对相关成本和负债进行确认。

2. 离职后福利

FRS 119 规定离职后福利计划可分为设定提存计划和设定受益计划。

在设定提存计划下，FRS 119 要求当雇员在一个期间为企业提供了服务，企业应把为换取该服务而应付给设定提存计划的提存金确认为一项费用或负债。若支付给设定提存计划的提存金在雇员提供相关服务的期末以后的 12 个月内不全部到期，应使用规定的折现率对其折现。

在设定受益计划下，可以确保雇员在离职后会得到一定数额的福利。它可以是一次性的总支出，如退职金，也可以是分期支出，如养老金。因此，提供福利的责任、精算风险（实际支付的福利成本比预计的要多）以及投资风险都由雇主来承担。采用设定收益计划的企业只能依赖于精算师对其应向基金支付提存金额的估计。由于精算估计要求对负债、费用以及精算损益进行确认，因此设定收益计划的会计处理非常复杂。在资产负债表日对该项责任的确认必须折算为日后结算时的金额。设定受益计划可以是注入资金的，也可以是不注入资金的。如果是注入资金的，该计划又可以是内部注入资金和外部注入资金的形式。如果是注入资金的，企业向某项基金注入一定数额的资金并由此基金向雇员支付福利。向基金注入的所有资金用于投资，其产生的回报又用于再投资并一直保留在该基金中。换句话来说，该基金随着企业注入的资金以及由此产生的资产带来的回报的增长而增长。在该种基金中的资产被称为“计划资产”。如果一个企业有多项设定受益计划，则应对每一项计划单独运用指定的步骤进行确认和计量：

①企业要使用精算技术对雇员通过当前以及过去的服务赚取的福利进行可靠计量。②运用预期累计福利单位法对设定收益义务的现值以及当期服务成本进行确定，即企业将最终义务的现值的估计分摊在整个义务归属期间或服务提供期间，每一期间的服务会增加一个单位的福利权利，对每一单位单独计量形成最终义务。③要对计划资产的公允价值进行确认，即当该项义务成立时，企业必须将其计划资产从支付到期义务中划分出来，精算师会告知企业应划分出来的金额，对投入计划资产的资产价值的确定要考虑到该计划资产的回报及其公允价值的变动，这些资产的价值也会随着企业每年向该项基金的投入而增长。④要对总的义务和计划资产的精算损益进行确定并且对其具体金额进行计算和确认，精算损益主要是指实际值与精算假设之间的差额，如果期末义务实际值高于预计值，则产生精算损失；相反，如果计算资产的公允价值比预计中的高，则产生精算收益。利得和损失最后要汇总得出净损益。⑤确认过去服务成本，既定的过去服务成本应立即进行确认，未既定的过去服务成本则在直线法基础上在既定期间内进行分摊。⑥确认缩减损益，即由缩减或结算计划所产生的损益在缩减发生时就要进行确认。

3. 其他长期雇员福利

FRS 119 规定对其他长期雇员福利确认为负债的数额应是下述的净额总计：①资产负债表日设定受益义务的现值；②资产负债表日直接用于履行义务的计划资产的公允价值。对其他长期雇员福利，企业应将以下各项金额的净额总计确认为费用或收入：①当期服务成本；②利息费用；③应全部立即确认的精算利得和损失；④应全部立即确认的过去服务成本；⑤任何缩减或结算的影响。

4. 辞退福利

只有当企业表示在正常退休日前辞退雇员，或者为了鼓励雇员提早退休而提供福利作为补偿时，才能将辞退福利确认为一项费用和负债。如果支付到期日在资产负债表日后的12个月以外，那么就需要将其折成现值。

5. 其他计划

（1）多雇主计划。企业可以参与一项多雇主计划，由一个独立的企业来对多个雇主投入进行管理。该独立的企业要确定这项计划是设定提存计划还是设定受益计划。如果是一项受益计划，企业要采用与其他设定受益计划相同的方式核算其对设定受益义务、计划资产和与计划相关的成本的份额。而如果得不到足够的信息将多雇主计划划分为设定受益计划，则将其视同设定提存计划进行核算。

（2）国家计划。国家计划通过立法建立，由不受报告企业控制或影响的国家政府或地方政府经营。它可以是设定提存计划也可以是设定受益计划。如果是设定受益计划，其处理方式与多雇主计划相同。

（3）保险福利。企业向一项保险单支付提存金，为离职后福利义务注入资金。一般来说，这种计划属于提存计划。但是，如果企业依据法定或推定义务直接向雇员支付福利，或在承保人没有支付当期或未来期间的全额雇员福利时进一步支付提存金，则企业应当将该计划处理为设定受益计划。

（二）CAS 9 对职工薪酬的确认与计量的规定

CAS 9 规定，企业应当在职工为其提供服务的会计期间，将预期给予的职工薪酬确认为负债，并根据职工提供服务的受益对象，分情况进行处理：①应由生产产品负担的职工薪酬，计入存货成本；②应由在建工程负担的职工薪酬，计入建造固定资产成本；③应由产品和在建工程负担以外的其他职工薪酬，确认为当期费用；④因解除与职工的劳动关系给予的补偿，按照相关的规定处理。

企业支付给职工的构成工资总额的工资、奖金、津贴和补贴，应当按照规定的工资标准、工资等级、工时记录、产量记录等资料，根据职工提供服务的受益对象进行计算，确认为应付职工工资的负债，并计入相关资产的成本或确认为当期费用。

企业提取的职工福利费，应当按照国家规定的工资总额的一定比例，根据职工提供服务的受益对象进行计算，确认为应付职工福利负债，并计入相关资产成本或确认为当期费用。

企业为职工缴纳的基本医疗保险费和补充医疗保险费，应当按照国家有关规定，减少企业职工福利费负债余额。未实行医疗统筹和补充医疗保险的企业，应当按照实际发生的相关支出，根据职工提供服务的受益对象，计入相关资产的成本或确认为当期费用。

建立基本养老保险和补充养老保险的企业为职工缴纳的基本养老保险费和补充养老保险费，应当按照国家有关规定，根据职工提供服务的受益对象，计入相关资产的成本或确认为当期费用。

企业缴纳的失业保险费、工伤保险费和生育保险费，应当按照实际缴纳金额，根据职工提供服务的受益对象，计入相关资产的成本或确认为当期费用。

企业缴存的住房公积金，应当按照国家规定的工资总额的一定比例计算确定，根据职工提供服务的受益对象，计入相关资产的成本或确认为当期费用。

企业提取的工会经费和职工教育经费，应当按照国家规定的工资总额的一定比例计算确定，并确认为当期费用。

企业支付给未参加社会统筹的退休人员的退休金和医疗费用等，应当按照实际发生金额确认为当期费用。

企业在正常退休之前解除与职工的劳动关系，以及为鼓励职工自愿接受裁减而提出给予补偿的建议，在符合下列条件时，应当预计因解除与职工的劳动关系给予补偿而产生的负债，并确认为当期费用：①企业已制订出正式的解除劳动关系计划，该计划应当包括拟解除劳动关系的职工所在部门、职位及数量；按工作类别或职位确定的解除劳动关系补偿金额；拟解除劳动关系的时间。②企业不能单方面撤回解除劳动关系计划。

（三）对比

由以上可以看出，在确认和计量方面，FRS 119 分别对短期雇员福利、离职后福利、其他长期雇员福利、辞退福利、其他计划五种福利进行了规定，而我国虽然没有分别规定，但是基本上也涵盖了这几种福利，而且我国企业会计准则和 FRS 119 关于这方面的规定基本一致。只不过 FRS 119 规定得更为详细一些，在离职后福利和辞退福利中，FRS 119 规定了若支付给设定提存计划的提存金在雇员提供相关服务的期末以后的 12 个月内不全部到期，应使用规定的折现率对其折现；当辞退福利在资产负债表日后超过 12 个月支付时，应使用规定的折现率进行折现，我国则没有这种规定。

五、职工薪酬准则中披露的对比

FRS 119 不要求对短期雇员福利和其他长期雇员福利、辞退福利、其他计划作出特定披露，但对离职后福利的披露作了规定。企业设定受益计划，要对以下各项进行披露：①确认精算损益的会计政策；②该计划的大概情况；③资产负债表中所确认的相关资产和负债的详细调整；④计划资产的金额，计划资产表现为报告主体拥有的每类金融工具或者是报告主体自身占有的财产以及所使用的资产；⑤报告期间净资产或负债的变动；⑥损益表中的相关金额及详细情况；⑦计划资产的实际回报；⑧所使用的主要精算假设。

CAS 9 规定，企业应当在财务报表附注中披露下列薪酬项目金额：①支付给职工的工资、奖金、津贴和补贴及期末应付未付金额；②为职工缴纳的养老、医疗、失业、工伤和生育等社会保险费及期末应付未付金额；③为职工缴存的住房公积金及期末应付未付金额；④为职工提供非货币性福利，及其计算依据；⑤支付的因解除劳动关系给予的补偿，及期末应付未付金额；⑥其他职工薪酬。并规定，因接受企业解除劳动关系补偿计划建议的职工数量不确定而产生的或有负债，应当按照《企业会计准则第 13 号——或有事项》的规定进行披露。

六、总结

CAS 9 的出台标志着我国企业会计准则体系建设工作又取得了新的成果，有助于进一步完善我国会计准则体系，规范我国会计实务。FRS 119 定名为雇员福利，而在我国，企业将员工称为职工而非雇员，而且“福利”一词在我国有特定的含义，一般指职工福利费，不包括工资、奖金、津贴、养老保险等。薪酬的涵盖面比福利广，且我国已习惯用“职工”一词而不是“雇员”，因此，职工薪酬的概念更符合我国国情。但是，我国企业会计准则还有需进一步完善的地方。相对于 FRS 119 而言，CAS 9 的内容和条文过于简单。FRS 119 把雇员福利分为五种类型分别进行了规定，且把辞退福利列为其中的一种单独进行规范，这样让人们看起来更加清晰、明确。我国应借鉴这一点，使准则更加完善。

第二节 中马企业年金会计准则比较

一、前言

我国《企业会计准则第 10 号——企业年金基金》（以下简称 CAS 10）是 2006 年 2 月与其他 38 项会计准则（含基本准则）一同发布的。这项准则在我国原会计准则体系中是没有的，是一项全新的准则。而马来西亚则早在 2003 年 1 月开始实施《财务报告准则第 126 号——退休福利计划的会计和报告》（以下简称 FRS 126）。CAS 10 和 FRS 126 的制定都参考了《国际会计准则第 26 号——退休福利计划的会计和报告》（简称 IAS 26，于 1988 年 1 月 1 日生效，1994 年进行了格式重编）。但是，CAS 10 只是借鉴了 IAS 26 中的相关规定，而 FRS 126 则是与 IAS 26 全面趋同，两国准则之间存在一定的差异。

在我国，企业年金是指企业及其职工在依法参加基本养老保险的基础上，自愿建立的补充养老保险制度。国务院印发的《关于完善城镇社会保障体系试点方案的通知》中将补充养老保险统一称为企业年金，规定企业年金是唯一的补充养老保险形式。企业年金基金，则是指根据依法制定的企业年金计划筹集的资金及其投资运营收益形成的企业补充养老保险基金。企业年金不仅是一种企业福利，也是一种社会制度，它对于增强企业的凝聚力和竞争力，完善国家多层次养老保障体系，提高和改善企业职工退休后的养老待遇水平，推动金融市场发展，促进社会和谐发展等具有积极的促进作用。2004 年，我国劳动与社会保障部以部长令的形式陆续发布了《企业年金试行办法》、《企业年金基金管理试行办法》和《企业年金基金管理机构资格认定暂行办法》，对企业年金进行了规范，在这些办法的指引下，企业年金业务在我国已经得到了开展。据统计，2007 年年底，我国企业年金规模接近 1500 亿元；根据市场预测，2010 年我国企业年金的规模达到 10 000 亿元，2030 年预计将有 80 000 亿元的市场规模。因此，加强对企业年金基金的会计核算和信息披露就显得日益重要，企业年金基金准则在 2006

年的出台，是非常适时的。

企业年金基金准则与企业的日常经营无关。无论是 CAS 10 还是 FRS 126，都明确规定了企业年金基金或退休福利计划（简称为基金或计划）是作为独立会计主体进行确认、计量和列报的，即基金或计划的列报与会计核算是与建立该基金或计划的企业及参与者必须区分开的；并且准则都是将基金或计划作为一个整体进行会计处理和报告，不涉及提供给各个参与者有关其基金或计划的报告。

二、CAS 10 与 FRS 126 比较分析

CAS 10 共分为三章二十条，包括总则、确认和计量、列报这三章及附录。FRS 共分六部分三十七条，六部分分别为范围、定义、设定提存计划、设定收益计划、全部计划、生效日期。

（一）准则范围及定义的比较分析

根据 FRS 126 的定义，退休福利计划是指企业在雇员退休时或退休后，向雇员提供退休福利的安排（按年支付或一次付清），其受益金额或雇主的提存金额，应在雇员退休之前，根据合同条款或企业的惯例加以确定或估算。在 FRS 126 的定义中，退休福利计划分为设定提存计划与设定受益计划。设定提存计划是指根据基金的提存额及此后的投资收益确定退休福利支付金额的退休福利计划；设定受益计划通常是指以雇员收入和（或）供职年限为基础，确定退休福利支付金额的退休福利计划。

在我国会计准则中，对企业年金基金的定义是“根据企业年金计划筹集的资金及其投资运营收益形成的企业补充养老保险基金”，也就是说，企业年金是一种确定缴费型计划，实行完全积累制，从其性质上看是与退休福利计划中的“设定提存计划”相符的。与 FRS 126 提供的两种退休福利计划相比，在我国目前法规体系下，退休福利计划只有设定提存计划这一种类型，因此，我国准则的名称是“企业年金基金”。

此外，FRS 126 的第 9 条和第 10 条指明了两种特殊情况下准则适用的问题。第一种情况是指那些没有正式的协议为依据的退休福利计划，该准则认为非正式的退休福利计划也适用于正式退休福利计划的会计和报告基础。对于这一做法的原因，准则解释认为：虽然有些退休福利计划是非正式的，但由于雇主的既定惯例，需承担一定程度上的义务。尽管有些退休福利计划允许雇主减少自己对计划的责任，然而，雇主若要留用雇员，往往很难取消退休福利计划。第二种情况是指除雇主外还有其他资助者的退休福利计划，FRS 126 也适用于这种福利计划财务报表的编制。我国的企业年金基金准则中没有涉及这两种特殊情况的条款，应该理解为：这些非正式的退休福利计划和存在其他资助者的退休福利计划是不在 CAS 10 的管理范围内的，因为它们并不符合企业年金基金的定义。

在“受托人”含义方面，FRS 126 与我国企业年金基金准则存在差异。我国的受托人概念必须与一种信托关系相联系。我国财政部发布的《企业会计准则第 10 号——企业年金基金的解释》（以下简称《解释》）中明确指出：企业和职工作为委托人将企业年金基金委托给受托人管理运作是一种信托行为。企业年金基金作为一种信托财产，

必须存入企业年金专户，而且按照规定，获得年金基金管理服务主体资格需要劳动和社会保障部认证。而在 FRS 126 的受托人概念中，不论是否构成信托关系，都可以称之为受托人，准则中的阐述是：退休福利计划设立单独的基金，将提存金投入该基金，并从中支付退休福利。这类基金可以由单独的基金资产管理机构经营。这类基金资产管理机构被称为“受托人”。因此 FRS 126 的受托人的概念范围显然要比 CAS 10 宽泛许多。

（二）会计确认和计量的比较分析

我国企业年金基金准则对企业年金基金的资产、负债、收入、费用和净资产的构成项目以及会计的确认计量均进行了具体规范，并对公允价值计量作出了相应规定。CAS 10 指出：企业年金基金在运营中根据国家规定的投资范围取得的国债等具有良好流动性的金融产品，其初始取得和后续估值时均采用公允价值计量，公允价值的变动计入当期损益。在初始取得投资时，以交易日支付的成交价款作为公允价值；估值日对投资进行估值时，应当以其公允价值调整原账面价值，公允价值与原账面价值的差额作为“公允价值变动损益”计入当期损益。公允价值的确定方法适用《企业会计准则第 22 号——金融工具确认和计量》，即：投资存在活跃市场，以市场报价作为公允价值；投资不存在活跃市场，采用估值技术确认公允价值。这与 IAS 26 在原则上是一致的，也反映出我国新会计准则与国际准则的趋同。

与我国的企业年金基金准则相比，FRS 126 则基本不涉及对退休福利计划中的资产、负债等项目的说明，其很少规定退休福利计划的会计处理，而是侧重于规范退休福利计划的投资计价和财务报表列报，在“设定提存计划”和“设定收益计划”两部分内容中，主要规范的就是在两种计划下的报告目标和财务报表内容。与 CAS 10 相同的是，FRS 126 同样要求以公允价值计量投资，在“全部计划——计划资产的估计”这部分内容中，FRS 126 规定：退休福利计划所持投资应以公允价值计价。如果是有价证券，公允价值就是市场价值。如果不能对计划所持投资的公允价值进行评估，则应披露未采用公允价值的理由。那些具有固定清偿价值并专门为与退休福利计划的义务或某部分的义务相配比而购入的债券，可以其最终清偿价值并按到期前固定回报率来计价。例如在完全拥有一家企业时，应说明不采用公允价值的原因。在采用市场价值或公允价值以外的金额作为投资的账面价值时，一般还应揭示公允价值。

FRS 126 还体现了对精算现值的重视，在多项条款中都有所涉及。我国企业年金属于设定提存计划这一类型，员工的退休福利支付额由年金计划筹集的资金及其投资运营收益决定，金额并不确定，企业以向年金基金缴纳提存金来履行义务，一般不需要精算师的咨询。而在 FRS 126 所规定的设定受益计划下，必须计算“根据雇员已经提供的服务、由退休福利计划给予雇员的预期支付额的现值（即承诺退休福利的精算现值）”，以便确定精算现值和可用于福利的净资产之间的余缺金额。退休福利计划预期支付额的现值，可以用现行工资水平或员工达到退休年龄时的预计工资水平进行计算。采用现行工资水平是因为这样比采用预计工资水平更加客观，并且在工资增加时相应也会提高退休福利计划的受益金额。采用预计工资水平则是考虑到在最终支付计划中，受益金额是参照退休或将近退休时的工资确定的，因此有必要预计工资、提存金水平以及回报率，若不采用预计工资水平，可能导致在退休福利计划的报告中，实际上并未过量注资而显示注资过量，实际上计划注资不足而显示注资充足。在财务报表中披露以现有工资水平为基础的承诺退休福利的精算现值，是为了说明退休福利计划在财务报表日对参与者应得受益金额所承担的义务；披露以预计工资水平为基础的承诺退休福利的精算现值，是为了说明在持续经营基础上，将会形成的潜在义务的大小。设定受益计划需要向精算师进行定期咨询，为的是评价计划的财务状况、复核各项精算假定，并就今后的提存金水平提出建议。

(三) 财务报表列报的比较分析

我国企业年金基金准则第十四条规定：企业年金基金的财务报表包括资产负债表、净资产变动表和附注。由于企业年金基金是独立的会计主体，其报表格式及内容不同于企业报表，为了提高准则的可操作性，准则还在附录中规定了资产负债表和净资产变动表的格式。

FRS 126 则按照设定提存计划和设定收益计划，对财务报表的内容分别作了要求。设定提存计划的报告目标是定期提供有关退休福利计划及其投资业绩的信息。在设定提存计划下，提供的财务报表应包括一份可用于福利的净资产的报表和一份有关注资政策的说明。通常提供的报表应当包含以下内容：一是本期重要活动、与计划相关的变动影响以及该计划成员、条款和状况的说明；二是报告本期交易、投资业绩和退休福利计划期末财务状况的报表；三是有关投资政策的说明。设定受益计划的报告目标是定期提供有关计划的财务资源和经营活动的信息，用以评价资源累积和受益金额之间在一定时期的相互关系，通常提供的财务报表除了与设定提存计划下相同的三项内容外，还应包括精算信息（可作为报表的一部分或单独报告）。

(四) 披露要求的比较分析

我国企业年金基金准则第二十条列示了附注中应披露的信息，具体包括：企业年金计划的主要内容及重大变化；投资种类、金额及公允价值的确定方法；各类投资占投资总额的比例；可能使投资价值受到重大影响的其他事项。除此之外，在《解释》中又增加了应当披露的内容，包括：①财务报表的编制基础，主要包括会计年度、记账本位币、会计计量所运用的计量基础；②重要会计政策和会计估计变更及差错更正的说明；③重要报表项目的说明，包括货币资金、买入返售证券、债券投资、基金投资、股票投资、其他投资、卖出回购证券款、收取企业缴费、收取职工个人缴费、个人账户转入、支付受益人待遇、个人账户转出、受托人管理费、托管人管理费、投资管理人管理费等；④资产负债表日后事项、关联方关系及其交易的说明，或有和承诺事项等；⑤企业年金基金投资组合情况、风险管理等，包括风险管理政策、信用风险、流动风险、市场风险等。

FRS 126 也对披露要求作出了详细说明。其中一些要求与 CAS 10 是类似的，例如，重要会计政策的概述、资产的估价基础、所有雇主投资的详细信息、雇主和雇员的提存金、管理费用、已付或应付福利等。当然 FRS 126 规定的披露信息中也有一些是有别于 CAS 10 的，例如：一是针对可用于福利的净资产表，FRS 126 要求应当披露超过可用于福利的净资产5%或超过某一类别或类型证券金额5%的单项投资的详细信息；二是针对设定受益计划，准则要求披露按照计划条款所承诺的福利，以到目前为止已经提供的服务为依据，采用现有工资水平或预计工资水平，反映承诺退休福利的精算现值，并且对所作的重要精算假定以及承诺退休福利的精算现值所采用的计算方法加以说明。

由此可见，我国企业年金基金准则和FRS 126的披露规范各有特色。FRS 126所规范的退休福利计划因为涉及设定受益计划，所以比较重视精算现值的披露。而CAS 10及其解释对披露的要求更为详细和具体，且具有某些方面的创新，例如：规定应该在附注中披露风险管理方面的信息，体现出我国对企业年金基金运营风险的重视。这也是我国准则考虑到报表相关利益者（如企业年金基金委托方、参加企业年金的员工等信息使用者）需要的体现。

三、总结

FRS 126是与IAS 26全面趋同的一项准则，因此，我国企业年金基金会计准则与FRS 126的差异，实际上就体现了与国际会计准则的差异性。差异最根本的一点，就是我国的企业年金属于设定提存计划（缴费确定型），这是人力资源与社会保障部以管理办法确定的年金计划的唯一方式。我国采用设定提存计划而不是设定受益计划，主要是从以下几个方面考虑：一是根据国外的经验，设定受益计划的缴费水平一般是设定提存计划的三倍，从减轻企业负担和增强企业支付意愿的角度出发，实施设定提存计划更具有现实基础。二是设定提存计划下，企业与员工双方缴费均全部划入员工个人账户，实行完全积累制，对人才流动时年金资金的转移有利。第三，在设定提存计划下，国家不需要为之建立“再保险”机制，可以避免设定受益计划下潜在的财政风险。第四，企业不需要承担投资风险，当投资收益不理想时，企业不需要提高缴费水平以弥补资金缺口，这种方式企业比较容易接受。

设定提存计划是当前国际上企业年金计划运作模式的主流。但是，它并非完美无缺，也不是绝对优于设定受益计划。主要体现在如下几个方面：一是设定提存计划只有在资本市场发展相对完善，投资渠道多元化，能够通过投资组合来降低投资风险并提高投资收益时，才能保证企业年金基金有效的增值，才能使员工个人账户积累的资金有所保证，而目前我国缺乏这样有利的市场投资环境；并且，由于企业无须承担投资风险，不用为投资损失向年金基金补充资金，如果出现投资损失，员工的补充养老金将受到伤害，也会大大降低人们对企业年金的信心，这必然会对企业年金的持续发展造成不利影响。二是“一刀切”地采用设定提存计划，难以满足不同员工主体的需要。若采取设定提存计划，年龄大的职工会因为缴费年限短，积累时间短而得不到足够的退休金，他们的利益会受到损害，这类企业员工的需求是退休后得到稳定可靠的退休金，他们更愿意接受设定受益计划；若企业中青年员工较多，他们更换工作的可能性较大，这类员工则更愿意选择按个人账户累积、可携带性强的设定提存计划。

如果在未来，我国越来越多的企业开始实施企业年金，并且年金基金的受托人、托管人、投资管理人能够日趋成熟，那么可以借鉴英国一些大型企业的做法，采用设定提存计划和设定受益计划相结合的方式，即在员工不同的年龄阶段采取不同的年金计划模式。员工刚进入企业时，采取设定提存计划，以满足他们流动强、有能力管理个人账户的特点；当员工到达一定工作年限，可根据员工自身意愿，将其个人账户的余额转入设定受益计划，根据其个人账户余额、工资水平和工作年限为其确定一个养老金待遇标准，使员工对退休后的收入有稳定的预期，不必担心年金基金的投资收益率。当然，采用设定受益计划需要大量的精算人员。未来我国企业年金制度完备、精算师队伍壮大以后，可以尝试采用设定受益的企业年金计划，并制定相关的会计准则，做到与世界更好地接轨。

第三节　中马股份支付准则比较

我国的《企业会计准则第 11 号——股份支付》（以下简称 CAS 11）是财政部于 2006 年 2 月 15 日颁布的。CAS 11 制定了以企业自身股份为基础进行支付的规范，对于统一会计处理，提高会计信息质量意义重大，同时也弥补了之前企业会计准则和企业会计制度均未对股份支付有明确规范的不足。马来西亚会计准则理事会颁布的《财务报告准则第 2 号——以股份为基础的支付》（以下简称 FRS 2）于 2006 年 1 月 1 日生效。我国和马来西亚的股份支付准则比较相似，但仍存在一些差异。

一、准则名称及体例的比较

准则名称不同。我国的准则名称为“股份支付”，马来西亚的准则名称为“以股份为基础的支付”。

准则体例不同。CAS 11 共分为四章，共十五条，内容包括：第一章总则（第 1 ~ 3 条）（准则制定依据、规范范围、股份支付的分类）；第二章以权益结算的股份支付（第 4 ~ 9 条）（授权日的处理原则、等待期损益计量、未行权部分结转）；第三章以现金结算的股份支付（第 10 ~ 13 条）（授权日的处理原则、等待期损益计量、未行权部分结转）；第四章披露（第 14 ~ 15 条）（企业应当在附注中披露与股份支付有关的信息及股份支付交易对当期财务状况和经营成果的影响）。

FRS 2 包括引言段和正文。引言段（第 1 ~ 8 段）介绍国际会计准则理事会颁发的该国际财务报告准则的原因，以及本财务报告准则的主要特点；正文共 60 个段落，内容包括：目标（第 1 段）；范围（第 1 ~ 3 段）；确认（第 7 ~ 9 段）；权益结算的基于股份支付的交易（第 10 ~ 29 段）；现金结算的基于股份支付的交易（第 30 ~ 33 段）；可采用现金结算的基于股份支付的交易（第 34 ~ 43 段）；披露（第 44 ~ 52 段）；过渡性条文（第 53 ~ 59 段）；生效日期（第 60 段）。

二、规范的范围比较

（一）股份支付的定义比较

我国的“股份支付”是指企业为获取职工和其他方提供服务而授予权益工具或者

承担以权益工具为基础确定的负债的交易。

马来西亚的"以股份为基础的支付"仅指企业为获取商品和劳务通过发行自己的权益工具或者以企业股价为基础支付现金的方式。权益指股票和股票期权（以一特定价格购买一定数量企业股票的权利）。

显然，我国企业为获得商品而发行股份，不属于本准则规范的内容，而 FRS 2 所规范的股份支付包括通过发行股份而获得商品的交易，在基于股份支付的交易中获得的商品，包括存货、消耗品、不动产、厂场和设备、无形资产和其他非金融资产，劳务包括那些企业外部各方提供的服务，以及员工提供的劳务。

（二）股份支付的分类比较

CAS 11 按照最终的结算工具将股份支付业务分为两类，分别是以权益结算的股份支付和以现金结算的股份支付。其中：以权益结算的股份支付，是指企业为获取服务以股份或其他权益工具作为对价进行结算的交易；以现金结算的股份支付，是指企业为获取服务承担以股份或其他权益工具为基础计算确定的交付现金或其他资产义务的交易。我国的股份支付准则所指的权益工具是企业自身权益工具。

FRS 2 确认三种类型的基于股份支付的交易，它们分别是：（a）权益结算支付，企业发行自己的或同一集团其他成员的权益工具，作为收到商品和服务的对价。（b）以现金结算，企业或同一集团的另一名成员支付现金，参考其自己的权益工具价格作为收到的商品和服务的对价。（c）选择以权益结算或以现金结算，商品和服务的供应商，或企业收到那些商品或服务可以选择是以现金结算还是以发行权益工具结算。

（三）涵盖的范围比较

FRS 2 涵盖的不仅仅是员工股票期权。它包括为换取商品或服务发行股票或股份的权利；涵盖股票增值权、员工股份购买/所有权计划、股票期权计划，股票发行可能取决于市场或非市场的相关条件；还涉及子公司使用母公司或其他子公司的股份作为收到商品和服务的对价的情况。马来西亚除了那些按照其他准则如《财务报告准则第 3 号——企业合并》和《财务报告准则第 139 号——金融工具》的处理，很少有排斥在 FRS 2 范围之外的。此外，与员工的交易以及与那些一般股东和权益工具的所有者的交易不在 FRS 2 的范围之内。涉及以股份为基础的支付交易的私营企业要求运用 FRS 2。

比较而言，我国的股份支付准则涵盖范围相对较窄，仅针对企业为获取职工和其他方提供服务而授予权益工具或者承担以权益工具为基础确定的负债的交易。对于企业合并中发行权益工具取得其他企业净资产的交易，适用《企业会计准则第 20 号——企业合并》；而以权益工具作为对价取得其他金融工具等交易，适用《企业会计准则第 22 号——金融工具确认和计量》。

三、确认与计量原则的比较

（一）马来西亚的确认与计量原则简介

FRS 2 确定有三类以股份为基础的支付，它们分别是：权益结算的以股份为基础的交易、现金结算的以股份为基础的支付，以及可采用现金结算的以股份为基础的支付交易。当基于股份的支付是为了获得企业外部缔约方的商品和服务时，商品和服务以其公允价值和权益或负债的相应数额予以记录，取决于它是以现金结算还是以权益结算。确认这些商品和服务的时间是这些商品和服务包含的风险和报酬转移给了企业。当基于股份的支付是给员工的，员工所提供的服务的公允价值是很难确定的，因此服务以给定权益的公允价值计量。换言之，员工服务的费用等于权益的公允价值。企业确认一项费用记入损益表中，同时确认一项权益列示在资产负债表中。一般来说，对于工作人员，给定的服务成本，或取得了一套业绩标准，是以授予日所发行权益工具的公允价值核算的。

在基于股份支付的交易中收到的商品或服务在收到时予以确认。与此同时，如果它是基于权益结算的股份支付，该企业将确认增加的股票。如果它是基于现金结算的支付交易，那么将确认为一项负债。如果商品或服务不符合作为资产的条件，那么他们确认为费用。对于服务，确认日期可能不那么明显，它可以是授予日或是等待期。

根据马来西亚 FRS 2 的规定，归纳出以股份为基础的支付的确认计量流程图，具体说明如图 4.1 所示：

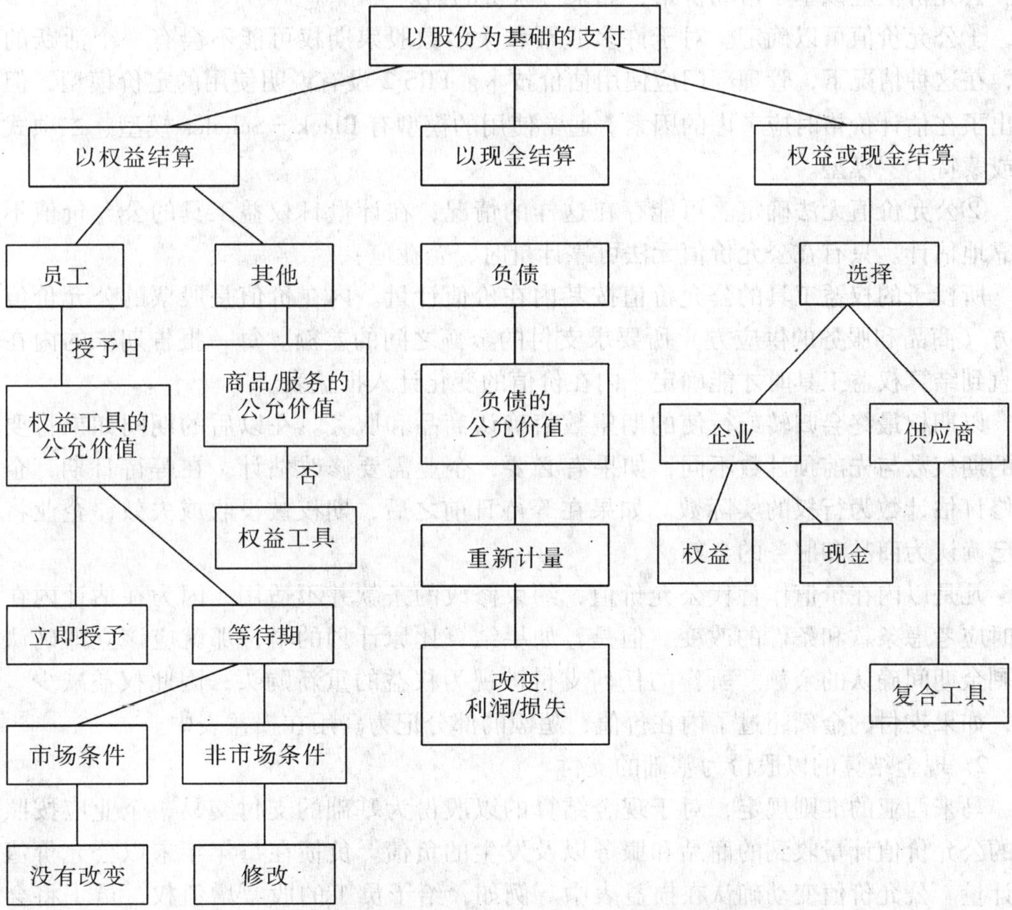

图 4.1　马来西亚以股份为基础的支付的确认计量流程图

1. 权益结算的以股份为基础的交易

企业收到的商品和服务通过发行权益工具（股票或期权）支付。收到的商品和服务的计量与员工所提供的商品和服务稍有不同。

（1）商品和服务

收到的商品和服务（除了由员工提供的）按商品和服务的公允价值来计量，并且权益相应增加。在商品或服务的公允价值无法可靠确定的情况下，商品或服务以及增加的权益是按授予的权益工具的公允价值计量。

（2）员工所提供的服务

股票和股票期权通常被授予员工，作为他们除了工资外的薪酬福利的一部分。企业将按照授予权益工具的公允价值来计量员工服务的公允价值。这是因为它通常难以可靠地衡量所提供服务的公允价值。权益工具的公允价值在授予日计量。如果权益工具是立即授予的，那么在授予日即可确认费用和权益。有时，员工可能已经开始履行服务，但直到下一年才获得该委员会的批准。在这种情况下，企业应在资产负债表日估计权益工具授予日的公允价值，以后在授予日调整为实际公允价值。

（3）确定权益工具的公允价值

公允价值应该基于市场价格，如果可获得的话。

①公允价值可以确定。对于许多股票和大多数股票期权可能不会有一个活跃的市场，在这种情况下，管理部门应使用估价技术。FRS 2 没有说明使用的定价模型，但它给出了在估计价格时应考虑的因素。通常使用的模型有 Black－Scholes 模型、二项式模型或蒙特卡罗模型。

②公允价值无法确定。可能存在这样的情况，在计量日权益工具的公允价值不能可靠地估计。只有在公允价值无法可靠计量时，企业应：

所授予的权益工具的公允价值按其内在价值计量。内在价值是股票的公允价值与对方（商品和服务的供应方）所要求支付的金额之间的差额。每一报告期末的内在价值直到结算权益工具时才能确定。内在价值的变化计入损益表。

以期权最终会归转或行使的期望数值确认商品和服务。在以后的期间如果将要行使的期权数与先前预计数不同，如果有必要，企业需要修改估计。在等待日期，企业将修订估计数为行权的实际数。如果在等待日前之后，期权被没收或失效，企业将反转已确认为商品和服务的金额。

凡是以内在价值作替代公允价值，约束修改的条款并不适用，因为在估计内在价值时应考虑条款和条件的改变。但是，如果结算比原计划的早，那就应该立即确认将在剩余期间确认的余额。所作的任何支付被视为权益的重新购买，因此权益减少。然而，如果支付的金额超过了内在价值，超额的部分记为费用在损益表中。

2. 现金结算的以股份为基础的支付

马来西亚的准则规定，对于现金结算的以股份为基础的支付交易，企业应按照负债的公允价值计量收到的商品和服务以及发生的负债。负债在每年年末以公允价值重新计量。公允价值变动确认在损益表中。例如，给予员工的股票增值权，员工将会收到等于某一特定数量权益股票的股价增加额的现金支付。

3. 可采用现金结算的以股份为基础的支付交易

一些以股份为基础的支付交易给企业或对方选择以现金结算或以权益工具结算。例如，员工可以有一个选择，收到他们的现金红利按市场价等值于100股或120股的现金。

(1) 对方选择结算方法

如果企业给予对方选择结算的方法，那么该企业已授予一项由负债和权益构成的复合工具。对于与员工的交易，商品和服务直接按公允价值计量。对于除了与员工的交易，权益部分是在收到商品和服务日期的商品和服务的公允价值与负债部分的公允价值之间的差额。

权益部分	=	商品和服务的公允价值	-	负债部分的公允价值

对于与员工的交易以及购买商品和服务，其公允价值参考所授予工具的公允价值间接衡量，复合工具的公允价值必须作为一个整体估计。负债部分和权益组成部分分开计价，同时考虑对方可能会选择接受权益而非现金。复合工具的公允价值是负债部分的公允价值和权益部分的公允价值的总和。

这些交易通常是建立在这样的原则上，即每一个替代结算的公允价值是相同的。权益部分是零。

权益部分	=	替代权益的公允价值， 基于所授予工具的公允价值	-	负债部分的公允价值

然而，当权益部分的公允价值大于零时，需要分离构成部分。负债部分被视为一项现金结算的以股份为基础的支付交易，权益部分作为一项权益结算的以股份为基础的支付交易核算。直到结算日期，负债部分按公允价值重新计量。

如果企业发行股票，负债部分转为权益。如果企业支付现金，支付用于全额清偿债务。权益部分仍保留作为权益，但转为权益的另一组成部分（留存收益）。

(2) 企业选择结算方式

企业选择结算模型，应该确定它是否已经承担以现金结算的现时义务，并相应地核算交易。企业实质上有用现金结算的义务的情况如下：

①选择权益工具结算时没有商业实质内容（如企业被禁止发行股票）；

②企业以现金结算时有过去的实践做法或政策支持；

③当对方要求以现金结算时一般就以现金结算。

企业应按照现金结算的以股份为基础的支付交易核算这些交易，一定程度上它已引致了一项负债。如果企业没有义务以现金结算，它可以以权益结算。然后它将按照权益结算的支付核算这些交易。如果结算以现金或权益，会计处理会有所不同。以现金结算，付款视为权益的重新购买，权益部分被扣除。如果支付的金额超过确认为权益的数额，那么企业将确认为一项费用，金额为支付的现金与权益的公允价值之间的差额。以权益结算，将权益部分确认的金额转为股本和股票溢价。

(二) 我国的确认与计量原则

在我国的股份支付会计准则中，股份支付分为以权益结算的股份支付和以现金结算的股份支付两类。根据我国准则的规定，归纳出股份支付的确认计量流程图，如图4.2所示。

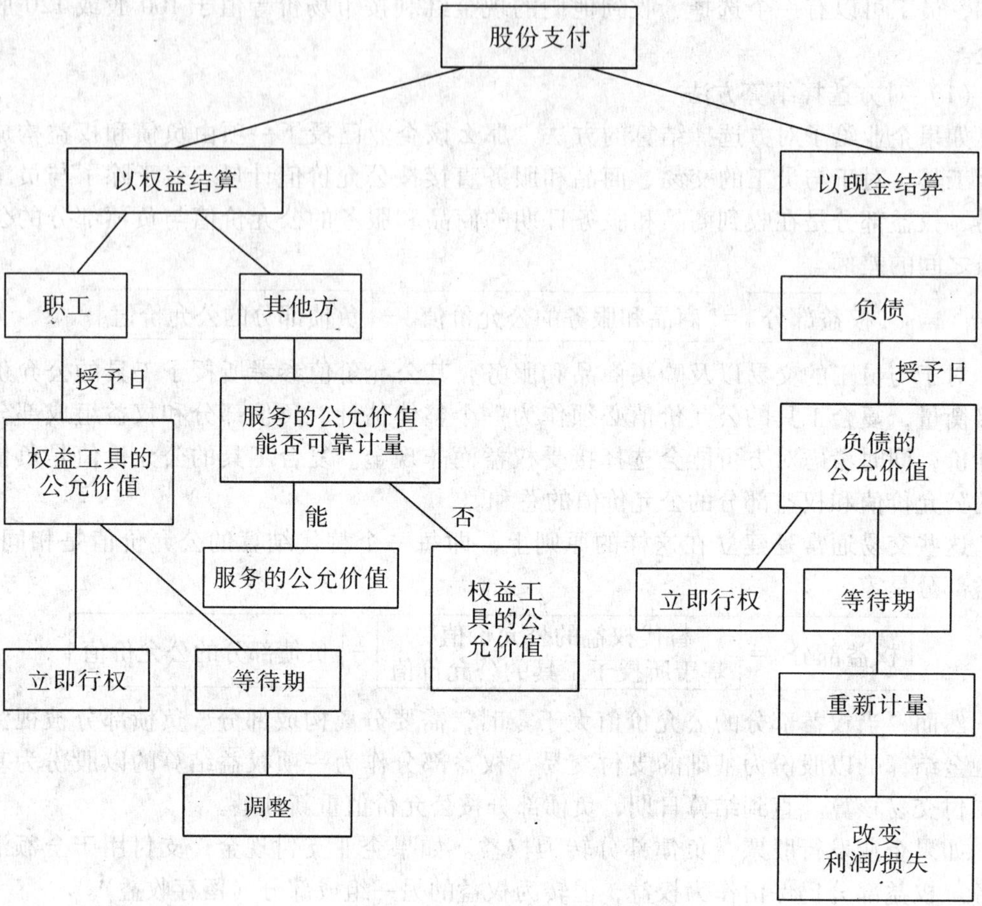

图4.2　我国股份支付的确认计量流程图

具体说明如下：

1. 以权益结算的股份支付

以权益结算的股份支付换取职工提供服务的，应当以授予职工权益工具的公允价值计量。权益工具的公允价值，应当按照《企业会计准则第22号——金融工具确认和计量》确定。授予后立即可行权的换取职工服务的以权益结算的股份支付，应当在授予日按照权益工具的公允价值计入相关成本或费用，相应增加资本公积。完成等待期内的服务或达到规定业绩条件才可行权的换取职工服务的以权益结算的股份支付，在等待期内的每个资产负债表日，应当以对可行权权益工具数量的最佳估计为基础，按照权益工具授予日的公允价值，将当期取得的服务计入相关成本或费用和资本公积。在资产负债表日，后续信息表明可行权权益工具的数量与以前估计不同的，应当进行调整，并在可行权日调整至实际可行权的权益工具数量。对于可行权条件为规定服务期间的股份支付，等待期为授予日至可行权日的期间；对于可行权条件为规定业绩的股份支付，应当在授予日根据最可能的业绩结果预计等待期的长度。企业在可行权日之后不再对已确认的相关成本或费用和所有者权益总额进行调整。

以权益结算的股份支付换取其他方服务的，如果其他方服务的公允价值能够可靠计量的，应当按照其他方服务在取得日的公允价值，计入相关成本或费用，相应增加所有者权益；如果其他方服务的公允价值不能可靠计量但权益工具公允价值能够可靠计量的，应当按照权益工具在服务取得日的公允价值，计入相关成本或费用，相应增加所有者权益。在行权日，企业根据实际行权的权益工具数量，计算确定应转入实收资本或股本的金额，将其转入实收资本或股本。

2. 以现金结算的股份支付交易

以现金结算的股份支付应当按照企业承担的以股份或其他权益工具为基础计算确定的负债的公允价值计量。授予后立即可行权的以现金结算的股份支付，应当在授予日以企业承担负债的公允价值计入相关成本或费用，相应增加负债。完成等待期内的服务或达到规定业绩条件以后才可行权的以现金结算的股份支付，在等待期内的每个资产负债表日，应当以对可行权情况的最佳估计为基础，按照企业承担负债的公允价值金额，将当期取得的服务计入成本或费用和相应的负债。在资产负债表日，后续信息表明企业当期承担债务的公允价值与以前估计不同的，应当进行调整，并在可行权日调整至实际可行权水平。企业应当在相关负债结算前的每个资产负债表日以及结算日，对负债的公允价值重新计量，其变动计入当期损益。

（三）两者的比较

由于中国和马来西亚两国市场经济发展程度不同，两国与国际会计准则趋同的程度不同，两国对股份支付定义的内容、分类不一致等原因，两国在确认和计量方面有较大的差异。主要表现在：

（1）马来西亚的准则对可采用现金结算的以股份为基础的支付交易进行了规定。我国的准则中则没有这一项目。

（2）计量标准不同。我国的准则以授予的权益工具或承担债务性工具的公允价值计量；马来西亚的准则对于权益性结算支付，直接以所获得的商品或劳务的公允价值计量，在所获得的商品或劳务的公允价值无法可靠估计时，通过参考权益性工具的公允价值间接计量；对于现金结算支付，两国都按照承担债务的公允价值计量，但我国进一步分别规定了可立即行权和需完成等待期的情况处理。

（3）核算内容的详细程度不同。与我国的准则相比，马来西亚的准则对核算内容规定更详细，比如在计算权益性工具公允价值金额时，要考虑市场条件和非市场条件对权益性工具的公允价值（单位价值）和数量的不同影响；对行权日之后的处理、对授予权益性工具的条件和条款进行修订的会计处理等。

四、披露的比较

马来西亚 FRS 2 规定企业必须披露使财务报表使用者了解当期存在的以股份为基础的支付安排的性质和范围的信息。要求企业应披露以下信息：

（1）本年度任何时间发生的以股份为基础的支付安排的描述。

（2）本年度那些发行在外的股票期权其开始、结束、授予、没收、行使、过期、可行使的数量和加权平均行权价格。

（3）那些被行权的股票在行权日的加权平均价格。

（4）剩余股票期权的行权价格范围和加权平均价格。

企业必须披露使财务报表信息使用者了解当期收到的商品和服务的公允价值或所授予权益工具的公允价值是如何确定的信息。企业还要求披露使财务报表信息使用者了解以股份为基础的支付交易对企业当期利润或亏损的影响，以及对财务财务状况的影响。

我国的股份支付准则规定企业应当在附注中披露与股份支付有关的下列信息：

（1）当期授予、行权和失效的各项权益工具总额。

（2）期末发行在外的股份期权或其他权益工具行权价格的范围和合同剩余期限。

（3）当期行权的股份期权或其他权益工具以其行权日价格计算的加权平均价格。

（4）权益工具公允价值的确定方法。

企业对性质相似的股份支付信息可以合并披露。

显然，马来西亚对股份支付的披露规定得更详细具体。例如对于权益工具公允价值的确定方法，两国都要求披露，但我国仅作了简单的表述，至于其中包括的内容以及可能的情况并未提及；而马来西亚对此则进行了详细具体的明确规定。

五、结语

综上所述，我国的 CAS 11 与马来西亚的 FRS 2 相比，主要存在准则名称不同、规范的范围不同、计量标准不同、核算内容的详细程度不同及准则的适用范围不同等方面的差异，这些差异是在立足国情、实现国际趋同的会计准则制定之路上的必然现象。一方面，两国的市场经济发展程度不同。马来西亚属于较发达的经济体，马来西亚的准则与国际财务报告准则更相似。而我国是新兴的市场经济国家，特定的政治法律基础、经济环境和文化特色决定了我国股份支付会计准则会与马来西亚的不同。我国的会计准则则是首次规范了企业以自身股份为基础进行支付的业务，统一了实务中存在的不同处理。该准则的确认和计量原则与国际准则趋同，同时充分考虑了我国现实经济生活中存在的各种股份支付业务。另一方面，我国民营企业大多是家族式治理，要实施股权激励机制未必能全面铺开，也就是说全面实施股权激励的基础还不具备。我国的资本市场还很不成熟，通过市场实现资源的高效配置还有很长的路要走。股权激励可能会在国有控股的、治理规范的上市公司逐步铺开，没有成熟的资本市场和人才市场的基础，实施起来又是摸着石头过河，存在着潜在的实操困难。这要求会计准则配合有关政策进行及时跟进。

第四节 中马或有事项会计准则比较

随着“中国—东盟”自由贸易区的构建和“泛北部湾经济合作圈”的建立，我国和东盟七国的经济交往越来越密切。其中，我国和马来西亚在区域经济一体化中发挥的作用不可忽视。将两国的会计准则进行对比，研究其中存在的差异可帮助我国尽快融入国际资本市场。我国于2006年2月颁布的《企业会计准则第13号——或有事项》对企业或有事项的概念、确认、计量和披露等作了具体要求，对规范企业或有事项的会计处理、提高会计信息质量和及时、完整地向投资者传递相关信息等方面起到了积极的作用。本节现就中马两国的或有事项准则作一比较，并提出完善准则的建议。

一、相关概念的比较

1. 或有事项

我国《企业会计准则第13号——或有事项》（简称CAS 13）将或有事项定义为：过去的交易或者事项形成的，其结果须由某些未来事项的发生或不发生才能决定的不确定事项。马来西亚《财务报告准则第137号——准备、或有负债和或有资产》（简称FRS 137）也明确提出了或有事项的概念，即一种事件，其结果通过其他未来不确定事件的发生或不发生予以证实。

可见，两国会计准则规定的或有事项产生的前提条件是一致的，即须通过未来不确定事项的发生或不发生予以证实，但对或有事项产生的事由表述不同。CAS 13规定或有事项可以由交易或事项产生，而FRS 137表述为由事件产生。

2. 准备

FRS 137将准备定义为“时间或金额或两者都不确定的负债”。准备与应付和应计这种类型的负债都是因过去事项而发生的现时义务，该义务的结算预期会导致含经济利益的资源流出企业。两者之间最大的区别在于，准备的结算所要求的未来支出的时间或金额是不确定的。例如，某石油公司建造了一个石油钻塔，五年间用于开采和提炼石油。在这五年后，该公司被要求必须对这片区域进行清理，并修复由于开采石油而毁损的海床。因此，在建造石油钻塔时就已经产生了一项现实法律义务。但当时我们并不知道这项法律义务即清理海床的具体费用是多少，只能对石油开采产生的清理费用的现值进行估计，从而形成了一项金额不确定的负债即清理准备。通常由于时间和金额的不确定性，准备都应被视为或有负债。但是FRS 137又将准备与或有负债区分开来，看做两个不同的概念。FRS 137允许主体将准备确认为一项负债，由于它是一种现时义务并且该义务的履行很可能导致包含经济利益的资源的流出。而或有负债不能确认为一项负债，由于它是一项仍需证实的“可能”发生的义务，或者它是一项尚未达到确认标准的现时义务。这就是为什么FRS 137的名称是《准备、或有负债和或有资产》。

虽然我国会计日常核算中也有准备一词，并且被广泛采用，但它与FRS 137中对准备的阐述却大相径庭。在我国，一提到“准备”，人们常常将其与“坏账准备”、“存货跌价准备”等许多准备概念联系起来，但这些“准备”均属于对已确认资产的账面价值的调整，不是企业承担的现时义务，因而也不是时间或金额不确定的负债。如，坏账准备的计提，虽然涉及账龄和坏账比率的估计，带有一定的不确定性，但应收款项的账面余额是确定的。因此，坏账准备的计提不是或有事项。从性质上讲，坏账准备只是根据资产的定义和确认标准，对应收款项的账面余额所作的调整。类似地，计提存货跌价准备、短期投资跌价准备、长期投资减值准备等均不属于或有事项。（王敏，2006）

针对这样的解释，可见我国的准备属于对已确认资产账面价值的调整，它与 FRS 137 中对准备的解释不一样。CAS 13 并没有像 FRS 137 这样，对“准备”这一名词做出如此具体详细的解释。

3. 法定义务与推定义务

FRS 137 在对企业的现时义务进行定义时，将其细分为两种类型的义务，一种是法定义务，另一种是推定义务。法定义务非常好理解，一般是指因法规法律的实施，或合同的履行而产生的义务。例如，销售小轿车时，一项在合同中规定的残次品包换的义务。推定义务不太好理解，它是指因主体的行为而产生的一种义务。由于以往实务的成型做法，公开的政策或相当明确的当前声明，主体已向其他各方表明它将承担特定的责任，而各方也默认主体将履行那些责任。例如，即使没有相关法律规定，某伐木公司在其砍伐树木的每片区域都会种植新的树苗。又如，即使没有订立合同，某公司每两个月都向当前员工支付一笔奖金。这些行为都是推定义务。在 CAS 13 中，并没有将现时义务进行如上细分，而是忽略推定义务，仅将法定义务视为现时义务。

二、或有事项核算范围的比较

FRS 137 规定，“本准则适用于所有企业的准备、或有负债和或有资产的会计核算，但以下各项除外：①以公允价值计量的金融工具形成的准备、或有负债和或有资产；②待执行合同（亏损性待执行合同除外）形成的准备、或有负债和或有资产；③保险公司与保单持有人之间签订的合同形成的准备、或有负债和或有资产；④由其他该准则规范的准备、或有负债和或有资产。”根据 CAS 13 的规定，职工薪酬、建造合同、所得税、企业合并、租赁、原保险合同和再保险合同等形成的或有事项，适用其他相关会计准则。

通过分析可见，我国通过一一列举的方式将准则的不适用的事项表述出来，而 FRS 137 中只对不适用的事项圈定一些范围。虽然我国的表述较为具体、准确，但是 FRS 137 圈定的不适用范围相对较宽，能够应对新出现的或有事项，从而满足现代社会经济发展的需要。

三、或有事项确认的比较

FRS 137 规定，主体不应确认或有负债，只有当一项或有负债极有可能发生的时候，才能将其作为一项负债即准备进行确认。准备满足以下要求才能予以确认：①主体因过去事项而承担现时的法定（推定）义务；②结算该义务很可能导致含经济利益的资源流出企业；③该义务的金额能够可靠估计。通常或有资产不应确认为一项资产，除非当经济利益确实肯定会流入时，才能将该项资产和相关收益在财务报表中予以确认。CAS 13 规定，与或有事项相关的义务同时满足下列条件的，应当确认为预计负债：①该义务是企业承担的现时义务；②履行该义务很可能导致经济利益流出企业；③该义务的金额能够可靠计量。企业不应当确认或有负债和或有资产。这里笔者引用 FRS 137 附录中所涉及的决策树，虽然该决策树不是整个 FRS 137 的主要内容，但是通过此框架能够更全面地理解和把握 FRS 137 准则的制定原则，概图列示如图 4.3 所示。

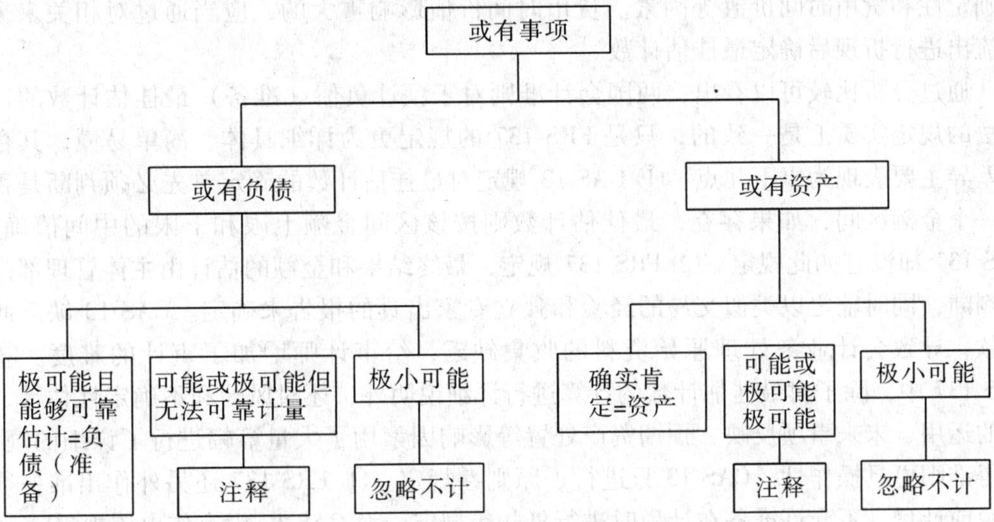

图 4.3　FRS 137 附录中的决策树

根据图 4.3 中的决策思路可以看出，在对或有事项的确认标准上，CAS 13 与 FRS 137 基本一致。不同的是，FRS 137 用“准备”这一名词对极有可能发生的、应确认为一项负债的或有负债进行表述，将其与一般的或有负债区分开来，利于使用者对准则的理解和应用。另外，FRS 137 还将企业应承担的现时义务分为法定义务和推定义务，利于使用者较全面地对企业的现时义务进行确认。而 CAS 13 未能做出如此详细全面的规定。

四、或有事项计量的比较

FRS 137 规定，在对准备和或有负债的金额进行计量时，需考虑如下因素：①最佳估计。结算现时义务所要求支出的最佳估计，应是主体在资产负债表日结算该义务时支付的金额，或在此时将该义务转让给第三方而支付的金额。对于最终结果和金额的估计由主体管理部门根据判断，同时辅之以类似交易的经验和独立专家出具的报告来确定。准备都在税前计量，并且会产生相应的递延税费。税法不允许任何准备在计税时进行抵扣。②风险和不确定性。主体应在计算准备的最佳估计时对相关风险和不确定性进行评估。③现值。如果货币时间价值的影响重大，准备的金额应是结算义务预期所要求支出的现值。主体应使用能反映货币时间价值的当前市场评价以及该负债持有风险的税前折现率。④未来事件。对于可能影响结算业务所需金额的未来事件，如果有足够的客观证据表明它们将发生，则应在准备金额中予以反映。⑤资产的预期处理。资产预期处置形成的利得不应在计量准备时予以考虑。CAS 13 规定，预计负债应当按照履行相关现时义务所需支出的最佳估计数进行初始计量。所需支出存在一个连续范围，且该范围内各种结果发生的可能性相同，最佳估计数应当按照该范围内的中间值确定。在其他情况下，最佳估计数应分别下列情况处理：①或有事项涉及单个项目的，按照最可能发生金额确定。②或有事项涉及多个项目的，按照各种可能结果及相关概率计算确定。企业在确定最佳估计数时，应当综合考虑与或有事项有关的风险、不确定性和货币时间价值等因素。货币时间价值影响重大的，应当通过对相关未来现金流出进行折现后确定最佳估计数。

通过分析比较可以看出，两国会计准则对于预计负债（准备）最佳估计数的计量方法的规定实质上是一致的，只是 FRS 137 的规定更为详细具体、简单易懂，其存在的差异主要表现为以下几点：① CAS 13 规定对最佳估计数的确定首先必须判断是否存在一个金额区间，如果存在，最佳估计数则按该区间金额上限和下限的中间值确定。FRS 137 却没有如此规定。② FRS 137 规定，最终结果和金额的估计由主体管理部门根据判断，同时辅之以类似交易的经验和独立专家出具的报告来确定。CAS 13 缺乏此类条款，导致会计业务处理原始资料的收集缺乏，给审计师增加了审计的难度。③在 FRS 137 中，除了对最佳估计数的计算进行详细说明外，还对风险和不确定性估计、现值的运用、未来事项反映、预期资产处置等影响因素用了大量篇幅进行了详细的规定，使得准则更具操作性。CAS 13 只进行了原则性规定。④ FRS 137 还另外作出准备须进行税前计量，不允许准备在计税时进行抵扣等规定。而 CAS 13 没有作出该规定。

五、或有事项披露的比较

FRS 137 要求主体披露各项准备的如下内容：①期初和期末的账面价值，以及所有的变动，不要求提供比较信息；②义务性质的简短描述，以及经济利益最终流出的预期时间；③有关这些经济利益流入流出的金额或时间的不确定性的说明（以及为确定流出金额所作的任何假设）；④预期补偿的金额，说明就该预期补偿已确认的资产的金额；⑤对于每一项不算很小的或有负债，在可行的情况下都要简短描述其财务影响的估计、不确定性的说明以及补偿的可能性；⑥对于可能性极大的或有资产，主体要简短描述其性质和在可行的情况下描述其财务影响的估计；⑦在极少的情况下，如果披露以上部分或全部信息会产生严重的损害，就不需披露这些信息，但在这种情况下，主体应说明相关准备的一般性质，以及没有披露它们的事实和原因。

CAS 13 规定，企业应当在附注中披露：①预计负债。其中包括：预计负债的种类、形成原因以及经济利益流出不确定性的说明；各类预计负债的期初、期末余额和本期变动情况；与预计负债有关的预期补偿金额和本期已确认的预期补偿金额。②或有负债（不包括极小可能导致经济利益流出企业的或有负债）。其中包括：或有负债的种类及其形成原因，包括已贴现商业承兑汇票、未决诉讼、未决仲裁、对外提供担保等形成的或有负债；经济利益流出不确定性的说明；或有负债预计产生的财务影响，以及获得补偿的可能性，无法预计的，应当说明原因。

由此可看出，在披露内容上：FRS 137 要求披露准备的总体动态情况，如期初和期末的账面金额、当期增加与使用金额等；CAS 13 虽然也提到此类内容，但相关规定不如 FRS 137 详尽。另外，CAS 13 在披露或有负债的种类时，要求分别披露已贴现商业承兑汇票、未决诉讼、未决仲裁、对外提供担保等形成的或有负债，FRS 137 没有此项规定。在披露项目上：FRS 137 不仅要求披露义务的性质，还要求披露经济利益最终流出的预期时间及其不确定性的说明以及作出的相关假设；CAS 13 要求披露或有负债形成的原因和或有负债预计产生的财务影响，而对经济利益流出的预期时间不作要求。

六、思考与建议

（一）准则适用范围应扩大

FRS 137 适用于所有不以公允价值计量的金融工具（包括担保）。而 CAS 13 虽也涉及担保和应收票据贴现这两个金融工具项目，但显然不及 FRS 137 的适用范围全面。笔者认为其主要原因在于，我国金融市场仍处于探索发展阶段。近年来，金融工具日趋复杂，不确定性很高。在金融市场规范化不够完善的前提下，CAS 13 应对衍生金融工具这一新经济业务所引起的或有事项逐步加以规范，及时披露其风险状况，帮助企业提高风险防范能力。

（二）或有事项确认条件的定义应准确

FRS 137 在对准备的确认条件进行规定时，将企业的现时义务明确地分为法定义务和推定义务。这样有利于企业准确、及时地将其应承担的各类现时义务进行确认，以确保财务报表的真实、公允。而 CAS 13 并未对企业的现时义务作出如此明确的划分。剖析其主要原因，笔者认为，我国目前法律体系不够完善，许多经济业务缺乏可以依据的法律法规，如环境污染及破坏方面就没有暂时可以依据的环境整治法规，从而难以对治理环境污染和破坏将发生的未来支出进行合理、可靠地估计。另外，企业的推定义务需要会计人员具有较高的职业判断素质，能够站在客观的立场，以客观事实为依据，准确地对企业的义务进行推断。但目前我国会计人员的职业水平相对较低，无法客观准确地对企业的推定义务进行判断和界定。因此，要提高或有事项确认条件的准确性，完善我国会计准则，我们需要在健全法制体系的同时，加强会计人员的自身建设。

（三）或有事项计量的规范应详尽

FRS 137 对准备或或有负债金额的计量方法作出的规定中，除了详细说明了最佳估计数的计算方法外，还用了大量篇幅对现值、不确定风险等重要影响因素进行了详细的规定。在 CAS 13 中找不到此类相关详细内容，只提出要对这些因素进行考虑。笔者认为，两准则出现如此差异，其主要原因在于，我国的资本市场仍处于发展阶段，不够成熟，尤其是在为现值的计算或风险不确定性的认定提供市场信息方面，常常会力不从心，受到限制。因此，要使或有事项的计量规范更为详尽，应首先完善我国资本市场体系，提高市场的有效性，使其提供的市场利率能充分地反映市场信息，从而为或有事项的准确计量提供有用条件。

（四）或有事项的披露应充分

或有事项具有不确定性这一特征，其会计披露会直接影响到信息使用者最终作出的决策。而企业往往出于主观或客观的原因，并未做到充分披露信息内容。为了确保财务报告的真实、完整和公允，CAS 13 应借鉴 FRS 137 的做法，要求企业在报表附注中增加对或有事项不确定性的估计和判断的披露，其中应包括企业作出估计判断的影响因素及其性质、估计的过程和公式等，从而提高准则的主观性，同时限制企业的利润操作空间，为信息使用者提供准确、有效的决策信息。

第五节　本章小结

本章对中国和马来西亚的负债类项目准则进行了比较，包括：职工薪酬会计准则、企业年金会计准则、股份支付会计准则以及或有事项会计准则四项准则。中国与马来西亚的企业负债类项目准则都是在会计准则国际趋同的大背景下，以国际会计准则为基础制定的。两国的会计准则虽然在总体上反映了趋同的发展趋势，但由于两国的政治、经济和文化背景不同，使得两国的企业负债类项目准则在在内容和形式上仍存在差异。

就职工薪酬会计准则而言，马来西亚 FRS 119 定名为雇员福利，我国 CAS 9 定名为职工薪酬。我国企业将员工称为职工而非雇员，而且“福利”一词在我国有特定的含义，一般指职工福利费，不包括工资、奖金、津贴、养老保险等，薪酬的涵盖面比福利广，因此，职工薪酬的概念更符合我国国情。从框架内容的设计看，马来西亚是按照财务会计的核算内容进行设计的，FRS 119 由短期雇员福利、离职后福利、其他长期雇员福利、辞退福利、其他计划五部分组成；我国则是按照财务会计的核算程序进行设计的，CAS 16 由总则、确认和计量、披露三部分组成。从适用范围看，FRS 119 适用于雇主所承担的短期以及长期的员工福利的核算，这些福利来自于企业和雇员（个人、团体或代理人）之间依据法律规定或推定义务签订的正式协议或合同；CAS 9 适用于企业为获得职工提供的服务而给予各种形式的报酬及其他支出的职工薪酬的核算，而以企业年金基金作为职工薪酬、以股份为基础的薪酬则不适用于该会计准则。从确认和计量方面看，FRS 119 分别对短期雇员福利、离职后福利、其他长期雇员福利、辞退福利、其他计划等五种福利进行了规定，而我国虽然没有分别规定，但是基本上也涵盖了这几种福利，而且我国企业会计准则和 FRS 119 关于这方面的规定基本一致。只不过 FRS 119 规定得更为详细一些，在离职后福利和辞退福利中，FRS 119 规定了若支付给设定提存计划的提存金在雇员提供相关服务的期末以后的 12 个月内不全部到期，应使用规定的折现率对其折现，当辞退福利在资产负债表日后超过 12 个月支付时，应使用规定的折现率进行折现，我国则没有这种规定。相对于 FRS 119 而言，

CAS 9 的内容和条文过于简单。FRS 119 把雇员福利分为五种类型分别进行了规定，且把辞退福利列为其中的一种单独进行规范，这样让人们看起来更加清晰、明确。我国应借鉴这一方面，使准则更加完善。

就企业年金会计准则而言，企业年金基金准则与企业的日常经营无关，无论是 CAS 10 还是 FRS 126 都明确规定了企业年金基金或退休福利计划（简称为基金或计划）是作为独立会计主体进行确认、计量和列报的，即基金或计划的列报与会计核算是与建立该基金或计划的企业及参与者必须区分开的；并且，准则都是将基金或计划作为一个整体进行会计处理和报告，不涉及提供给各个参与者有关其基金或计划的报告。从框架内容的设计看，CAS 10 共分为三章二十条，包括总则、确认和计量、列报这三章及附录；FRS 126 共分六部分三十七条，六部分分别为范围、定义、设定提存计划、设定收益计划、全部计划、生效日期。从定义看，在 FRS 126 的定义中，退休福利计划分为设定提存计划与设定受益计划；我国根据企业年金计划筹集的资金及其投资运营收益形成的企业补充养老保险基金，也就是说，我国企业年金是一种确定缴费型计划，实行完全积累制，从其性质上看是与退休福利计划中的“设定提存计划”相符的。与 FRS 126 提供的两种退休福利计划相比，我国目前法规体系下，退休福利计划只有设定提存计划这一种类型，这也是两国企业年金会计准则最根本的差异。从“受托人”的含义看，我国的受托人概念必须与一种信托关系相联系，而在 FRS 126 的受托人概念中，不论是否构成信托关系，都可以称之为受托人。从确认与计量方面看，我国企业年金基金准则对企业年金基金的资产、负债、收入、费用和净资产的构成项目以及会计的确认计量均进行了具体规范，并对公允价值计量作出了相应规定；FRS 126 则基本不涉及对退休福利计划中资产、负债等项目的说明，很少规定退休福利计划的会计处理，而是侧重于规范退休福利计划的投资计价和财务报表列报，在“设定提存计划”和“设定收益计划”两部分内容中，主要规范的就是在两种计划下的报告目标和财务报表内容。与 CAS 10 相同的是，FRS 126 同样要求以公允价值计量投资。从披露方面看，两国的规范各有特色，FRS 126 所规范的退休福利计划因为涉及设定受益计划，所以比较重视精算现值的披露；而 CAS 10 及其解释对披露的要求更为详细和具体，且具有某些方面的创新，例如，规定应该在附注中披露风险管理方面的信息，体现出我国对企业年金基金运营风险的重视。这也是我国准则考虑到报表相关利益者（如企业年金基金委托方、参加企业年金的员工等信息使用者）需要的体现。此外，FRS 126 还体现了对精算现值的重视，在多项条款中都有所涉及。

就股份支付会计准则而言，两国会计准则基本趋同，但仍存在不少差异。从准则名称看，我国的准则称为“股份支付”；马来西亚的准则称为“以股份为基础的支付”。从准则 的体例看，我国的 CAS 11 分为四章，共十五条，内容包括总则、以权益结算的股份支付、以现金结算的股份支付和披露；马来西亚的 FRS 2 包括引言段和正文两大部分，其中引言段介绍国际会计准则理事会颁发的该国际财务报告准则的原因，以及本财务报告准则的主要特点，正文共 60 个段落，内容包括：目标、范围、确认、权益结算的基于股份支付的交易、现金结算的基于股份支付的交易、可采用现金结算的基于股份支付的交易、披露、过渡性条文及生效日期。从规范的范围看，我国的准则规范企业为获取职工和其他方提供服务而授予权益工具或承担以其为基础确定的负债；马来西亚的准则规范对象包括获得商品和劳务的以股份为基础的支付。从计量标准看，我国的准则以授予的权益工具或承担债务性工具的公允价值计量；马来西亚的准则对于权益性结算支付，直接以所获得的商品或劳务的公允价值计量，在所获得的商品或劳务的公允价值无法可靠估计时，通过参考权益性工具的公允价值间接计量；对于现金结算支付，与我国准则一致，按照承担债务的公允价值计量，但我国进一步分别规定了可立即行权和需完成等待期的情况处理。从核算内容的详细程度看，马来西亚的准则对核算内容的规定比我国的更详细，比如在计算权益性工具公允价值金额时，要考虑市场条件和非市场条件对权益性工具的公允价值（单位价值）和数量的不同影响；对行权日之后的处理、对授予权益性工具的条件和条款进行修订的会计处理等；我国的准则规定权益工具的公允价值，应当按照《企业会计准则第22号——金融工具确认和计量》确定。从准则的适用范围看，马来西亚的准则从2006年1月1日起适用于所有主体，对私营主体和小型主体没有豁免。我国的准则2007年1月1日在我国上市公司全面推开，小企业则单独执行小企业会计制度。

存在的这些差异也是在立足国情、实现国际趋同的会计准则制定之路上的必然现象。一方面，两国的市场经济发展程度不同。马来西亚属于较发达的经济体，马来西亚的准则与国际财务报告准则更相似。而我国是新兴的市场经济国家，特定的政治法律基础、经济环境和文化特色决定了我国股份支付会计准则会与马来西亚的不同。我国的准则则是首次规范了企业以自身股份为基础进行支付的业务，统一了实务中存在的不同处理。该准则的确认和计量原则与国际准则趋同，同时充分考虑了我国现实经济生活中存在的各种股份支付业务。另一方面，我国民营企业大多是家族式治理，要实施股权激励机制未必能全面铺开，也就是说全面实施股权激励的基础还不具备。我国的资本市场还很不成熟，通过市场实现资源的高效配置还有很长的路要走。股权激励可能会在国有控股的、治理规范的上市公司逐步铺开，没有成熟的资本市场和人才市场的基础，实施起来又是摸着石头过河，存在着潜在的实操困难。这要求会计准则配合有关政策进行及时跟进。

就或有事项会计准则而言，中马两国会计准则规定的或有事项产生的前提条件是一致的，即须通过未来不确定事项的发生或不发生予以证实，但对或有事项产生的事由表述不同。我国对或有事项产生的事由表述更清晰、更全面，但两国的规定本质上是一致的；对于准备，认为我国的准备属于对已确认资产账面价值的调整，它与FRS 137中对准备的解释不一样。在我国会计准则中并没有像FRS 137这样，对准备这一名词作出如此具体详细的解释；对于法定义务与推定义务，虽然FRS 137将义务区分为法定义务和推定义务，有利于将企业承担的现时义务及时地确认为负债，但同时也会给准则使用者特别是职业判断水平欠佳的会计人员增加了理解上的负担。我国会计准则不对法定义务和推定义务予以区别，并分别进行定义，是符合我国国情的。通过对或有事项核算范围的比较，发现我国通过一一列举的方式将准则的不适用的事项表述出来，而FRS 137中只对不适用的事项圈定一些范围，虽然我国的表述较为具体、准确，但是FRS 137圈定的不适用范围相对较宽，能够应对新出现的或有事项，从而满足现代社会经济发展的需要。在对或有事项的确认标准上，我国会计准则与 FRS 137 基本一致。不同的是，FRS 137 用“准备”这一名词对极有可能发生的、应确认为一项负债的或有负债进行表述，将其与一般的或有负债区分开来，利于使用者对准则的理解和应用。另外，FRS 137 还将企业应承担的现时义务分为法定义务和推定义务，利于使用者较全面地对企业的现时义务进行确认。而我国会计准则未能作出如此详细全面的规定。通过或有事项计量的比较，推论出中马两国对于预计负债（准备）最佳估计数的计量方法的规定实质上是一致的。只是马来西亚会计准则的规定更为详细具体、简单易懂。在披露内容上，FRS 137 要求披露准备的总体动态情况，如期初和期末的账面金额、当期增加与使用金额等，我国会计准则虽然也提到此类内容，但相关规定不如 FRS 137 详尽。

第五章 中马企业损益类项目准则比较

第一节 中马收入准则比较

为了更好地促进会计准则的国际协调，规范企业收入的确认、计量与披露，提高会计信息质量，我国财政部于2006年2月颁布了《企业会计准则第14号——收入》(以下简称CAS 14)，并于2007年1月1日首先在上市公司实施。马来西亚的《财务报告准则第118号——收入》（以下简称FRS 118）则在2007年7月开始生效。尽管中马两国都在积极推进本国会计准则的国际趋同，但两者的进程和路径有所不同，因此，中马两国的会计准则相似度高，但各自仍有本国的特色，存在一些差异。

一、收入定义及范围的比较

在我国的CAS 14中，收入是指企业在日常经营活动中形成的、会导致所有者权益增加、与所有者投入资本无关的的经济利益的总流入。马来西亚准则中的收入，是指企业在一定的期间内，由正常经营活动所产生的经济利益的总流入，该流入导致权益的增加，但不包括与权益参与者出资有关的权益增加。显然，我国的收入准则与马来西亚的收入准则对收入的定义基本相同，都将收入限定在日常活动所形成的经济利益总流入，都不包括利得，也不包括投资者出资所导致的权益的增加。这样的规定有利于建立收入确认和计量原则，以及分别提供收入和利得的有关信息，将更能满足会计信息使用者的决策需求。

我国收入准则所涉及的收入，包括商品销售收入、提供劳务的收入和让渡资产使用权形成的收入。但是，在让渡资产使用权形成的收入中，马来西亚收入准则处理以下产生的收入核算：销售商品，提供劳务，以及他人使用本企业的资产而产生的利息、特许权使用费和股利。两国对收入都进行了三种分类，但第三类的表述和内容有所不同。我国的第三类收入表述为让渡资产使用权形成的收入，包括利息收入、使用费收入等。马来西亚则为他人使用本企业的资产而产生的利息、特许权使用费和股利。而我国收入准则规定收入不包括长期股权投资形成的收入。

在收入的定义上，马来西亚准则与我国准则相似但有所差异，范围也大致相同：我国准则的范围仅指销售商品、提供劳务、让渡资产使用权所形成的收入，不涉及长期股权投资、建造合同、租赁、原保险公司、再保险合同等形成的收入；马来西亚收入准则则涉及他人使用本企业的资产而产生的股利。

二、确认条件的比较

根据马来西亚 FRS 118 的规定，当满足下列条件时确认收入：未来经济利益很可能将流入企业；该利益能够可靠地计量。

确认的标准适用于每个单独交易甚至是交易的每一组成部分，以反映交易的实质。例如，销售价格可能包括售后劳务费。在这种情况下，识别劳务费的数额需递延，并提供劳务的期间确认。当有销售和回购协议时，这两项交易被视为一项以反映交易的实质。在这种情况下，有可能不是一笔销售，而是一种融资安排。例如，一企业可能出售其库存的未成熟木材给一个金融机构，条件是在稍后的日期购回木材。

根据马来西亚的收入准则，对收入的确认如图 5.1 所示。

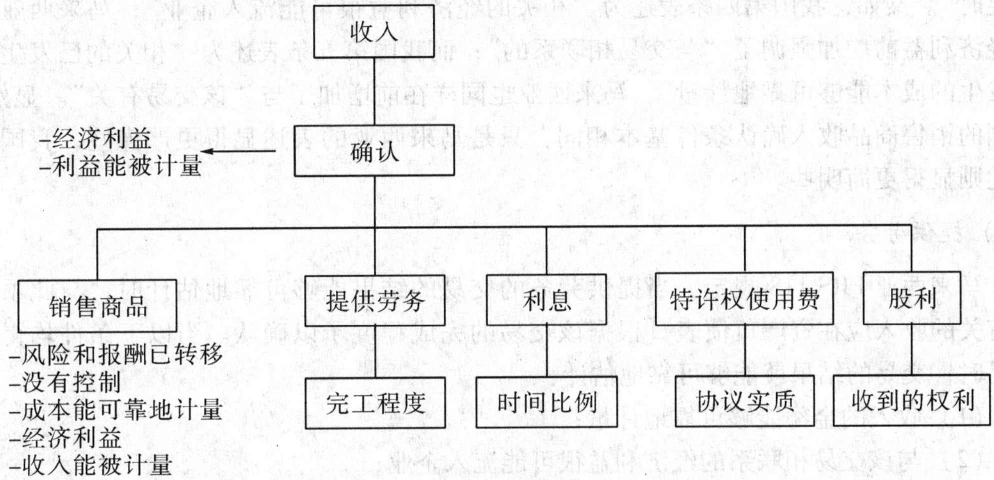

图 5.1　马来西亚收入确认图

（一）销售商品

根据 FRS 118 的规定，当以下所有条件都能够满足时，应确认商品销售收入：

（1）企业已将与商品所有权有关的主要风险和报酬转移给买方。

（2）企业既没有保留通常与所有权相联系的继续管理权，也没有对所出售的商品进行有效的控制。

（3）收入的金额能够可靠地计量。

（4）与交易相联系的经济利益很可能流入企业。

（5）与该交易有关的已发生或将要发生的成本能够可靠地计量。

商品销售收入的确认要求与商品所有权有关的主要风险和报酬转移已转移出去，且对商品没有控制。在大多数情况下，尤其是零售销售，风险和报酬的转移将发生在买方占有该商品或商品的法定所有权转移给买方的时候。在其他情况下，风险和报酬的转移可能与商品或所有权的转移不在同一时间发生，例如，当商品需运输和安装时。当商品在需安装的条件下出售，但安装还没有完成的时候，卖方仍然有重大风险。安装是销售合同的一个重要组成部分。

商品销售收入的确认同时要求与交易相联系的经济利益很可能流入企业。如果收款的可能性是不确定的，在这种情况下，收入不予确认。但是，如果在销售时确认收入，而接下来，如果款项的收取是有疑问的，也不需调整收入数额，而是将无法收回的金额确认为费用。

商品销售收入的确认还要求其成本能够可靠地计量。与同一交易或事项有关的收入和费用应同时确认。这符合配比原则。例如，商品销售成本在确认这些商品的销售收入时予以确认。与销售合同相联系的担保，也在销售当期确认收入时予以确认。

我国的销售商品收入确认同样也要同时满足这五个条件，与马来西亚的收入确认条件基本相同，仅在表述上有点差异，例如，我国是“销售商品收入同时满足下列条件的，才能予以确认”，强调了同时满足，马来西亚则使用了“当以下所有条件都能够满足时”。又如，我国第四条表述为“相关的经济利益很可能流入企业”，马来西亚则在经济利益前增加强调了“与交易相联系的”；而我国第五条表述为“相关的已发生或将发生的成本能够可靠地计量”，马来西亚也同样在前增加了与“该交易有关”。显然，两国的销售商品收入确认条件基本相同，只是马来西亚的表述显得更严谨些，我国的表述则显得更简明些。

（二）提供劳务

马来西亚 FRS 118 规定，当提供劳务的交易的结果能够可靠地估计时，与此项交易有关的收入应在资产负债表日根据该交易的完成程度予以确认。当以下条件均得以满足时，交易的结果就能够可靠地估计：

（1）收入的金额能够可靠地计量；

（2）与该交易相联系的经济利益很可能流入企业；

（3）在资产负债表日该交易完成的程度能够可靠地计量；

（4）交易过程中已发生的费用和完成交易所需的费用能够可靠地计量。

当结果不能可靠地估计，收入只有在确认的费用是可收回的范围内予以确认。

提供的劳务可能是短期的，也可能需要一段相当长的时间。短期服务例如当病人去看医生时，医生的收入在病人咨询一结束时就可以确认。长期合同如咨询顾问进行项目评估，甚至为客户建造一项资产，则需要耗时超过一个会计期间。FRS 118 并不涉及详细计算长期合同确认的收入金额。而《财务报告准则第 111 号——建造合同》涉及各种问题，包括长期建设合同可以确认的收入金额。

根据我国的收入准则，企业在资产负债表日提供劳务交易的结果能够可靠估计的，应当采用完工百分比法确认提供劳务收入。完工百分比法，是指按照提供劳务交易的完工进度确认收入与费用的方法。提供劳务交易的结果能够可靠估计，是指同时满足下列条件：

（1）收入的金额能够可靠地计量；

（2）相关的经济利益很可能流入企业；

（3）交易的完工进度能够可靠地确定；

（4）交易中已发生和将发生的成本能够可靠地计量。

显然，我国的规定与马来西亚的规定基本相同，只是表述有所差异。比较而言，马来西亚的表述显得更严谨些，我国的表述则显得更简明些。例如，第二条，我国用“相关的经济利益”，马来西亚则用“与该交易相联系的经济利益”；第三条规定交易的完工进度能够可靠地确定，马来西亚还在之前加上“在资产负债表日该交易”来限定；第四条的成本，我国指的是交易中已发生和将发生的，马来西亚则是已发生的费用和完成交易所需的费用。由此可见，虽然结果一致，但表述起来还是各有特色。

（三）利息、特许权使用费和股利

根据马来西亚的收入准则，企业拥有的资产但供其他人使用产生的收入包括利息、特许权使用费和股利。我国则规定让渡资产使用权收入包括利息收入、使用费收入等。显然，两国的收入准则对让渡资产使用权产生的收入包括的内容有所差异，马来西亚列示了三种类型，我国仅列示了两种，没有列示股利。对于使用费收入，我国的范围应该更广一些，因为马来西亚特指了特许权使用费收入。

马来西亚的让渡资产使用权收入在满足下列条件时予以确认：

（1）与该资产相联系的经济利益将很可能流入企业；

（2）收入的金额能够可靠地计量。

我国对让渡资产使用权收入的确认条件基本相同，只是我国强调了“同时满足”，且对两个条件的描述表述略有不同，我国使用的是“相关的经济利益很可能流入企业”。

马来西亚对于这三种类型的收入进行收入确认的时点不同：

（1）利息收入应在时间基础上确认；

（2）特许权使用费应当根据相关协议的实质内容以权责发生制为基础确认；

（3）股利收入应当在股东收取款项的权利成立时予以确认。

我国企业则分别按下列情况确定让渡资产使用权收入金额：

（1）利息收入金额，按照他人使用本企业货币资金的时间和实际利率计算确定；

（2）使用费收入金额，按照有关合同或协议约定的收费时间和方法计算确定。

相比而言，两国侧重点不同，在表述上，我国相对含糊一些，马来西亚更详尽些。

三、计量的比较

我国的收入准则对销售商品形成的收入、提供劳务形成的收入、利息收入等的计量都有明确的规定。对于商品销售收入，企业应当按照从购货方已收或应收的合同或协议价款确定销售商品收入金额，但已收或应收的合同或协议价款不公允的除外。合同或协议价款的收取采用递延方式，实质上具有融资性质的，应当按照应收的合同或协议价款的公允价值确定销售商品收入金额。应收的合同或协议价款与其公允价值之间的差额，应当在合同或协议期间内采用实际利率法进行摊销，计入当期损益。对于提供劳务收入，企业应当按照从接受劳务方已收或应收的合同或协议价款确定提供劳务收入总额，但已收或应收的合同或协议价款不公允的除外。企业应当在资产负债表日按照提供劳务收入总额乘以完工进度扣除以前会计期间累计已确认提供劳务收入后的金额，确认当期提供劳务收入；同时，按照提供劳务估计总成本乘以完工进度扣除以前会计期间累计已确认劳务成本后的金额，结转当期劳务成本。对于让渡资产使用权收入，企业应当分别下列情况确定让渡资产使用权收入金额：①利息收入金额，按照他人使用本企业货币资金的时间和实际利率计算确定；②使用费收入金额，按照有关合同或协议约定的收费时间和方法计算确定。

马来西亚 FRS 118 要求收入应以已收或应收对价的公允价值来计量。显然，马来西亚收入准则规定了收入计量的一般原则，对具体到每一种收入如何计量，并没有给出详细而明确的指南。这可能很容易地适用于某些类型的收入，如销售商品。然而，对于其他收入，如股息收入和商品生产持续超过一个会计期间的地方，收到的对价可能与提供的劳务无关。通常情况下，收到的对价表现为现金或现金等价物；在这种情况下，收入等于已收到或应收到的对价。然而，有可能存在对价的收取需要递延的情况。在这种情况下，对价的公允价值将低于对价的名义价值。例如，企业可能以免息信贷销售商品，应收数额要贴现，相当于销售收入对价的现值。有时，商品是相互交换的，收入为收到商品的公允价值。如果不能确定收到商品的公允价值，则收入等于放弃的商品的公允价值。然而，可能有交换类似物品的情况，如石油，供应商在不同的地点交换各自存货。在这种情况下，交换不会产生收入。

四、披露的比较

马来西亚 FRS 118 规定应披露以下信息：

（1）确认采用的会计政策，包括确定提供服务的交易的完成阶段。

（2）本期确认的每一大类收入的金额：销售商品、提供劳务、利息、特许权使用费和股利。

（3）包括在各收入项目中的由商品或劳务交换所产生的收入金额。

企业还应披露包括或有负债和资产，它们可能由于诸如保证费用、索赔款、罚款或可能带来的损失等项目所引起。

企业应当在附注中披露与收入有关的下列信息：

（1）收入确认所采用的会计政策，包括确定提供劳务交易完工进度的方法。

（2）本期确认的销售商品收入、提供劳务收入、利息收入和使用费收入的金额。

显然，马来西亚收入准则对披露的要求规定得更详细，内容更多。我国仅要求前两项，而这两项两国的要求是相似的，但表述上有所不同，主要因为两国收入包含的内容有所不同。

五、思考与建议

综上所述，我国与马来西亚的收入会计准则基本相同，但仍然存在一些差异，主要由于中马两国政治体制不同、经济发展水平不同。尽管两国都在积极开展会计准则的国际化趋同，但两国的会计准则国际化趋同的进程和路径有所不同，进度也不一致，差异的存在也是客观的现实。在会计准则国际化趋同的进程中，世界各国为了自己的利益，不断地进行博弈和均衡，只要代表不同利益集团的各独立主权国家仍然存在，这个过程将永远不会结束，世界各国为了自己的利益一定会参与到国际会计准则的制定中来，各利益方为了自己的利益，都想使会计准则对自己更有利，都从自己特殊的利益或从自己特殊地位出发，来提出自己的要求。会计准则不可能是一种纯粹的技术性工作，而是各利益方博弈的结果。我国的收入准则更多地体现了本国的利益，而马来西亚的收入准则也更多地体现了马来西亚的利益。

笔者建议从以下两个方面进一步完善我国的收入准则：

（1）我国的利息收入应该以其已收或应收的对价的公允价值来计量。我国的利息收入是按他人使用本企业货币资金的时间和实际利率计算确定的，没有充分体现公允价值原则。但既然强调收入应以其已收或应收的对价的公允价值来计量，那么，利息收入也应在考虑资产的实际收益率在时间比例的基础上确认，资产的实际收益率应是用以对整个资产寿命期内的未来现金流入量进行折现，使这一折现值等于该资产的初始账面价值的利率。

（2）体现谨慎性和重要性原则。由于新经济业务的不断产生，要求对所有提供劳务收入的确认条件进行概括是不可能的。但是，在实务中，如果特定时期内提供劳务的作业量不能确定，如何确认该期间的收入？如果某项作业比其他任何作业都重要得多时，应在什么时候确认收入？根据谨慎性和重要性原则，可对作业量不能确定的条件下产生的收入采用直线法进行摊销，对重要的作业问题，则需等到该项作业完成后才能确认收入，这也是遵循国际惯例的体现。

第二节　中马建造合同准则比较

“中国—东盟”自由贸易区组建以来，双边投资发展势头迅猛，在此情形下，对于无法回避的东盟各国之间的会计与财务问题日益凸显。对于准备同东盟各成员国进行投资贸易的企业，或需要进一步增大对东盟贸易或投资的企业，也需要了解和解决相关的会计与财务问题。作为东盟成员国之一的马来西亚是我重要的海外劳务承包市场，2003 年 9 月中马两国签署《双边劳务合作谅解备忘录》，2006 年我国企业累计在马来西亚签订承包工程及劳务合同 341 个，新签合同金额 11.3 亿美元，完成营业额 4.41 亿美元。2009 年，中国已经是马来西亚第一大进口国和第二大出口国。但是由于中马两国特有的会计环境，两国的建造合同准则还存在差异。本节将对我国建造合同准则与马来西亚建造合同准则的异同点进行比较，分析其差异的原因，并就两国建造合同准则的差异进行理性思考。

一、中国和马来西亚建造合同准则的发展历程

（一）我国建造合同准则发展历程

为了适应社会主义市场经济的发展，规范企业有关建造合同的会计核算和会计信息披露，我国财政部于 1998 年 6 月 25 日次发布了《企业会计准则——建造合同》，要

求上市公司从1999年1月1日起执行。由于经济发展的需要，2006年2月15日，财政部对原有的会计准则进行修订，制定了38项具体准则，并要求自2007年1月1日起在上市公司范围内施行，鼓励其他企业执行。其中第15号为建造合同准则（以下简称CAS 15），财政部针对1998年第一次发布的建造合同准则在执行中的问题进行了修订。另外，我国建造合同准则的修订充分借鉴了《国际会计准则第11号——建造合同》，而且在规范范围、建造合同确认、计量和披露等一些重要方面实现了与国际财务报告准则的趋同。

（二）马来西亚建造合同准则发展历程

马来西亚财务报告准则发展较早，从1979年开始，马来西亚就成为国际会计准则委员会的成员，此后不久，大多数但非全部的国际会计准则被马来西亚所采纳。马来西亚现行的建造合同准则是从1986年采纳的第二批共13项国际会计准则中发展而来的。2005年，马来西亚会计准则理事会（MASB）宣布只对国际财务报告准则（IFRS）中不适用于本国的内容进行修改，本国不再制定新的会计准则，这也意味着马来西亚《财务报告准则第111号——建造合同准则》（以下简称FRS 111）是在《国际会计准则第11号——建造合同》的基础上调整而成的。

二、中国和马来西亚建造合同准则相关问题的比较

相比较而言，在准则中对建造合同相关问题的规定上，马来西亚规定的内容要比我国的更详细具体。

（一）建造合同定义上的比较

CAS 15所指的建造合同是为建造一项或数项在设计、技术、功能、最终用途等方面密切相关的资产而订立的合同。而FRS 111将建造合同定义为：为了建造一项资产或者一项在设计上、工艺上、功能上以及最终目的或用途上相互关联或依赖的资产的组合项目而专门签订的合同。马来西亚建造合同同时还包括拆除和复原资产的合同以及拆除资产后进行的环境复原。而CAS 15没有相关规定，同时在实际会计处理上一般将其作为简单的劳务服务合同，按相关会计准则进行会计处理。但此类合同无论从服务对象的特定性，还是从服务成本的实质补偿来源来看，都是建造合同的必要组成部分，与其他单独建造合同构成一个更大范围的建造合同，所以将其作为建筑合同处理具有一定的科学性和合理性。

（二）建造合同分类的比较

FRS 111除了跟我国一样给出固定造价合同和成本加成合同的定义外，还说明了一些特殊情况，比如固定造价合同可能带有价格上升的条件，另外还指出设有最高价格的成本加成合同同时具有固定造价合同和成本加成的特点。马来西亚的上述说明使得此类建造合同分类得以明确。而我国会计准则没有明确的规定，一般由各企业根据自身经验加以分类。

（三）建造合同的分立与合并的比较

合同的分立是指如果一项建造合同涉及多项资产，在具备一定条件的情况下，应将每项资产分立为单项合同处理；合同的合并是指一组合同无论对应单个客户还是几个客户，在具备一定条件的情况下，应合并为单项合同处理。对于合同分立与合并的条件，两国会计准则规定基本一致：

（1）一项包括建造数项资产的建造合同，同时满足下列条件的，每项资产应当分立为单项合同：①每项资产均有独立的建造计划；②与客户就每项资产单独进行谈判，双方能够接受或拒绝与每项资产有关的合同条款；③每项资产的收入和成本可以单独辨认。

（2）一组合同无论对应单个客户还是多个客户，同时满足下列条件的，应当合并为单项合同：①该组合同按一揽子交易签订；②该组合同密切相关，每项合同实际上已构成一项综合利润率工程的组成部分；③该组合同同时或依次履行。

不同之处在于，CAS 15 还规定了追加资产的建造，满足下列条件之一的，应当作为单项合同：①该追加资产在设计、技术或功能上与原合同包括的一项或数项资产存在重大差异；②议定该追加资产的造价时，不需要考虑原合同价款。而马来西亚准则则规定了另一种合同分立的条件，对于合同可能提供建造额外的资产，当满足下列条件时，应视为单项合同：①该追加资产在设计、技术或功能上和原合同中的一项或数项资产存在重大差异；②商议该追加资产的造价时，不需要考虑原合同价款。

（四）建造合同价格解释的比较

FRS 111 还指出所有的合同都有合同价格，可以是固定价格或成本加成，及合同的估计成本。由于建造需要相当长的时间期限，承建人将根据预定的计划定期给顾客开出工程结算单。顾客将支付这些工程结算单，但支付金额可能小于单据金额。顾客还可能在合同中规定保留一部分合同价款一段时间后再支付。CAS 15 没有这方面的说明。

三、合同收入和合同成本的比较

（一）合同收入上的比较

关于合同收入，中马两国的准则都将合同收入的内容分为两部分，即合同中规定的初始收入以及因合同变更、索赔、奖励等形成的经济利益的流入。

1. 合同收入的确认条件

无论是合同变更收入，还是合同索赔收入等，马来西亚准则规定收入形成的条件之一时，要求“收入很可能流入”，而我国会计准则规定此类收入形成的条件之一时，强调“能够”。“很可能”和“能够”它们都是一个定性概念，“很可能”一般指的是发生的概率超过50%的可能性；而“能够”的概率则更高于“很可能”，也就是说在合同收入确认方面我国要比马来西亚更谨慎。从实务来看，建造承包企业一般会在订立合同时对合同项目进行相关风险评估，过分强调稳健，往往会影响到会计信息的相关性，按其进行会计核算并不能真实反映合同项目情况。

2. 合同收入的计量

对于合同收入，不管是初始收入还是因合同变更、索赔、奖励等形成的收入，中马两国都要求其能够可靠的计量。但是，CAS 15 关于合同收入的计量的规定与 FRS 111 不同。CAS 15 规定，合同收入应以收到或应收的工程价款计量。这里所说的“工程价款”是指建造合同的总金额或总造价。而 FRS 111 规定，合同收入应按已收或应收价款的公允价值予以计量。

（二）合同成本上的比较

1. 合同成本内容

CAS 15 规定合同成本应当包括从合同签订开始至合同完成止所发生的、与执行合同有关的直接费用和间接费用，合同成本不包括应当计入当期损益的管理费用、销售费用和财务费用，将一些可以归属到合同成本中的费用直接在期间费用中列支，其做法虽然简化了会计处理但不利于合同成本的真实反映，对企业总成本的控制也会产生不利因素。而 FRS 111 在合同成本的认定上主要强调费用相关性，规定合同成本是由于合同活动引起，从合同担保日到合同最终完工所发生的成本。不仅包括我国会计准则所说直接费用和间接费用，而且明确相关费用只要是为特定合同发生，就要归集到合同成本中去。所以马来西亚准则规定归属于特定合同费用的保险费、设计费和施工间接费用以及借入资金而发生的借款费用都包括到合同成本之中。我国建造合同准则并没有关于借款费用如何处理的规定。

2. 订立合同发生的相关支出

CAS 15 规定因订立合同而发生的有关费用，应当直接计入当期损益。而 FRS 111 没有专门针对这个问题进行规定，但是如果属于合同活动引起的，那么因订立合同而发生的与合同直接相关的费用，在能够单独地加以区分并能可靠计量，同时很可能获得合同的情况下，应作为合同成本的组成部分。

（三）合同收入与费用确认上的比较

对合同收入与合同费用的确认，中马两国都规定如果合同的结果能够可靠地估计，则合同收入和费用应根据合同完成程度在资产负债表日确认收入和费用，这就是完工百分比法。两国判断合同结果是否能够可靠估计的条件是一致的，但在具体确认上存在以下差异：

（1）对建筑合同的成果不能可靠预计的情况下，FRS 111 认为合同进行的早期，通常很难可靠地预计该合同的成果。不过，一般来说企业已发生的合同成本是可能得到补偿的。因此，合同收入的确认局限于预计获得补偿的已发生成本的部分。CAS 15 对合同早期没有规定。

（2）计算完工百分比时，CAS 15 规定企业确定合同完工进度可以选用下列方法：①累计实际发生的合同成本占合同预计总成本的比例；②已经完成的合同工作量占合同预计总工作量的比例；③实际测定的完工进度。同时还规定，采用累计实际发生的合同成本占合同预计总成本的比例确定合同完工进度的，累计实际发生的合同成本不包括下列内容：①施工中尚未安装或使用的材料成本等与合同未来活动相关的合同成本；②在分包工程的工作量完成之前预付给分包单位的款项。FRS 111 只是简单地规定完工进度的确定可以用以下方法：①因已完成工程量而发生的合同成本占合同总成本的比例；②测定已完成工程量；③完成合同工程的实际比例。

（3）采用完工百分比法确认合同收入时，两国准则除了规定按照完工百分比确认当期合同收入和合同费用外，FRS 111 认为，如果合同收入总额超过合同费用总额，则利润分配于该完工部分；如果合同费用总额超过合同收入总额，则立即确认损失。另外，承包商并不在当年将发生的成本确认为费用，因为这些费用和合同未来活动相关，已经发生但不在当期确认的费用应以资产列示，并列示应向客户收取的金额。另一方面，如果承包商提前支付下阶段或购买下阶段的材料，这些费用在资产负债作为资产单独显示。具体确认时，主体应向客户收取的总金额应作为资产披露，应为客户完成的工程量作为负债披露，应收客户总金额是发生的成本加上确认的利润减去确认的损失超过工程进度收款进度账单，应付客户总金额是工程收款账单超过发生的成本加上确认的利润减去确认的损失，在完工阶段发生的成本可能不能全部在当期确认为成本。但 CAS 15 对相关内容没有明确规定。

四、建造合同披露上的比较

CAS 15 只要求对损益表中有关建造合同的项目在附注中进行更详细的披露，主要是按合同项目披露合同总金额、合同成本、累计已确认毛利（或亏损）、结算金额、预计损失。而 FRS 111 不仅要求如此，更是用较大篇幅来强调对资产负债表有关项目的披露，在合同收入和费用确认时涉及的“收到的预收款金额”及“保留款的金额”，以及“作为资产（或负债）反映的应向客户收取（或支付）的合同工程的总金额”。这些项目在建造承包商这类企业的资产负债表中所占比重往往很大，所以其信息对企业财务状况有很大影响。马来西亚准则对这些信息的披露，更利于信息使用者了解企业真实的财务状况。

五、中国和马来西亚建造合同准则比较的思考

通过对中马两国建造合同准则的比较分析，我们可以清楚地看到，尽管两国在核算上的主要方法应用是一致的，但是两国建造合同准则仍存在较多差异。其主要差异可以归纳为：①FRS 111 在较多方面比 CAS 15 具体完善。CAS 15 在合同收入与合同成本、合同收入与合同费用的确认及有关的信息披露等方面保留了中国特色，从目前的会计环境来看有其合理性的一面。而 FRS 111 在对建造合同的相关解释说明和有关建造合同会计信息的披露方面要更具体和完善。②FRS 111 更接近国际会计准则。马来西亚由于历史上很长一段时间是英国的殖民地，因此受英国会计模式的影响很大，而 CAS 15 要考虑中国的国情。另外。马来西亚拥有较长的国际会计准则采纳历史，其建造合同准则的建设比中国的时间长，同时其会计准则执行机构——马来西亚会计准则理事会（MASB）也比中国有优势。

总的看来，CAS 15 要求披露的信息不够充分和详细，一些重要信息的披露要求并未在准则中加以明确规范，使信息使用者难以获知企业的发展前景及未来风险，不能

充分理解企业各项财务状况指标和经营业绩指标的真实含义，从而降低了决策质量，增加了决策风险，不利于社会经济资源的有效合理利用。因此，借鉴 FRS 111 并考虑我国会计改革的进程，在未来修订的我国建造合同准则及其应用指南中，除了要求披露现有准则规定的披露内容外，还应提出更为具体的信息披露要求。

第三节　中马借款费用准则比较

借款费用是企业因借入资金而付出的代价，它的会计处理直接影响企业的资产和损益，借款费用的资本化因而成为了一些企业尤其是上市公司调节利润的手段。为了规范借款费用的会计处理，提高会计信息的相关性和可比性，我国财政部于 2001 年 1 月首次发布了《企业会计准则——借款费用》，后于 2006 年 2 月发布了新的《企业会计准则第 17 号——借款费用》（以下简称 CAS 17），自 2007 年 1 月 1 日开始实施，实现了与国际财务报告准则的实质性趋同。马来西亚会计准则理事会也于 2002 年发布了《马来西亚会计准则第 27 号——借款费用》（以下简称 MASB 27），为了使其准则与国际财务报告准则趋同，2005 年，马来西亚会计准则理事会将 MASB 27 更名为《财务报告准则第 123 号——借款费用》（以下简称 FRS 123），并于 2009 年对其作了修订，新修订的 FRS 123 自 2010 年 1 月 1 日开始实施。以下是 CAS 17 和 FRS 123（2009 年修订）的比较。

一、准则框架结构比较

马来西亚的 FRS 123 由“核心原则”、“范围”、“定义”、“确认”、“披露”、“过渡性规定”、“生效日期”和“取消 $FRS\ 123_{2004}$”八个部分组成。CAS 17 共分三章十五条，具体包括“总则”、“确认和计量”、“披露”三个部分。从内容划分和行文结构上看，两国准则存在较大差异。FRS 123 与《国际会计准则第 23 号——借款费用》（以下简称 IAS 23）的框架结构基本相同，而 CAS 17 采用的是我国制度、法规的“章节”、“条款”式体例。CAS 17 的内容划分没有 FRS 123 详细，但语言表述更符合中国人的语言习惯。

二、准则内容比较

（一）目标和范围比较

FRS 123 将原来 $FRS\ 123_{2004}$ 的第一部分“目标”改为“核心原则”，强调可直接归属于符合条件的资产的购置、建造或生产的借款费用应确认为该资产成本的组成部分，其他借款费用应确认为费用。CAS 17 在“总则”的第一条指出，制定本准则的目的是为了规范借款费用的确认、计量和相关信息的披露。FRS 123 在第二部分“范围”中指出，主体应将本准则应用于借款费用的会计处理，并将以公允价值计量的符合条件的资产（如生物资产）和大规模重复制造或生产的存货明确排除在 FRS 123 的范围之外。CAS 17 没有排除这些项目。

（二）相关术语解释比较

1. 关于借款费用

CAS 17 和 FRS 123 都认为借款费用是“企业发生的与借入资金有关的利息和其他费用”，但 FRS 123 所界定的借款费用的范围包括银行透支、短期借款和长期借款的利息；与借款有关的折价或溢价的摊销；安排借款所发生的附加费用的摊销；按照《财务报告准则第 117 号——租赁》确认的与融资租赁有关的融资租赁费；作为外币借款利息费用调整额的汇兑差额。由于我国银行贷款制度不允许透支，因此 CAS 17 中所界定的借款费用仅包括借款利息、折价或者溢价的摊销、辅助费用以及因外币借款而发生的汇兑差额等，与融资租赁有关的融资费用则另由《企业会计准则第 21 号——租赁》加以规范。

2. 关于符合资本化条件的资产

CAS 17 和 FRS 123 的规定基本相同，都将符合资本化条件的资产定义为“必然需要花费一段相当长的时间来准备达到其预定用途或可出售状态的资产”。其不同之处在于，对于符合资本化条件的资产的范围，FRS 123 列举的项目具体包括存货、生产车间、电力设备、无形资产和投资性房地产，并明确规定，金融资产以及其他在较短生产周期内生产或制造的存货、在取得时就已有预定用途或准备销售的资产，不属于符合资本化条件的资产。而我国 CAS 17 仅列举了固定资产、投资性房地产和存货项目，且没有对不属于符合资本化条件的资产作出说明。

（三）会计处理原则的比较

FRS 123 规定，应当将可直接归属于相关资产的购置、建造或生产的借款费用作为该项资产成本的组成部分予以资本化，其他借款费用应在发生的当期确认为费用。CAS 17 的规定与 FRS 123 完全相同。

（四）资本化期间界定比较

1. 关于资本化开始的条件

FRS 123 规定借款费用的资本化应开始于：①资产的支出发生时；②借款费用发生时；③为使资产达到预定可使用或可销售状态所必要的准备工作正在进行中。CAS 17 规定与 FRS 123 的规定基本是一致的，但对于第一和第三个条件，两者在认识上存在一些细微的差异。FRS 123 认为收到与资产有关的任何进度付款和补助都应扣减资产的支出，CAS 17 则没有此类阐述。另外，根据我国财政部的《企业会计准则讲解》的解释，CAS 17 规定的“为使资产达到预定可使用或者可销售状态所必要的购建或者生产活动”指符合资本化条件的资产的实体建造或生产工作，例如主体设备的安装、厂房的实际开工建造等。FRS 123 所规定的“为使资产达到预定可使用或可销售状态所必要的准备工作”不但包括资产的实体建造阶段，而且包括实体建造之前进行的技术性和管理性的工作，例如在开始实体建造之前为取得许可证而进行的相关活动。

2. 关于暂停资本化的条件

FRS 123 规定，在为使资产达到其预定可使用或可销售状态而进行的必要准备活动发生较长的中断期内，可能发生借款费用。这些费用属于持有部分完工的资产而发生的费用，不具备资本化的条件，应暂停资本化。同时指出在两种情况下通常不暂停借款费用的资本化过程：①在大量的技术性和管理性工作进行的期间内；②如果暂时的中断是使资产达到预定可使用或可销售状态必要的程序。CAS 17 规定，符合资本化条件的资产在购建或者生产过程中发生非正常中断且中断时间连续超过 3 个月的，应当暂停借款费用的资本化。正常中断期间的借款费用应当继续资本化。两者相比可以看出，CAS 17 和 FRS 123 对暂停资本化条件中的规定基本相同，两者所称的“中断”，究其原因都是指非正常中断。其不同之处在于，FRS 123 没有就“较长中断期”的时间界限给出量化的标准，而我国 CAS 17 则明确规定这一期限为连续超过 3 个月。

3. 关于停止资本化的条件

CAS 17 和 FRS 123 均认为符合条件的资产“达到预定可使用或者可销售状态时”，应停止资本化，至于如何判断相关资产已经“达到了预定可用途或可销售状态”，两国借款费用准则均给出了具体的判断标准。FRS 123 指出，尽管日常管理性工作可能仍在进行，但如果资产的实体建造已经完成，通常认为该资产已经达到预定可使用或者可销售状态。如果只有诸如按购买方或使用方的要求所做的房屋装修等少量变动工作尚未完成，也表明所有工作实质上已结束。CAS 17 的规定与 FRS 123 在表述上虽略有差别，但本质内涵是一致的，都遵循了“实质重于形式”的原则。两者的差异在于，CAS 17 规定，对于需要试生产或者试运行的资产，应根据其试生产或者试运行的结果来判断该资产是否已经达到预定可使用或者可销售状态，FRS 123 则无此规定。

（五）资本化金额的计算方法比较

FRS 123 规定，对于专门为获取某项符合条件资产借入的资金，其符合资本化条件而计入该资产成本组成部分的借款费用金额，应为本期内发生在借款上的实际借款费用，减去该借款进行临时性投资而获得的投资收益来确定；对于一般性借入资金用于获取某项符合条件的资产，符合资本化条件的借款费用金额，应通过运用资本化率乘以发生在该项资产上的支出的方式来确定。资本化率应是借款费用相对于企业当期尚未偿还的所有借款（不包括为获得符合条件的资产而专门借入的借款）的加权平均数。某一个期间予以资本化的借款费用的金额不能超过在这期间内发生的借款费用金额。CAS 17 同样将借款费用的资本化区分为专门借款和一般借款，其资本化确定的方法也与 FRS 123 大体相同，两者的差别主要在于，FRS 123 在确定每期应予资本化的借款费用时，没有区分借款费用的各项组成，CAS 17 则按借款费用的组成项目分别规定了利息费用、辅助费用和汇兑差额的资本化金额的确定方法。

（六）披露比较

CAS 17 和 FRS 123 完全相同，都规定企业应当披露当期资本化的借款费用金额以及当期用于计算确定借款费用资本化金额的资本化率。

三、启示

中马两国的借款费用准则都是在会计准则国际趋同的大背景下，以 IAS 23 为基础制定的，因而两者的实质内容基本相同。不同之处在于，FRS 123 从内容到形式几乎都与 IAS 23 一致，甚至连准则编号也与 IAS 23 相对应。而 CAS 17 虽然也实现了与 IAS 23 实质性的趋同，但在内容和形式上仍保留了一定的差异。对比分析中马两国借款费用准则的异同，笔者认为，我国的借款费用准则还存在以下需要探讨的问题：

（一）借款费用的范围不够全面

CAS 17 的第一章第三条规定，“与融资租赁有关的融资费用，适用《企业会计准则第 21 号——租赁》”。然而我国《企业会计准则第 21 号——租赁》对未确认融资费用是否要进行资本化未予以明确。由于缺乏相关的依据，实务中一般是将未确认融资费用费用化，分期计入各期财务费用。融资租赁与向银行等金融机构借款一样，都是为企业提供资金并收取利息，只是前者利息包括在租金之中。因此，融资租赁实质上是承租人和出租人之间的一种融资行为，与其相关的融资费用本质上是“企业发生的与借入资金有关的利息和其他相关成本”，理应属于借款费用的范畴。笔者认为，我国的借款费用准则应借鉴 FRS 123 的做法，明确将与融资租赁有关的融资费用纳入借款费用的范围，这不仅能完整反映建造或生产资产的原始支出，而且可以全面贯彻“实质重于形式”的原则，使得经济实质相同的事项保持基本相同的会计处理，切实体现借款费用资本化的科学性。

（二）符合资本化条件的资产界定模糊

我国《企业会计准则第 6 号——无形资产》（以下简称“无形资产准则”）规定，“购买无形资产的价款超过正常信用条件延期支付，实质上具有融资性质的，无形资产的成本以购买价款的现值为基础确定。实际支付的价款与购买价款的现值之间的差额，除按照《企业会计准则第 17 号——借款费用》应予资本化的以外，应当在信用期间内计入当期损益”。但 CAS 17 却没有明确说明符合资本化条件的资产是否包括无形资产，使得无形资产准则中“除按照《企业会计准则第 17 号——借款费用》应予资本化的”部分，找不到相关的处理根据，造成实务工作中对无形资产相关借款费用的会计处理不一致。另外，对于内部研究开发项目所发生的借款费用是否应予以资本化，在无形资产准则和 CAS 17 中都缺少相应的规定，这成为我国会计准则的盲点。笔者认为，我国应在借款费用准则中明确规定符合资本化条件的资产范围包括无形资产，以保证与无形资产准则相互之间的协调衔接，确保会计准则体系的严密性、系统性。与此同时，还应在准则中明确哪些资产项目不符合资本化的条件，如金融资产以及其他在较短生产周期内生产或制造的存货等，以避免准则使用者产生误解。

（三）暂停资本化的中断时间界定具有明显的“规则导向”特征

对于暂停资本化条件的规定，FRS 123 和 CAS 17 的差异主要是对暂停资本化的中断时间的界定。我国 CAS 17 对“较长的中断期间”明确给出了“连续超过 3 个月”的判断指标，这是一个“明界”（Bright - line）检验的典型例子，具有明显的“规则导向”特征。“规则导向”的准则详细而具体，不需要太多的职业判断，可操作性强。但其缺陷也显而易见，即企业为了达到自己的目的，有可能通过刻意的“业务安排”规避或迎合规则，导致会计处理“形式重于实质”。例如，如果企业断断续续多次中断，并且刻意安排每次中断时间都不超过三个月，依据 CAS 17 的规定，企业在中断期间可继续借款费用的资本化，实际上也会导致虚增利润和资产的价值。FRS 123 只原则性地规定了“中断期间较长”，体现了准则制定过程中与国际会计准则趋同的“原则导向”。“原则导向”相对简约而灵活，更注重经济事项的实质而不是形式，是未来会计准则发展的主流。然而，“原则导向”的会计准则因为需要大量的主观判断，有可能导致职业判断的滥用，其运用需要良好的准则执行环境来支持。我国目前正处于政治、经济转轨时期，公司治理环境和法律法规环境尚不完善，会计监管相对偏弱，会计人员职业水平亟待提高。因此，笔者认为，目前我国会计准则的完善，在坚持“原则导向”的国际发展趋向的同时，对于一些涉及较大专业判断空间的领域（如借款费用资本化期间的界定），适当地保留可操作性强且易于理解的判断指标，不仅符合我国现实国情，也有利于会计准则的有效施行。

第四节　中马所得税准则比较

2010 年 1 月 1 日，“中国—东盟”自由贸易区正式启动，中国与马来西亚之间近 90% 的商品的进出口关税降至零，双方服务及投资市场也相继开放，两国企业间的相互投资与双边贸易必然会进一步得到发展，同时也意味着对加强两国经济信息（包括财务信息）交流的要求也越发迫切。会计作为一种国际商业语言，是经济信息交流的重要手段。对比分析中马两国的具体会计准则，有助于了解双方的商业语言和思维方式，对促进两国经济信息交流、提高两国贸易的效率具有现实意义。现以马来西亚 2007 年修订的《财务报告准则——所得税》（以下简称 FRS 112）同我国 2006 年发布的《企业会计准则 18 号——所得税》（以下简称 CAS 18）及其应用指南进行比较，分析两者的相同点和主要差异，希望对中马两国企业、会计执业界和会计实践有所帮助。

一、准则框架结构的比较

FRS 112 由四大部分组成：一是引言，介绍发布本准则的原因以及与以前规定存在的不同；二是准则正文，具体包括“目标”、“适用范围”、“定义”、“当期所得税负债和当期所得税资产的确认”、“递延所得税负债和递延所得税资产的确认”、“计量”、“当期所得税和递延所得税的确认”、“列报”、“披露”、“生效日期”几个部分；三是附录，包括“暂时性差异示例”、“说明性的计算和列报”；四是对其他马来西亚财务报告准则的修改。而 CAS 18 则由“总则”、“计税基础”、“暂时性差异”、“确认”、“计量和列报”五章组成，CAS 18 的应用指南对资产、负债的计税基础，递延所得税资产和递延所得税负债，所得税费用的确认和计量以及递延所得税的特殊处理进行了补充说明。比较可见，CAS 18 与 FRS 112 正文部分内容基本一致，但内容划分没有 FRS 112 详细，篇幅相对来说也比较少。另外，两国准则的行文格式也存在较大差异。FRS 112 从内容和形式上采用的是与 IAS 12 一致的“引言”、“目标”与“披露”式体例和框架。而我国的会计准则是由财政部制定，属于规范性文件，具有强制执行力和法律效率，因此 CAS 18 采用的是我国制度、法规的“章节”、“条款”式体例，语言表述更符合中国人的语言习惯。

二、准则内容的比较

（一）目标和适用范围的比较

FRS 112 在正文部分对准则的目标和适用范围作出了明确的规定，指出准则的目的是规范所得税的会计处理，所得税会计的基本问题是如何核算以下事项的当期和未来纳税后果：①在主体的资产负债表中确认的资产（或负债）账面金额的未来收回（或清偿）；②在主体的财务报表中确认的当期交易和其他事项。所得税的范围包括以应纳税利润为基础的各种境内和境外税额，也包括由子公司、联营或合营支付的，对分配给报告主体的利润的征税，如预扣所得税。FRS 112 不涉及政府补助或投资税款抵减的核算，但涉及可能由政府补助或投资税款抵减产生的暂时性差异的核算。CAS 18 与 FRS 112 的“目标”和“范围”部分对应的是第一章“总则”。CAS 18 在总则中指出，制定准则的目的是为了规范企业所得税的确认、计量和相关信息的列报，所得税包括企业以应纳税所得额为基础的各种境内和境外税额。总则还明确规定，不涉及政府补助的确认和计量，但因政府补助产生暂时性差异的所得税影响，应当按照本准则进行确认和计量。

比较可见，中马两国准则对于准则目标和适用范围的规定基本上是一致的。不同的是，FRS 112 对准则目标的规定更为详细和具体，对所得税范围的表述也更为明确和全面，CAS 18 的表述则比较简单、笼统。如 CAS 18 在“总则”中没有对由子公司、联营企业或合营企业支付的，对分配给报告企业的利润的征税作出说明，对于不属于准则规范的情形也仅列举了政府补助，而未涉及投资税款抵减。不过，CAS 18 在“确认”部分规定了与子公司、联营企业及合营企业的投资相关的暂时性差异产生的递延所得税的会计处理。

（二）术语解释的比较

FRS 112 在正文的“定义”部分专门对该准则涉及的八个相关术语进行了明确的解释，这些术语包括会计利润、应税利润（可抵扣亏损）、所得税费用（收益）、当期所得税、递延所得税负债、递延所得税资产、暂时性差异、一项资产或负债的计税基础。CAS 18 没有与 FRS 112 中“定义”部分相互对应的专门章节，只在第二和第三章分别对核心术语计税基础和暂时性差异专门进行定义，其他相关术语的说明和解释则散见于其他各个章节，但未涉及对会计利润、应税利润（可抵扣亏损）这两个术语的解释。

相比之下，FRS 112 对术语的解释更全面也更为详细，对一些重要术语不仅列举了多项示例，还对一些特殊情形作了说明，例如，资产、负债的计税基础不十分明显的情况以及合并财务报表中资产和负债计税基础的确定等。CAS 18 虽然在其应用指南中对资产和负债的计税基础也分别列举了示例进行说明和解释，但较之 FRS 112 而言，示例较为简略，且未涉及对特殊情形的说明。

（三）确认的比较

FRS 112 正文的“当期所得税负债和当期所得税资产的确认”和“递延所得税负债和递延所得税资产的确认”部分相当于 CAS 18 中的第三章“暂时性差异”和第四章“确认”。两者具体比较分析如下：

（1）对于当期所得税资产和负债的确认，CAS 18 和 FRS 112 均规定企业应当将当期和以前期间应交未交的所得税确认为负债，将已支付的所得税超过应支付的部分确认为资产。

（2）对于递延所得税资产和负债的确认，CAS 18 和 FRS 112 均要求采用有条件的全部摊配法，即除了个别不确认递延所得税资产和负债的特例外，递延所得税资产和负债应在全部的暂时性差异的基础上确认。此外，CAS 18 和 FRS 112 都规定，在确认递延所得税资产的义务中包括了未利用的可抵扣亏损和未利用的税收抵减，且确认的限额为很可能获得能利用尚未利用的抵扣可抵扣亏损和未利用的税款抵减来抵扣的未来应税利润，对于与子公司、分支机相联系的暂时性差异确认递延所得税资产和负债时，均有相同的限制性条件规定。

比较可见，对于确认的规定，CAS 18 和 FRS 112 基本一致，只是在内容划分和详略程度上存在差异，FRS 112 的规定更为具体和全面，如企业合并、以公允价值计量的资产、商誉，资产或负债的初始确认都作了相对比较详细的说明。此外，FRS 112 还要求在每一个资产负债表日，企业要对未确认的递延所得税资产重新估价，当前期未确认的递延所得税资产在未来产生足够的应税利润使收回递延所得税资产成为可能的情况下可以确认。CAS 18 没有类似的规定。

（四）计量的比较

FRS 112 正文的“计量”和“当期所得税和递延所得税的确认”部分则相当于 CAS 18 的第五章“计量”。两者具体比较分析如下：

（1）对于计量，CAS 18 和 FRS 112 的规定基本一致，均要求对递延所得税采用债务法来计量，即当税率发生变化时，递延所得税资产和负债的账面余额应当根根据税率的变动进行相应的调整，递延所得税资产或递延所得税负债应当以资产实现或清偿债务的预期的税率计量，且不用折现。CAS 18 和 FRS 112 都要求在每一个资产负债表日，对递延所得税资产的账面价值进行复核。如果可获得的应税利润不足以抵扣能收回的递延所得税资产，应当减记递延所得税资产。当可获得的应税利润是足够的时候，减记的金额应当转回。

（2）对于当期和递延所得税的会计处理，CAS 18 和 FRS 112 的规定类似，对于当期所得税和递延所得税原则上应确认为一项费用或收益计入当期损益，但企业合并及直接在权益中确认的项目相关的所得税除外。但相比之下，FRS 112 的规定更详细，还规定了以股份为基础的支付交易产生的当期和递延所得税的处理，CAS 18 没有作此规定。

（五）列报的比较

FRS 112 正文的“列报”部分规定，企业必须将所得税资产和所得税负债与别的资产和负债分开列报，递延所得税资产和递延所得税负债要和当期所得税资产和当期所得税负债区分开，递延所得税资产和递延所得税负债不能划分为流动资产或流动负债，与正常经营活动产生的损益相关的所得税费用（收益）应在收益表内列报。FRS 112 还分别对当期所得税资产和当期所得税负债的抵消情况、递延所得税资产和递延所得税负债的抵消情况进行了说明。CAS 18 的第六章“列报”则规定，递延所得税资产和负债应当分别作为非流动资产和负债在资产负债表中列示，所得税费用应当在利润表中单独列示，但没有明确当期所得税资产和当期所得税负债、递延所得税资产和递延所得税负债是否可以相互抵消列示。此外，FRS 112 还就递延国外所得税资产或负债的汇兑差额的列报作出规定，而 CAS 18 则无此规定。

（六）披露的比较

CAS 18 的第七章“披露”规定企业应当在附注中披露与所得税有关的下列信息：①所得税费用（收益）的主要组成部分；②所得税费用（收益）与会计利润关系的说明；③未确认递延所得税资产的可抵扣暂时性差异、可抵扣亏损的金额（如果存在到期日，还应披露到期日）；④对每一类暂时性差异和可抵扣亏损，在列报期间确认的递延所得税资产或递延所得税负债的金额，确认递延所得税资产的依据；⑤未确认递延所得税负债的，与对子公司、联营企业及合营企业投资相关的暂时性差异金额。FRS 112 对于披露的规定远比 CAS 18 详尽得多，例如，除上述内容外，FRS 112 还规定企业应当在附注分别披露：与直接计入权益项目有关的当前所得税和递延所得税的合计数、因税率变动而变动的递延所得税费用（收益）、适用税率变动的解释、因为停止经营而与停止经营有关的所得税费用等信息。

三、FRS 112 的特点和启示

（一）FRS 112 充分反映了马来西亚长期进行国际会计协调，进而实现国际会计趋同的成果

中马两国的所得税准则都是参照《国际会计准则 12 号——所得税》（以下简称 IAS 12）制定的，因此，CAS 18 和 FRS 112 的基本原则和主要规定大体一致，但由于两国的政治、经济和文化背景不同，两者的体例、内容及措辞仍存在差异。相比之下，FRS 112 的国际趋同程度更高，这与马来西亚长期以来支持国际会计准则的努力是分不开的。由于历史上曾长期受英国殖民统治，马来西亚的语言习惯、会计立法与实务都深受英国影响。早在 1978 年，马来西亚就首次采用了部分国际会计准则（IAS），到 1992 年，马来西亚特许公共会计师协会和马来西亚会计师协会采纳了全部国际会计准则。1997 年，根据马来西亚财务报告法成立的马来西亚会计准则理事会（MASB），接管了会计准则的制定职能，开始致力于会计准则的国际协调，其策略是在国际会计准则（IAS）的基础上额外增加一些适合当地情况的指南或相关规定来制定马来西亚会计

准则。2002年，马来西亚会计准则理事会在IAS 12的基础上制定并发布了《马来西亚会计准则第25号——所得税》（MASB 25，Incomes Taxes）。2005年，为了与国际财务报告准则保持名称上的一致性，马来西亚会计准则更名为马来西亚财务报告准则并重新编号，MASB 25因此更名为FRS 112。2007年，马来西亚会计准则理事会对FRS 112重新进行修订，从内容到形式都作了调整，以消除与IAS 12存在的分歧。修订后的FRS 112无论是框架结构，还是内容及措辞都与IAS 12几乎相同，准则编号也与IAS 12对应（FRS准则编号加100的系列与现有的或修订后的IAS对应），是名副其实的趋同准则。

（二）对我国所得税准则修订及会计准则国际趋同的启示

会计准则的国际趋同是大势所趋，所得税准则也不例外。鉴于国际会计准则理事会的所得税准则与美国的所得税准则存在差异，今后仍将进一步修订，这为中马两国参与所得税准则的修订与国际趋同提供了机遇，我国应进行以下方面的努力：

1. 密切跟踪全球会计准则的发展变化，把握所得税准则趋同的动向

目前，代表世界上最具有影响力的两套会计准则的制定者国际会计准则理事会（IASB）和美国财务会计准则委员会（FASB）已经携起手来，为美国公认会计原则（U. S. GAAP）与国际财务报告准则的趋同化开展合作。IAS 12和美国的《财务会计准则公告第109号——所得税会计》（以下简称SFAS 109）在关于例外情况、递延所得税资产和负债的确认和计量以及所得税费用在综合收益与权益间的分配方面存在一些差异，这为所得税会计准则的国际趋同带来不便。国际会计准则理事会从2002年9月开始一直与美国财务会计准则委员会共同合作所得税准则趋同项目，双方决定消除有关暂时性差异法的几乎所有的例外情况，使得准则要求更加简化并更原则化，并且也为所得税资产和负债的确认和计量制定更一般的规定，这一举措对于促进所得税准则国际趋同的进程无疑将会起到极大的推动作用。为此，国际会计准则理事会已于2009年3月31日发布了《所得税》（征求意见稿）征求利益相关方的意见。鉴于国际财务报告准则为了与美国准则趋同而可能继续变化的现状，我国所得税准则的修订应及早地了解和掌握国际会计准则理事会和美国财务会计准则委员会合作的最新动向，随时更新，并修正新准则实施过程中出现的问题。

2. 加强与马来西亚等国家的会计合作与协调，共同促进会计准则国际趋同

会计准则国际趋同的实质是各国的利益之争。长期以来，在国际财务报告准则制定和国际趋同中，美国和欧盟一直占据着主导地位，现行的国际财务报告准则主要考虑的是成熟或者发达的市场经济环境。而对于很多新兴市场经济或者转型经济体市场国家，由于在会计准则的制定过程中，声音相对微弱，国际财务报告准则很难全面地考虑到他们的利益。中马两国同属于亚洲的发展中国家，也是重要的贸易合作伙伴，不但经济发展过程中有相似之处，而且都具有融入国际资本市场、参与全球竞争的强烈意愿。近年来，中马两国都加快了会计准则国际趋同的步伐，先后公布了与国际财务报告准则趋同的路线图，处于亚洲和新兴市场经济国家的前列。随着2010年1月1日“中国—东盟”自由贸易区的正式启动，双方的经贸往来、相互投资等领域的合作

将进一步加强，两国开展会计协调与合作的基础环境也会更加良好。笔者认为，我国应与马来西亚等经济背景相似、发展水平相当、具有相似特征的国家进一步加强区域性沟通、对话与合作，协调立场，共同争取国际发言权和标准制定权，使国际财务报告准则更多地反映亚洲新兴市场经济国家的实际情况和需求。

第五节　本章小结

中国与马来西亚的企业损益类项目准则都是在会计准则国际趋同的大背景下，以国际会计准则为基础制定的。两国的会计准则虽然在总体上反映了趋同的发展趋势，但由于两国的政治、经济和文化背景不同，使得两国的企业损益类项目准则在在内容和形式上仍存在差异。

就收入准则而言，两国均把收入定义为狭义的收入概念，仅限于在日常活动所形成的经济利益总流入，都不包括利得。两国准则所涉及的收入，均包括商品销售收入、提供劳务的收入和让渡资产使用权形成的收入，但马来西亚准则的第三类收入包括利息、特许权使用费和股利，而我国准则规定的收入不包括长期股权投资形成的收入。两国对各项收入确认的条件基本相同，每项收入的确认都必须满足以下两个条件：一是与该资产相联系的经济利益将很可能流入企业；二是收入的金额能够可靠地计量。商品销售收入的确认还需考虑是否已将与商品所有权有关的主要风险和报酬转移给买方，以及企业是否保留对所出售的商品的继续管理权和控制权；劳务收入还需考虑劳务交易的完工程度。对于收入的计量，两国准则表述上虽有所不同，但实质上都要求按已收或应收对价的公允价值来计量。对于收入的披露，马来西亚准则的规定更详细些，除要求披露收入确认所采用的会计政策，以及本期确认的每一大类收入的金额外，马来西亚准则还要求披露包括在各收入项目中的由商品或劳务交换所产生的收入金额。

就建造合同而言，两国准则都将建造合同按照所含风险的承担者不同分为固定造价合同与成本加成合同。所不同的是，马来西亚准则规定，在某些情况下，固定造价合同可以附有成本上升的条款。而我国准则中则未对此作出明确规定。对于建造合同的分立与合并，两国准则的规定基本相同。对于合同收入，两国准则对其计量的规定存在差异。我国准则规定，合同收入应以收到或应收的工程价款计量。马来西亚准则则是按已收或应收价款的公允价值予以计量。对于合同成本，尽管措辞不同，但两国准则的规定基本是一致的。差异在于，马来西亚准则规定归属于特定合同业务的借款费用包括到合同成本之中。我国准则对此没有述及。对于合同收入与合同费用的确认，中马两国都规定如果合同的结果能够可靠地估计，则应采用完工百分比法业确认合同收入和费用。我国建造合同准则还对完工百分比法的运用作了进一步规范，操作性较强。对于建造合同的披露，马来西亚准则要求披露的内容明显多于我国会计准则，除要求按合同项目披露合同总金额、合同成本、累计已确认毛利（或亏损）、结算金额、预计损失等内容外，还要求披露在合同收入和费用确认时涉及的“收到的预收款金额”及“保留款的金额”，以及“作为资产（或负债）反映的应向客户收取（或支付）的合同工程的总金额”等。

就借款费用准则而言，两国准则规定的借款费用都包括借款利息、折价或者溢价的摊销、辅助费用以及因外币借款而发生的汇兑差额。不同的是，马来西亚准则规定的借款费用范围还包括透支利息、与融资租赁有关的融资租赁费，而我国准则未将这些项目纳入借款费用的范围。对于符合资本化条件的资产，两国准则都列举了固定资产、投资性房地产和存货项目。马来西亚准则还把无形资产也纳入了符合资本化条件的资产范围，我国准则对此没有述及。对于借款费用的会计处理原则，两国准则的观点是一致的，即符合条件的进行资本化，其他借款费用予以费用化。关于资本化期间的界定，两国的规定基本相同，差异主要在于：一是关于暂停资本化的条件，马来西亚准则没有就“较长中断期”的时间界限给出量化的标准，而我国准则则明确规定这一期限为连续超过 3 个月；二是关于停止资本化的条件，我国准则规定的判断标准更加具体、详细。对于资本化金额的计算，两国准则的规定也大体相同，两者的差别主要在于，马来西亚准则确定每期应予资本化的借款费用时，没有区分借款费用的各项组成，我国准则则按借款费用的组成项目分别规定了利息费用、辅助费用和汇兑差额的资本化金额的确定方法。对于借款费用的披露，两国准则的规定完全相同，都规定企业应当披露当期资本化的借款费用金额以及当期用于计算确定借款费用资本化金额的资本化率。

就所得税准则而言，两国准则的基本原则和主要规定大体一致，只是在内容划分和详略程度上存在差异，马来西亚准则的规定更全面也更为详细，不仅列举了多项示例，还对一些特殊情形作了说明。例如，对于确认，马来西亚准则要求在每一个资产负债表日，企业要对未确认的递延所得税资产重新估价，当前期未确认的递延所得税资产在未来产生足够的应税利润使收回递延所得税资产成为可能的情况下可以确认；对于计量，马来西亚准则规定了以股份为基础的支付交易产生的当期和递延所得税的处理；对于列报，马来西亚准则还就递延国外所得税资产或负债的汇兑差额的列报作出规定。上述这些内容在我国准则中均没有类似阐述。此外，马来西亚准则对于披露的规定也远比我国准则详尽得多。

第六章　中马企业报表列报类准则比较

第一节　中马资产负债表日后事项准则比较

一、资产负债表日后事项准则的变迁

到目前为止，我国的《资产负债表日后事项》准则共三易其稿，按照其发布的年度，分别是1998年稿、2003年稿以及2006年稿。为了规范资产负债表日后事项的会计处理，我国财政部于1998年发布第一稿《企业会计准则——资产负债表日后事项》（以下简称日后事项准则）。2003年4月，财政部对日后事项准则作了修订，要求股份有限公司及执行《企业会计制度》或《金融企业会计制度》的其他企业从2003年7月1日起执行。修订的内容主要是针对当时资本市场出现的问题，例如：针对上市公司报喜不报忧的情况，要求其披露需要调整或说明的有利或不利事项；针对上市公司利用发放现金股利提高净资产收益率的情况，将资产负债表日后宣告现金股利作为非调整事项，在资产负债表所有者权益中单独列示，以遏止报表粉饰。2006年2月15日，财政部发布了包括1项基本准则和38项具体准则的新会计准则体系，其中对日后事项准则再次修订，形成了新的《企业会计准则第29号——资产负债表日后事项》（以下简称CAS 29）。2006年稿的变化主要体现了与国际财务报告准则的趋同，主要反映在对资产负债表日后事项的定义以及宣告股利的处理。

马来西亚《财务报告准则第110号——资产负债表日后事项》（以下简称为FRS 110）是与国际财务报告准则完全趋同的，而国际财务报告准则中的资产负债表日后事项准则也经历了一个变迁过程。《国际会计准则第10号——或有事项和资产负债表日以后发生的事项》在1978年发布，1980年起生效，1994年进行了格式重排；1999年5月，国际会计准则理事会发布了修订后的《国际会计准则第10号——资产负债表日后事项》；2003年12月，国际会计准则理事会发布了再次修订的《国际会计准则第10号》，名称相应修改为“报告期后事项”。马来西亚财务报告准则随着国际会计准则的修订进行了相应的调整，FRS 110于2006年1月1日正式生效。

二、CAS 29与FRS 110的比较分析

（一）准则框架比较

我国日后事项准则的框架，没有采用国际财务报告准则所惯用的“引言”、“目

标”、“范围”、“定义”、“确认和计量”、“披露”等格式，而是采取章节、条款式，分为4章10条，分别为总则、资产负债表日后调整事项、资产负债表日后非调整事项和披露。准则在行文表达上，符合中国的语言表达方式，条文表述条理化，也配以适当的事例，便于会计人员的理解和实务操作。FRS 110则采用了与国际财务报告准则相同的格式：引言部分分为4段，正文部分分为24段，篇幅较我国的日后事项准则要长。

（二）定义比较

CAS 29与FRS 110对资产负债表日后事项的定义是相同的，都是指资产负债表日至财务报告批准报出日之间发生的有利或不利事项。同时，两个准则都将资产负债表日后事项分为调整事项和非调整事项两类，对调整事项和非调整事项的定义也与国际会计准则一致，即，调整事项是指对资产负债表日已经存在的情况提供了新的或进一步证据的事项，而非调整事项是指表明资产负债表日后发生的情况的事项。不同的是，我国的日后事项准则对“财务报表批准报出日”这个概念只是作了一个简单的说明：“是指董事会或类似机构批准财务报告报出的日期”；FRS 110则是采用更为详细的列举方式，说明了在“企业财务报表报出后将其交由股东批准”和“企业的管理层向仅由非经理人员组成的监事会报送财务报表并取得批准时”的情况下，如何判断财务报表批准报出日。FRS 110采用的这种事例说明方式比较形象，我国会计准则的行文一般比较条例化，语言简洁，在准则中采用这样的事例说明方式也许并不合适，但是在应用指南中值得借鉴。

（三）会计确认与计量的比较分析

1. 调整事项

对于企业发生的资产负债表日后调整事项，CAS 29和FRS 110都要求调整财务报表中已确认的金额，以正确反映会计主体在报表日的财务状况和经营成果。对于哪些属于调整事项，准则不仅在定义中阐述，而且还采用了列举的方式，指导会计人员识别调整事项和进行会计处理。对比两个准则列举的调整事项，除了个别用词不同外，其实质是相同的，包括：资产负债表日后诉讼案件结案，证实了企业在资产负债表日已经存在的现实义务，需要调整原先确认的与该诉讼案件相关的预计负债，或确认一项新负债；资产负债表日后取得确凿证据，表明某项资产在资产负债表日发生了减值或者需要调整该项资产原先确认的减值金额；资产负债表日后进一步确定了资产负债表日前购入资产的成本或售出资产的收入；资产负债表日后发现了财务报表舞弊或差错。不同的一点在于，FRS 110所列举的调整事项多出一项，即如果企业由于资产负债表日前事项的结果，有在报表日支付红利或利润分配的现实义务或推定义务，并且金额在资产负债表日后确定，则此时的红利或利润分配应该作为调整事项，按照要求调整财务报表。对于这种类型的调整事项，FRS 110并没有给出具体的事例，按照笔者的理解，这项条款应该是针对一些在报表日前已经宣告的利润分配方案。例如，企业在报表日前宣告，将按照当年净利润的一定百分比分配现金股利，但是当年净利润的具体金额还没有确定，因此只能先按照去年的利润额或预估的利润额确定应付股利；在资产负债表日后期间净利润确定后，就应该据此计算实际股利额，并相应调整在报表中原先确认的应付股利金额。

企业发生了资产负债表日后调整事项，按照准则要求应当调整财务报表数据。对于年度财务报表而言，由于资产负债表日后事项发生在次年，报告年度的有关账目已经结转，损益类账户在结账后已无余额。因此，按照我国应用指南的要求，年度资产负债表日后发生的调整事项，涉及损益的事项，就需要通过“以前年度损益调整”账户核算，涉及利润分配调整的事项，直接在“利润分配——未分配利润”账户核算。

2. 非调整事项

对于资产负债表日后发生的非调整事项，CAS 29 与 FRS 110 的处理原则是一致的，即不应当调整资产负债表日的财务报表。但对于重大的非调整事项，由于能影响投资者的决策，因此需在报表附注中进行披露。两个准则同样是采用列举的方式说明哪些是重要的非调整事项，FRS 110 是出现在“披露”这部分内容中，CAS 29 则出现在第三章。两个准则所列举的重要的非调整事项有些是相同的，包括：资产负债表日后发生企业合并和处置子公司，资产负债表日后发生重大诉讼、仲裁、承诺，资产负债表日后资产价格、税收政策、外汇汇率发生重大变化，资产负债表日后发行股票，资产负债表日后利润分配方案中拟分配的以及经审议批准宣告发放的股利或利润。

两个准则的列举事项也存在一些差异，例如，CAS 29 列举以下事项作为重要的非调整事项：资产负债表日后因自然灾害导致资产发生重大损失，资产负债表日后发行债券以及其他巨额举债，资产负债表日后发生巨额亏损，资产负债表日后资本公积转增资本。这些列举事项在 FRS 110 中是没有的。FRS 110 也存在一些 CAS 29 没有列举的非调整事项，包括：资产负债表日后企业宣布终止一项经营计划，资产负债表日后资产的大量购买、处置或者政府对主要资产的征用，资产负债表日后的火灾对主要生产工厂的破坏。可以看出，CAS 29 和 FRS 110 列举的非调整事项都属于重要事项，这些事项的信息都是投资者希望了解的，对他们作出投资决策有重要的影响。但重要的事项是列举不完的，为了让企业把相对更重要的日后事项披露出来，采用列举是一种方法，这意味着：企业必须把已经发生的、在准则中所列举的日后非调整事项披露出来，这部分属于强制性披露的内容；已经发生的其他日后非调整事项，则由企业自身根据事项重要程度的判断，选择是否披露，这就属于自愿披露的内容。CAS 29 与 FRS 110 对哪些是重要的资产负债表日后非调整事项的列举，无所谓孰优孰劣，因为这取决于在不同的经济环境下，准则制定者认为哪些事项更为重要，需要强制披露。

（四）披露的比较

CAS 29 的第四章对资产负债表日后事项的披露进行了规定，FRS 110 也有专门的一部分篇幅对披露要求进行了说明。从其内容来看，两个准则对披露的要求基本没有差别，都规定企业应当在附注中披露与资产负债表日后事项有关的下列信息：一是财务报告的批准报出者和财务报告批准报出日。因为对用报表使用者来说，了解财务报表的批准报出日是重要的，这一信息说明了报表不反映这一日期以后的事项。如果企业所有者或其他方面有权对报出的财务报告进行修改的，应当披露这一情况。二是每项重要的资产负债表日后非调整事项的性质、内容，及其对财务状况和经营成果的影响。

无法作出估计的，应当说明原因。三是企业在资产负债表日后取得了影响资产负债表日存在情况的新的或进一步的证据，应当调整与之相关的披露信息。这项披露要求主要针对资产负债表日后的调整事项，除了按照准则规定调整财务报表数据以外，还要根据新的证据将一些原先在报表附注中披露的信息进行调整。例如报表附注中披露的坏账准备和存货跌价准备的计提金额，如果根据资产负债表日后新出现的情况证明计提不足，则一方面要更改报表数据，另一方面也要在报表附注中作出调整。

（五）对持续经营的考虑

如果资产负债表日后事项表明持续经营假设不再适用，那么，无论是 CAS 29 还是 FRS 110 都规定企业不应当在持续经营基础上编制财务报表。即企业不得在原有基础上调整会计报表金额，也不得仅仅在会计报表附注中作出说明。日后事项准则单独列出一个条款对这种情况作出规定，既明确了企业在发生这种情况时的处理方法，同时也表明，准则对调整事项、非调整事项处理方法的规定主要适用于符合持续经营假设的企业。

三、总结

从上文对 CAS 29 与 FRS 110 具体内容的比较中可以看出，这两个准则除了某些语言描述和列举的事项不同外，并不存在实质性差异，并且是与相对应的国际会计准则趋同的。这说明各国对什么是资产负债表日后事项、如何区分调整事项与非调整事项、如何进行日后事项的会计处理、如何对日后事项进行披露等问题已经基本形成了一致意见，达成了共识。日后事项准则的内容能够在各国通行，是趋同障碍很小的一个准则。

第二节　中马财务报表列报准则比较

财务报表是投资者了解企业财务状况、经营成果及现金流量的基本途径。在会计核算的基本程序当中，确认 、计量和记录主要是解决“是什么”、“反映多少”和“如何登记”的问题，报告是对经济业务确认、计量的结果。企业发生的一切经济业务最终要以报表的形式反映出来，以方便投资者阅读和理解，从而作出正确的投资决策。不管是国际会计准则理事会（IASC）发布的《财务会计概念框架》，还是各国的会计管理机构发布的基本准则或概念框架，对财务报表列报均予以了充分的重视。研究中国与马来西亚财务报表列报准则存在的差异，对我国企业尽快融入国际资本市场具有重要的意义。

一、中马财务报表列报准则发展历程比较

（一）马来西亚财务报表列报准则的发展历程

马来西亚相对于亚洲其他国家而言，较早地把会计准则融入到国家法律体系当中。

根据1997年通过的《财务报告法》的相关规定，马来西亚成立了财务报告基金会（FRF）和马来西亚会计准则理事会（MASB），并赋予马来西亚会计准则理事会制定、修改会计准则等方面的权限。1999年，马来西亚会计准则理事会第一次发布了财务报表列报准则（MASB 1），使企业的财务报表的编制有了依据。2004年，马来西亚会计准则理事会发布了一揽子针对会计准则改进的征求意见稿（亦称为"马来西亚会计准则理事会改进措施"），这些措施直接影响到当时已发布的13项会计准则，而财务报表列报准则也名列其中。此后，为了减少报表之间的不可比因素，增强财务报表的透明度和披露内容，提供更加适应经济全球化发展的高质量的财务报表，在东南亚其他国家会计准则纷纷重新命名的潮流下，从2005年1月1日起，马来西亚会计准则理事会（MASB）把所有的会计准则重新命名为财务报告准则（FRS），至此财务报表列报准则（MASB 1）更名为财务报表列报准则（FRS 101）。2007年6月15日，根据国际财务报告准则的相关规定，马来西亚会计准则理事会对10项财务报告准则和《财务报表列报框架》进行修订和重新编排，财务报表列报准则（FRS 101）的内容随之发生了很大的变化。本书所要比较的财务报表列报准则为2007年修订后的准则。

（二）中国财务报表列报准则的发展历程

至2006年《企业会计准则第30号——财务报表列报》（以下简称CAS 30）发布之前，中国并无完整意义上的关于财务报表列报的相关准则，对财务报表列报的相关规定，则是散见于企业会计基本准则、企业会计（核算）制度以及证监会发布的关于公开发行证券公司信息披露的相关规定中。

1. 1992年之前关于财务报表列报的相关规定

1950年7月1日开始试行的新中国第一个统一核算制度《中央重工业部所属企业及经济机构统一会计制度》，把会计报表分为主要报表及辅助报表两类，主要报表有资产负债表、现金收支表、成本计算表等6种。1962年1月颁发的《国营工业企业会计报表格式和编制说明》将资产负债表改为资金平衡表，同时会计报表有15种之多。1965年11月颁发的《工业企业会计科目和报表格式》，将15种会计报表减为6种。在1985年和1989年两次修订的《国营工业企业会计制度——会计科目和会计报表》中对资金平衡表的编排有所改变，不再保持三段平衡的格式，并且对报表中的相关项目进行了调整。

2. 1992年至2005年关于财务报表列报的相关规定

1992年11月30日，财政部发布了中国第一部《企业会计准则》，在该准则的第九章中，指出财务报告是反映企业财务状况和经营成果的书面文件，包括资产负债表、损益表、财务状况变动表（或者现金流量表）、附表及会计报表附注和财务状况说明书，另外，在当时发布的《企业财务通则》第四十一条和第四十二条也提到财务报告的内容。此后财政部又依据会计准则制定了全国统一的分行业的会计制度，以便和准则配合使用。在各行业会计制度中，均明确企业向外报送的会计报表的具体格式和编制说明。1998年3月颁发的《企业会计准则——现金流量表》规范了现金流量表的内容及编制方法，此准则在2001年1月进行了修订，对现金流量表的编制内容进行了简化。1999 年，全国人大常委会通过修订后的《会计法》，并于 2000 年 7 月 1 日开始施行。在《会计法》的第十八至二十三条，均提到到财务会计报告的编制基础、内容等问题。根据新修订的《会计法》，2000 年 6 月，国务院发布了《企业财务会计报告条例》，并于 2001 年 1 月 1 日起开始施行，该条例提及财务会计报告应包括会计报表、会计报表附注及财务情况说明书，主要的会计报表包括了资产负债表、利润表、现金流量表及相关附表。同时，该条例对资产、负债、所有者权益、收入、费用及利润六大要素进行了阐述。《企业财务会计报告条例》首次专门对财务报告的相关内容进行阐释。

此外，针对发行证券公司在信息披露方面的特殊性，中国证监会还发布了财务报表列报的相关规定，如在《公开发行证券公司信息披露内容与格式准则第 2 号——年度报告的内容与格式》（2007 年修订）的第二章中专门介绍企业年度报告应涵盖的内容、格式及要求等，《公开发行证券的公司信息披露编报规则第 15 号——财务报告的一般规定》（2007 年修订）中则主要对财务报表列报的一般要求及披露项目进行了描述。

3. 2006 年至今

2006 年 2 月，为规范企业会计的报告行为，保证会计信息质量，财政部根据《会计法》和《企业会计准则——基本准则》的相关规定，发布了《企业会计准则第 30 号——财务报表列报》，同时于当年 10 月发布了该准则的应用指南，这是中国首次发布的关于如何规范企业财务报表列报的一个完整准则。

二、中马财务报表列报准则内容比较

如前所述，中马两国在 2006 年前后发布（修订）的财务报表列报准则，虽同时参考了《国际会计准则第 1 号——财务报表列报》，但两者在诸多方面存在明显的差异。中马两国在会计准则的表述方面有所不同，中国以章条分别论述，而马来西亚则完全参照国际财务报告准则的格式，以段落分而述之。为方便比较，将中国与马来西亚的财务报表列报准则分别简称为 CAS 30 与 FRS 101。

CAS 30 分为总则、基本要求、资产负债表、利润表、所有者权益变动表和附注共六章。而 FRS 101 则包括以下内容：目标、范围、财务报表目的、财务报表组成、相关定义、总体要求、内容和结构、生效日期和原来 FRS 101 的失效说明。两国准则之间的对应关系如表 6.1 所示：

表 6.1　　中马两国财务报表列报准则比较

CAS 30	FRS 101	CAS 30 独有	FRS 101 独有
总则	目标、财务报表组成		范围、财务报表目的及相关定义
基本要求	总体要求		
资产负债表、利润表、所有者权益变动表及附注	内容和结构		

（一）“总则”与“目标、财务报表组成”的比较

从内容组成来看，中马两国在这两方面既有相同之处，也存在差异，主要表现在：一是中马两方均在准则中提到该准则的目标是为了规范财务报表的列报，以提供相互可比的信息，同时也指明了对其他财务报表列报准则有特殊要求的，应遵循其他准则。二是在准则中，中马两方均指出了财务报表是对企业财务状况和经营成果的结构性表述，在财务报表的组成方面，均认为至少应包括资产负债表、利润表、所有者权益变动表、现金流量表及附注。三是 FRS 101 除对财务报表的基本组成进行阐述外，还鼓励企业管理部门提供除财务报表之外的更为详细的关于企业财务状况、经营成果及面临不确定性事项的评述，主要包括：影响经营业绩的主要因素及程度；企业融资来源及目标负债率；根据财务报告准则，企业未在资产负债表中确认的资源。四是在马来西亚准则中，指出了银行及类似金融机构应遵循的财务报表列报准则，而中方仅在该准则的应用指南中指出了适用于商业银行、保险公司等的财务报表格式和附注。

（二）“范围、财务报表目的及相关定义”的比较

该部分内容或是 CAS 30 不存在，或是阐述不够详细，主要表现在：

第一，虽然中马两方均指出该准则主要是适用于规范企业财务报表列报，且进一步阐述了适用范围的相关内容，但 CAS 30 及应用指南仅指出其适用于个别财务报表和合并财务报表，以及中期财务报表和年度财务报表。而 FRS 101 在其“范围”中，强调了该准则适用于根据财务报告准则编报的所有通用财务报表的列报，同时解释了通用财务报表的含义；指出了在编报中期财务报告时不适用该准则，而是遵循《财务报告准则第 134 号——中期财务报告》，同时指出该准则同时适用于个别财务报表及合并财务报表的列报；指出非盈利企业、政府及公共部门并非是以盈利为导向的会计主体，在运用该准则时，应作适当的调整。

第二，CAS 30 并没有对财务报表的目的进行阐述，而 FRS 101 在“财务报表目的”中详细地说明了通用财务报表是为了提供企业的财务状况、经营成果及现金流量情况，同时对企业管理部门受托管理的资源进行反映，更进一步指出了企业应提供资产、负债、所有者权益、收入费用（含利得和损失）、其他所有者权益变动及现金流量的相关情况，以达到上述目的。

第三，在 FRS 101 中，对该准则中一些重要的名词的定义进行了专门列示，如“不切实可行”、“重要性”、“附注”，而这些内容则散见于 CAS 30 的第八条、第六条及第三十一条；此外，FRS 101 还增加了对财务报告准则发布及相关内容的阐述。

（三）“基本要求”与“总体要求”的比较

中马两国对财务报表列报均提出了列报要求，虽然两国对此称谓不同，但在具体内容方面却有相似之处，具体对应关系如表 6.2 所示：

表 6.2　　中马两国财务报表列报准则基本（总体）要求比较

CAS 30 与 FRS 101 共有	CAS 30 独有	FRS 101 独有
1. 遵循各项会计准则进行确认和计量，并不得以附注披露替代确认和计量 2. 持续经营 3. 列报一致性 4. 财务报表项目金额间的相互抵消 5. 重要性和合并项目 6. 比较信息		公允列报 权责发生制会计

综合表6.2，我们可以看到，中马两国准则在财务报表列报基本要求方面大同小异。

（1）两国均认为应遵循会计准则进行确认和计量，只有遵循了企业会计准则的所有规定时，财务报表才应当被称为“遵循了企业会计准则”，且企业不应以附注披露代替确认和计量。但 FRS 101 在第 17 至 22 段中：①允许当企业管理部门认为遵循某项准则要求将导致财务报表被误解时对该准则要求的偏离，同时指明了该偏离是被相关的规定所允许的（第 17 段）。②当企业偏离准则要求时应进行披露，包括：管理部门断定财务状况、经营成果及现金流量已得到公允的反映；除偏离的准则要求外，企业已遵循了其他所有的会计准则；偏离准则的名称、性质及偏离的原因；在每一个列报期间，偏离准则对报表的财务影响（第 18、19 段）。③当企业管理部门认为遵循某项准则要求将导致财务报表被误解，而相关的规定不允许企业偏离某项准则要求时，企业应尽最大可能减少被误解的影响（第 21 段）。对企业偏离准则要求应进行如何处理经济业务，在 CAS 30 中并没有阐述。

（2）两国准则均坚持持续经营列报基础，指出企业应按持续经营的基础进行会计确认、计量及编制财务报表。同时，也指出了企业处于非持续经营状态时，应采用其他列报基础编制财务报表，并要在附注中披露这一事实。但在 FRS 101 中，对企业如何评价企业的持续经营能力，如评价涵盖的时间、评价所要考虑的因素进行了阐述。

（3）在列报一致性方面，中马两国准则均认为财务报表列报应保持项目列报在各个会计期间保持一致，并列出了例外情况。但是，FRS 101 规定，当企业出现重大购买、处置或对财务报表的评述时，企业可以以不同的方式列报，以使其提供信息更加可靠及相关。而中国准则并没有这方面的规定。

（4）在“财务报表项目金额间的相互抵消”、“重要性和合并项目”、“比较信息”方面，中马两国表述的内容几乎一致，存在的细微差异主要有：第一，FRS 101 在这三项内容里以举例的方式对总体要求进行了更加详细的解释；第二，FRS 101 指出了当企业所生成的信息不重要时，可以不必满足准则中特定的披露要求；第三，FRS 101 指出当企业重分类信息不可行而无法达到可比性目标时，应遵循《财务报告准则第 108 号——会计政策、会计估计变更和差错更正》。

（5）“公允列报”和“权责发生制会计”要求。这两项要求是马方准则独有的内容。FRS 101 在第 13 段指出，企业应公允地反映其财务状况、经营成果及现金流量情况。为达到此目标，企业应按准则框架的要求来确认资产、负债、收益及费用。在准则的第25段和26段，指出企业除提供现金流量信息外，应按权责发生制来编制会计报表。

（四）“资产负债表、利润表等”与“内容与结构”的比较

从篇幅结构来看，两国准则均以较大篇幅阐述这部分内容。CAS 30 中的“第三章资产负债表”、“第四章利润表”、“第五章所有者权益变动表”和“第六章附注”的相关内容相当于 FRS 101 中的“内容与结构”，但两者的繁简程度实质上有很大的差异，具体如表 6.3 所示。

表 6.3　　中马两国财务报表列报准则报表及附注比较

		CAS 30	FRS 101——内容与结构
共有部分	财务报表部分	1. 第三章　资产负债表 2. 第四章　利润表 3. 第五章　所有者权益变动表	1. 资产负债表 2. 利润表 3. 所有者权益变动表 4. 现金流量表
	附注部分	第六章　附注	1. 结构 2. 会计政策披露 3. 估计不确定性的主要来源 4. 其他披露
独有部分			1. 前言 2. 财务报表界定 3. 报告期间

1. 关于现金流量表列报的规定

虽然 FRS 101 在第102段以较小的篇幅来介绍，但是其在“前言”中已说明了应遵循《财务报表准则第107号——现金流量表》。而 CAS 30 中虽没有专门章节介绍现金流量表的列报，但在“总则”第三条中也表明了应遵循《企业会计准则第31号——现金流量表》。基于现金流量表列报的复杂性，两国准则作出了相同的处理。

2. 关于资产负债表列报的规定

两国准则在资产负债表列报方面的相同点主要表现在：①均对流动与非流动性作出了界定，并且规定金融机构按流动性列示能提供更为可靠及相关的信息时，可按流动性顺序排列；②对流动资产与非流动资产、流动负债与非流动负债的界定一致，均列举了相关条件；③资产负债表应单独列示的项目绝大多数相同。除上述相同点外，两国准则的差异主要有：一是在对流动性与非流动性的界定方面，FRS 101 规定了当企业在一个清晰可确认的营业周期内提供产品或劳务时，流动或非流动资产和负债的分类，能够把企业作为营运资金用于持续经营的净资产和用于长期运营的净资产区分开来，以提供有用的信息；另外，也规定了对资产和负债到期日的披露要求。二是在流动负债的分类方面，FRS 101 明确了作为营运资金的应付账款、应付福利费等项目，即使其在超过资产负债表日后的12个月内偿还，也应列为流动负债；同时，以列举的方

式规定了作为流动负债的贷款应在《财务报表准则第110号——资产负债表日后事项》披露的事项。三是在资产负债表应列报的信息方面，FRS 101强调了以下几点：对持有待售不动产及中止经营的资产和负债的列报；对增加项目及小计数额的列报；对递延所得税资产和递延所得税负债的列报；对增加项目是否列报的判断标准；资产的计量基础；对每类股本的授权数、已发行数、面值等的列报；对包含在股东权益中的公积金的性质及用途的说明。

3. 关于利润表列报的规定

虽然两国准则在利润表应列报项目方面差别不大，如都包括了收入、财务费用、净利润等项目，但纵观两国对利润表列报的相关规定，两者存在较大的差异，主要有：①FRS 101强调了以下几方面的内容：企业应把所有的收入和费用项目计入损益中，但是企业的重估收益、外币折算差额、对可出售金融资产重估产生的利得或损失不作为损益的组成部分；损益表应列明在权益法下合伙企业或联营企业的损益份额；不能在损益表或附注中把收入或费用项目列为非常项目；当收入和费用项目是重要的时，应分项列示其性质和数额，并以列举的方式说明哪些项目应该分项列示；企业应在利润表、所有者权益变动表及附注中披露财务报表涵盖期间已宣告发放的股利及每股股利金额。②虽然中马两国准则均对费用如何分类进行了阐述，但CAS 30中规定费用只能按功能分类，而FRS 101规定企业对费用可以按功能分类，也可按性质分类，两者择其一，并无强制规定，同时把两种分类方法的格式予以列示，但是强调了企业费用如按功能分类，应同时披露按性质分类的附加信息。

4. 关于所有者权益变动表列报的规定

两国准则在列报内容上基本一致，但是在FRS 101中强调了重估收益、外币折算差额等项目直接作为所有者权益的变化。

5. 关于附注列报的规定

对于财务报表附注，两国准则在内容结构方面并无太大的差别。但是FRS 101阐述得更为详细，表现为：①对非财务信息的披露，如企业的融资风险等；②在会计政策披露中，强调企业应对会计计量基础、企业管理部门如何对会计政策进行选择及对财务报表确认的影响进行披露；③在估计不确定性的主要来源中，对不确定性的性质、解决方法、影响程度等方面进行了阐述。

6. 其他区别

CAS 30在应用指南中对每个报表及附注的格式进行了详细的描述，马来西亚准则中并没有这部分的内容的规定。而FRS 101中增加了对财务报表的界定内容，规定了企业财务报表信息应与其他信息区别开来，并对企业的财务报表的报告期间进行了阐述。

综合以上分析，中马两国无论是在财务列报准则的发展历程还是在准则内容方面均存在较大的差异。由于政治、经济、文化等因素的影响，中国财务报表列报准则并没有得到足够的重视，走过了一个相对复杂及漫长的过程，且每个历史发展阶段均呈现出不同的特点，但其最终的目标是与国际财务报告准则趋同，直至2006年发布首个财务报表列报准则。而马来西亚原属英联邦国家，英国会计在会计发展史上占有很重要的地位，更是形成了与美国模式、北欧模式等相并列的不列颠模式。因此，在马来西亚会计发展过程中，会计准则带有不列颠模式的烙印，但是随着会计国际化进程的不断加快，其与国际会计准则的协调与趋同也得到了很大加强。1979 年马来西亚加入国际会计准则委员会，其后不久就把绝大多数的国际会计准则作为其会计标准。而在财务报告列报准则制定方面，亦出现"步步紧跟"的现象。如在国际会计准则委员会于 1997 年修订了《国际会计准则第 1 号——财务报表列报》后不久，马来西亚 1999 年发布首个财务报表列报准则（MASB 1），其内容与国际会计准则大同小异。而在国际会计准则理事会 2005 年和 2007 年对《国际会计准则第 1 号——财务报表列报》进行修订后，马来西亚也对其相关准则进行了修订。因此可以说，虽然中马两国共同面对会计国际化的浪潮，但是马来西亚在财务报表列报准则制定与完善方面做得比中国更早，也更全面。

三、评析与思考

中国与马来西亚同属新兴的发展中国家，随着"中国—东盟"自由贸易区的全面启动，两国之间的经贸交往越来越紧密。要充分发挥两国在区域经济一体化中的作用，促进资本的自由流动，关键在于双方的会计准则具有趋同性。通过以上比较，我们可以看到，在会计国际化的大潮流下，中马两国均在近年制定或修订了财务报表列报准则，两国准则虽各具特点，但是从体例到内容与《国际会计准则第 1 号——财务报表列报》多有相似之处，这为加强两国企业的交流与发展提供了很好的基础。但是，如何从区域会计比较的信息中得到启发，以使我们所制定的财务报表列报准则更切合实际，则是值得我们认真思考的问题。笔者认为，应从以下两个方面着手：

思考一：准则内容繁与简的考量。

作为中国首个财务报表列报准则，财政部发布了针对如何应用《企业会计准则第 30 号——财务报表列报》的应用指南，从总体上看，该准则简单明了，全准则共六章三十五条，在其配套的应用指南中，也主要是对涉及的报表格式进行分行业列示。而马来西亚历经多次修订的《财务报告准则第 1 号——财务报表列报》则表现出内容繁多的特点，该准则共有 9 大方面共 128 段的内容，与《国际会计准则第 1 号——财务报表列报准则》第 104 段的内容相比则是有过之而无不及。对会计准则繁简孰优孰劣的问题，目前尚无权威说法，而对高质量会计准则的判断也不是以繁简作为标准，每一项高质量的会计准则必须做到：①与基本的财务报告概念框架相一致；②只允许保留最低限度的备选会计程序；③必须清晰和全面，使准则容易被编报者、审计师、监管机构和使用者所理解。（汪祥耀，2003）基于以上的认识，笔者认为，在目前我国会计人员素质亟待加强的现实背景下，我们应更多地借鉴马来西亚财务报表列报准则中的做法，以提高企业会计信息的质量：①增加以列举的方式阐述准则条款，使准则更具操作性和更易于理解；②注意与其他准则的相互索引，也即是在财务报表列报准则中如果涉及其他会计准则时，应在该准则中予以列明，这也是与国际会计准则趋同的一个方面；③除了报表数字信息外，应以条款的形式鼓励企业提供更多的其他信息，如对企业财务状况和业绩的评述、对企业费用分类的说明、对企业融资来源的说明等；

④把在本准则出现的对相关专业术语的定义或解释另立章节，以使整个准则结构更清晰。

思考二：与国际会计准则趋同度的考量。

从中马两国财务报表列报准则的发展历程来看，两国准则与国际会计准则趋同已是不争的事实。但是，我们通过比较也可以看到，马来西亚的步子迈得更大，与国际会计准则的趋同度更高。从财务报表列报准则阐述的内容来说，FRS 101 与 ISA 1 实质上相差无几。目前马来西亚是世界上仅有的两个把国际会计准则作为国家会计准则但不完全覆盖国家会计准则国家之一（常勋，2006），而最近马来西亚会计准则理事会已决定在 2012 年实现其会计准则与国际会计准则全面趋同。我国财务报表列报准则虽在 2006 年已发布，但是实施的效果如何目前尚不得而知。笔者认为，要发挥我国在区域经济一体化中的作用及在区域会计协同中的话语权，应大力加强与国际会计准则的趋同，细化财务报表列报准则的阐述内容，从形式与实质上加大与国际会计准则的趋同程度，唯有这样，才能提供更为有用的会计信息，以满足信息使用者的需求。

第三节　中马现金流量表准则比较

一、引言

现金流量表是由财务状况变动表演变而来的。早在 1862 年，财务状况变动表就出现于英国，次年，美国开始编报这种以营运资金为基础的报表。一百多年的实践证明，财务状况变动表并不能全面反映企业的全部资金的流向和变动。1985 年，国际会计准则委员会（IASC）暗示现金流量信息更有助于评价企业生成现金和现金等价物的能力，并有助于财务报表使用者了解企业如何使用这些现金和现金等价物。1987 年美国财务会计委员会（FASB）率先发布现金流量表准则（FAS95），该准则于次年生效，取代原来的财务状况变动表。1989 年国际会计准则委员会（IASC）发布了第七号国际会计准则（IAS 7）《现金流量表》，1992 年 IAS 7 被批准，并于 1994 年 1 月开始或以后的会计期间有效。英国从 20 世纪 90 年代开始采用现金流量表，在此之前，企业编制资金来源与运用情况表。我国 1998 年 3 月颁布《企业会计准则——现金流量表》，要求上市公司呈报现金流量表，以取代原来的财务状况变动表，2001 年 1 月又作了修订，要求所有企业呈报现金流量表。2006 年会计新准则与我国现行 2001 年修订的《企业会计准则——现金流量表》比较没有变化。

二、中国现金流量表会计准则制定的国内背景

随着市场经济和证券市场的发展以及企业经营机制的转变，现金流量表已经成为影响企业生存和发展的重要因素，因此，编制现金流量表以代替财务状况变动表，将会适应当前市场经济发展和企业管理的需要。

基于以上考虑，1995 年 4 月 21 日，财政部制定了《企业会计准则——现金流量

表》的征求意见稿，公开征求意见。全国包括财政部门在内的各业务主管部门、企业、会计师事务所的工作人员和教学研究工作者等，都对征求意见稿发表了意见。在充分听取全国各方面以及国内外专家的意见和建议的基础上，1998 年 3 月 20 日，财政部发布了《企业会计准则——现金流量表》，并于 1998 年 1 月 1 日起在全国范围内施行。它的颁布实施，对于进一步规范企业现金流量表的编制方法及其应提供的信息，提高会计信息质量，推动我国证券市场乃至整个市场经济的发展，有着非常重要的意义。根据 1998 年至 2001 年三年的执行情况和经济环境的变化，财政部于 2001 年 1 月 18 日对原现金流量表准则进行了修订。修订后的现金流量表准则仍称为《企业会计准则——现金流量表》，并于 2001 年 1 月 1 日起在全国范围内施行。

随着我国企业会计准则的国际化进程的加快，我国企业会计准则与国际会计准则接轨的趋势越来越快，2006 年 2 月，财政部借鉴国际财务报告准则，对原现金流量表准则再次进行了修订，进一步规范现金流量表的编制和列报。修订后的现金流量表准则称为《企业会计准则第 31 号——现金流量表》，自 2007 年 1 月 1 日起在上市公司范围内施行，鼓励其他企业执行。执行新的会计准则的企业不再执行旧准则、《企业会计制度》和《金融企业会计制度》。

三、中马现金流量表准则差异

从总体上看，我国的《企业会计准则第 31 号——现金流量表》（以下简称 CAS 31）与马来西亚《财务报告准则第 107 号——现金流量表》（以下简称 FRS 107）基本一致，但在以下几个方面仍然存在差异。

（一）适用范围不同

CAS 31 只规范个别现金流量表的编制和列报，对于合并现金流量表的编制和列报，适用《企业会计准则第 33 号——合并财务报表》。而马来西亚 FRS 107 则同时规范了个别与合并现金流量表的编制和列报。

（二）列示企业类型不同

FRS 107 只列示了一般企业的现金流量表。CAS 31 分别列示了一般企业、商业银行、保险公司、证券公司等企业类型现金流量表。同时，CAS 31 规定政策性银行、信托投资公司、租赁公司、财务公司、典当公司应当执行商业银行现金流量表格式；担保公司应当执行保险公司现金流量表格式；资产管理公司、基金公司、期货公司应当执行证券公司现金流量表格式。此外，CAS 31 还规定，如企业有特殊需要，可结合企业的实际情况对现金流量表项目进行必要的调整或补充。

（三）经营活动现金流量编制方法不同

编制经营活动产生的现金流量可选用直接法和间接法。直接法可直接列示经营活动产生的现金流量的来源和用途，一般认为其优于间接法。间接法是将按权责发生制反映的净利润调节为经营活动的现金流量，它有利于报表的使用者从现金流量的角度分析企业净利润的质量，了解现金流量与净利润之间差异存在的原因。

CAS 31 规定企业应当采用直接法编制现金流量表，同时要求在现金流量表附注中提供在净利润基础上调节为经营活动产生的现金流量的信息。也就是说，同时采用直接法和间接法两种方法编报经营活动产生的现金流量。FRS 107 允许企业根据各自的情况自主选择使用直接法或间接法，同时鼓励企业使用直接法。如果企业选择直接法，则要求在附注中披露按间接法将净利润调节为经营活动现金流量的信息。

（四）现金及现金等价物的定义不同

我国把现金定义为企业的库存现金以及可以随时用于支付的银行存款和其他货币资金。但在马来西亚，需要即时偿还的银行透支也属于企业现金管理的一部分。因此，银行透支也包括在现金及现金等价物之中。我国现金和现金等价物中不包含银行透支。

（五）对股利和利息的处理不同

CAS 31 规定，已收取的利息和股利归入投资活动现金流量，而已支付的利息和股利则归入筹资活动现金流量。FRS 107 则规定对已收取和已支付的利息和股利可以归入经营活动、投资活动和筹资活动，且要保持前后各期一致。其中，已支付的利息可以归入经营活动或筹资活动，已收取的利息和股利可以归入经营活动或投资活动，已支付的股利归入筹资活动。

（六）私营企业现金流量表的编制

FRS 107 规定私营企业按照 FRS 107 的要求编制和列报现金流量表。CAS 31 只在上市公司范围内执行，私营企业不适用该准则。

四、我国现金流量表存在的问题及改进措施

经过多年与国际会计准则的协调，我国的会计准则已经与国际会计准则趋同。但是我们也应注意到，会计的国际协调是一个长期的过程。由于各国的情况千差万别，国际会计准则在制定中也是一个多方博弈的过程，它试图涵盖尽可能多的情况，对一些有争议的地方采取较模糊的表述，给予了会计人员较大的弹性空间。而相比较其他国家，我国的现金流量表由于受到我国经济发展水平不高、资本市场发展起步晚等条件的制约，无论从编制方法还是信息披露上都不够完善，没有对一些可能出现的现金流量作出充分的估计。同时我国目前还存在着诸如法律制度不够完善、会计从业人员素质不高、市场经济发育程度不够等问题，我们除了要充分考虑国际化的趋势，尽量缩小与国际惯例的差距外，还应根据本身的经济发展水平制定出符合我国会计实际工作、操作性强的会计准则，而不是简单地跟在国际会计准则后面亦步亦趋。

（一）现金等价物范畴不易理解

现金流量表的核心是现金及现金等价物。对于现金的定义一般不会产生异议；对于现金等价物的定义，我国认同一般公认的“期限短、流动性强、易于转换为已知金额现金且价值变动风险小的投资”。这样的定义与国际会计准则的定义是完全一致的。但是，从我国现金流量表的编制情况来看，由于企业会计人员对现金等价物的理解不一致，从而使报表的可比性受到削弱。此外，现金等价物的定义模糊，会造成企业主

观臆断或无所适从，有的企业甚至会通过“适当判断”来谋求对自己有利的结果，从而又产生新的报表粉饰问题。

本书认为，现金等价物的界定事实上没有多大的意义，而且组成项目的也无法明确确定，不易在理论和实务中为人们所理解；另外，广义的现金定义模糊、不规范，容易造成认识上的障碍，有悖会计信息可理解性的质量要求。因此，现金流量表应该剔除模糊的因素，从严格意义上定义现金，消除提供现金等价物信息的障碍，或对现金等价物作出更详尽的释义。从目前广义现金所包含的项目来看，现金流量表可用货币资金作为现金流量表的编制基础。

（二）项目划分不细致

我国将现金流量划分为经营活动现金流量、投资活动现金流量和筹资活动现金流量三大类，与国际会计准则一致。从会计的国际化发展趋势来看，越简单的定义越能得到普遍认同，我国的会计准则修订也是遵循了这样的一个原则，并且积极地缩小与国际会计准则的差距。相比较之下，英国则要细化得多，将现金流量分为经营活动、投资报酬和融资成本、税项、资本化支出和金融投资、购买和处置、支付的权益性股利、流动资源管理和筹资活动八大类。这种对现金流量的分类细致、繁琐、不易理解，对会计从业人员的素质有着较高的要求，我们虽然不应照仿，但也可从中得到一些启发。

（1）CAS 31 规定所有的税项都列在经营活动下，包括所得税，分为“收到的税费返还”和“支付的各项税费”两项。但是，所得税的产生有可能来自经营活动、投资活动或筹资活动，将其全部归为经营活动项目下并不妥当。在这方面，国际会计准则也规定，已付的税金通常可归类为源于经营业务的现金流量，但是，当能确认税金的现金流量是由某项交易所产生，而该交易又能产生归类为源于投资或融资业务的现金流量时，应将税金的现金流量归类为源于投资或融资业务。如果税金的现金流量已分配给一种以上的业务，已付税金的总额应予以揭示。这样的规定，使所得税项的现金流量来源和去向更为明晰，也为报表使用者提供了更准确的信息。但是，如果按照国际会计准则的规定，要将税款分别按业务性质分配给经营、投资和筹资的话，由于应税所得和会计利润不尽相同，所得税的支付与产生它的交易不一定属于同一类，这样会给所得税现金流量的分类带来一定难度。因此，为避免对所得税来源和去向的误解，可借鉴英国的做法，将所得税单独填列，将现金流量分为四大类：经营活动现金流量、投资活动现金流量、筹资活动现金流量、所得税税项。

（2）“筹资活动产生的现金流量”项目下“取得借款收到的现金”未区分长、短期借款而收到的现金，不利于报表使用者判断企业是否在长期筹资方面发生困难。针对这一问题，可适当在表中增加有关项目，或规定企业在基本项目外，根据实际需求增加对企业较重要、金额较大的项目，如在“筹资活动产生的现金流量”项目下单独列示“长期借款所收到的现金”。此外，“投资活动产生的现金流量”也没有区分长期投资和短期投资，这样一来不利于报表使用者分析企业有无将短期借款用于长期投资的情况。

（3）从资金的来源上看，企业借入长短期借款或发行债券会产生利息支出，因此利息支出属于筹资活动产生的现金流出项目。但是，从筹借资金的用途上看，企业筹集的资金可用于经营活动或投资活动，因此，与投入资金相关的利息支出也应分别归属于经营活动或投资活动。企业如果将利息支出以最适合企业业务的方式来呈报，分别填列于经营、投资和筹资活动的现金流出项目下，有利于报表使用者通过利息的支出了解企业筹借资金的使用情况。

（4）近几年来，随着经济环境的变化、竞争的加剧、国际资本的自由度加大，出于对于风险进行控制的需要，越来越多的金融工具随之产生，如衍生金融资产、嵌入衍生金融工具等，并且金融工具的创新还在不断地发展中。然而，会计制度的制定总是滞后于金融工具的创新。在现金流量表的内容上，我国准则中就缺乏反映衍生金融工具业务引起的现金流量项目，这虽然也与我国目前此类业务较少的实际相符，但准则的制定应具有一定的前瞻性，而不是等到此类业务多了以后再去修订。因此，借鉴国际会计准则的做法，可以将衍生金融工具产生的现金流量归入投资活动当中。

（三）现金流量表信息质量不高

相对于资产负债表及综合收益表，现金流量表的编制能为报表使用者提供更相关以及更可靠的会计信息。但是，由于现金流量表的编制比较复杂，会计人员素质参差不齐，因此，上市公司的现金流量表存在着种种信息质量问题，值得现金流量表使用者注意。

五、结论

新准则的实施提高了会计信息的相关性，有利于报表使用者预测企业未来现金流量，但是，综上所述，编制现金流量表首先应剔除现金及现金等价物定义上的模糊因素，以货币资金作为现金流量表的编制基础，增强现金流量表的可比性和可理解性，以及各报表项目之间的钩稽关系。其次，对于相关的现金流量很难判断是哪类活动引起的项目，建议单独列示，例如所得税，而不是简单地划归为某类活动，使报表使用者产生误解而无法作出正确决策。再次，应该适当细化现金流量表中的某些项目，或要求在报表附注中对表中所填列的项目作进一步的详细注释，做到清晰明了，便于报表使用者理解和使用。最后，应充实各类活动中所包含的项目及内容，例如对衍生工具和套期保值活动产生的现金流量，应结合我国经济、金融发展的现状，参考国际会计准则，加以归类。

第四节　中马中期财务报告准则比较

我国财政部于2006年2月15日颁布的《企业会计准则》，共由1个基本准则、38个具体准则构成，其中《企业会计准则第32号——中期财务报告准则》（以下简称CAS 32）对企业编制中期财务报告作出相应的规范，并于2007年1月1日起生效。而马来西亚会计准则理事会（MASB）于 2007 年颁布《财务报告准则第 134 号——中期财务报告》（以下简称 FRS 134）对企业编制中期财务报告作出规范，自 2007 年 7 月 1 日生效。2009 年，马来西亚会计准则理事会重新对该准则进行修订，修订后的 FRS 134 于 2010 年 6 月 1 日生效。以下对两国的中期财务报告准则作对比。

一、框架内容的比较

FRS 134 共由 46 条条款构成，这 46 条条款按其内容可分为目标、使用范围、中期财务报告的内容、年度财务报表的披露、确认和计量、以前已报告中期的重述及生效日七部分。在“目标”部分明确了马来西亚会计准则理事会颁布 FRS 134 的原因；在“适用范围”部分中，列示了 FRS 134 的适用范围；在“中期财务报告的内容”部分中，对中期财务报告项目最低要求、中期财务报表的形式及内容、报表注释、使用 FRS 的相关信息披露、中期财务报表会计期间的列报要求作出了规范；在“年度财务报表的披露”部分中，对报表披露的要求进行了规范；在“确认和计量”部分中，规范了编制中期财务报告会计政策要求，对季节性、周期性、偶然性收入的确认与计量，财务年度发生不均衡费用的确认与计量，确认与计量原则的应用，会计估计的适用等内容；在“以前已报告中期的重述”部分中，规范了企业使用新准则转换报表的操作；在“生效日”部分中，明确了本准则的生效时间。这种框架结构是按照财务会计的核算内容进行设计的。

CAS 38 由总则、中期财务报告的内容、确认和计量三部分组成。它将本准则的制定基础、中期释义在“总则”部分规范；在“中期财务报告的内容”部分，规范了中期财务报告的构成、信息披露要求等内容；最后是确认和计量。这种框架结构是按照财务会计的核算程序进行设计的。

二、中期财务报告定义的比较

FRS 134 将中期财务报告定义为“包括涵盖一个中期的一套完整的财务报表或一套简明的财务报表的财务报告”。

CAS 32 阐述的中期财务报告指“以中期为基础编制的财务报告”。

FRS 134 和 CAS 32 都把中期定义为“短于一个完整会计年度的报告期间”。两者基本内容是一致的，只是前者一方面强调财务报表和财务报告的关系，即财务报告实质上比报表的范围要更为广泛，但财务报表是财务报告的核心部分，另一方面也说明按照 FRS 134 对中期财务报告的要求，可以编制完整的财务报表，也可以编制简明的财务报表，企业可以根据自身的情况进行选择。CAS 32 对中期财务报告的定义较为简单，没有特别的含义。

三、中期财务报告内容和格式的比较

（一）中期财务报告的基本组成

FRS 134 允许编制完整的财务报表，也允许编制简明的财务报表，所以最低的要求是以编制简明财务报表为准的，基本包括：①简明资产负债表；②简明收益；③反映权益变动或与业主的资本交易和对业主的分配所引起的权益变动以外的权益变动的简明报表；④简明的现金流量表；⑤有选择的说明性附注。实际上这样看来，简明财务报表与完整的财务报表的组成部分是基本一致的，但在具体内容上却有差异。

CAS 32 要求中期财务报告至少包括：①资产负债表；②利润表；③现金流量表；④会计报表附注。且要求所提供的三张报表必须是完整的。

FRS 134 仅要求提供简明的财务报表和有选择的说明性附注，而 CAS 32 要求提供完整的财务报表，显然对中期财务报告的要求更为严格，这样可以促使上市公司提供更多、更有用的信息。

（二）报表附注要求比较

FRS 134 要求：中期报告的注释重点关注自上一个年度报告日期以来的重大更新以及财务状况和业绩的变动。只要是重要的应予以披露，下列信息是至少应包括的内容：①由于要与最近的年度财务报表相比，在中期财务报表中应遵循同样的会计政策及计算方法，如果这些政策或方法已被更改，描述变动的性质和影响；②如果企业上年的年度财务报表的审计报告是合格的，披露合格证明和引起合格的问题的现状；③对中期经营的季节性或周期性的解释性意见；④对资产、负债、权益、净损益或者现金流量具有影响的异常项目的性质和数额，这些项目因为它们的性质、大小或发生的频率而属异常；⑤本财务年度的以前中期已报告过的金额的预计变更的性质和金额，或在以前年财务年度报告过的金额的预计变更的性质和金额，如果这些变更对本中期有重要影响的话；⑥债务和权益证券的发行、取消、回购、转售和偿还；⑦为普通股和其他股份分别支付的股利（总额或每股股利）；⑧产业分部或地区分部的分部收入和分部成果，视产业分部还是地区分部作为企业分部报告的主要基础而定（只有当《财务报告准则第 114 号——分部报告》要求企业在其年度财务报表中披露分部数据时，才要求企业在中期财务报告中披露分部数据）；⑨不动产、厂场和设备的估值已结转，没有对以前年度财务报表修正，应给出一张这一影响的报表；⑩发生在中期期末之后，未在中期财务报表中反映的重要事项；⑪在中期内企业结构变化的影响，包括企业合并、子公司和长期投资的购买或处置、重组和中止营业；⑫自上一年度资产负债表日以来发生的或有负债或者或有资产的变化。

CAS 32 规定：中期会计报表附注应当以"年初至本中期末"为基础编制，重点披露自上年度资产负债表日之后发生的，有助于理解企业财务状况、经营成果和现金流量变化情况的重要事项或交易。这一规定与 FRS 134 基本一致。不同之处在于，我国要求中期财务报告应提供完整的财务报表，并且要求报表附注至少披露 14 个方面的信息，而 FRS 134 仅要求企业提供简明的财务报表和有选择的说明性附注，要求在附注中披露 12 个方面的信息。因此相比而言，我国中期财务报告准则要求更加详细的会计报表附注。

四、确认和计量的比较

（一）与年度报表一致的会计政策

FRS 134 和 CAS 32 都规定：在中期报告中，确认和计量资产、负债、收益和费用等要素，要采用与年度会计报告相一致的会计政策，但在上年度资产负债表日后发生的会计政策变更，且该变更的会计政策应用于本会计年度，则中期财务报告应适用已变更的会计政策。

FRS 134 和 CAS 32 还规定：中期会计计量应以年初至本中期末为基础，如果会计年度内以前中期的会计报表项目在以后中期发生了会计估计变更，则在以后中期会计报表中应当反映这种会计估计变更的金额，但对以前中期财务报告中已经反映的金额不再作调整，只作披露。

但是，FRS 134 具体规定了资产、负债、收益（收入）和费用的确认和计量问题，强调用独立观去处理这些问题，采用与年度报表一致的会计政策。另外，对于中期估计变更不追溯调整前期已报告金额的问题，FRS 134 有更为详细的说明；而 CAS 32 只就原则性问题作了交代，没有较具体的说明，这易产生操作的任意性。

（二）季节性、周期性或偶然性收入

FRS 134 和 CAS 32 都规定，如果企业财务年度末预计或递延财务年度内季节性、周期性或偶然性收入不合适的话，则在中期报告日也不应预计或递延这些收入，而是在收入发生时加以确认和计量。

但是，FRS 134 规定那些经营具有高度季节性的企业应对季节性活动的实质予以披露，并补充提供截至中期财务报告前十二个月的信息以及前一个十二个月的比较信息，以消除季节性、偶然性因素对预测的影响。补充提供这部分信息显然有利于信息使用者的决策活动，但 CAS 32 没有这些进一步的要求。

（三）财务年度发生的不均衡成费用

FRS 134 和 CAS 32 都规定，对于财务年度发生的不均衡费用只有在企业财务年度末允许递延或待摊时，企业才能在中期财务报告中对这类费用进行预提或递延，否则要在发生时加以确认和计量。

（四）会计估计的适用

FRS 134 和 CAS 32 都单独对会计估计的适用作了规定，而且两者的内容是相同的，主要是强调中期财务报告的计量也应同年度财务报告一样，基于合理的估计，并且也指出中期财务报告估计可能更为复杂，因为中期财务报告所能掌握的信息较年报更有限，面临着更大的不确定性。

五、以前已报告中期的重述的比较

FRS 134 规定，发生会计政策变更，企业需要重述本财务年度内以前各中期的财务报表，但对于以前财务年度内可比中期的财务报表，企业可以重述（基准处理方法），

也可以不予重述（允许选用的处理方法）。

CAS 32 规定，当企业会计政策变更时，在会计政策变更的影响能够合理确定的情况下，除非国家另外规定了其他的处理方法，否则要追溯调整本会计年度内以前各中期的财务报表，这一规定与 FRS 134 一致，但 CAS 32 同时要求追溯调整上年度的比较会计报表，而不像 FRS 134 那样允许企业有更大的选择空间。

六、总结

通过以上比较可知，我国中期财务报告准则与 FRS 134 相比，要求大致相同，但我国更为严格，允许企业选择的空间较少，这样保证了中期财务报表信息的可靠性。我国在分部、分类信息的披露方面相对薄弱。由于企业经营趋于多元化，有时候分类信息比综合信息更具有参考和预测价值，因此我国应从提高信息的相关性和有用性的角度考虑，加强对分部、分类信息的披露。

第五节　中马合并财务报表准则比较

现代大公司的形成和扩展的主要途径之一就是企业合并。随着各国市场的开放、资金流动速度的加快以及全球经济的一体化等，全球的跨国并购案例数量剧增。无论是在美国这样的发达国家，还是在中国和东南亚的发展中国家，通过取得别国境内公司的股权建立跨国公司或扩大跨国经营的现象如今已屡见不鲜。在这种情况下，综合反映集团财务状况、经营成果等相关信息的合并财务报表就显得尤为重要。因此，要更好地促进中国与马来西亚之间企业并购业务的发展，就有必要了解两国关于合并财务报表的相关规定和差异。本节主要对中国的《企业会计准则第 33 号——合并财务报表》（以下简称 CAS 33）和马来西亚的《财务报告准则第 127 号——合并财务报表和单独财务报表》（以下简称 FRS 127）所涉及的合并理论、合并政策和合并范围、合并程序等方面进行比较和分析。

一、合并理论基础的比较

合并财务报表的编制理论主要有所有权理论、实体理论和母公司理论。所有权理论认为，母子公司之间是拥有与被拥有的关系，编制合并财务报表的目的，是为了向母公司的股东报告其所拥有的权益。根据这一理论，合并财务报表编制采用的是比例合并法，合并资产负债表不能完整反映子公司的资产。由于所有权理论下的合并财务报表所提供的信息难以满足信息使用者的需求，因此，现在很多国家都不采用这一理论。实体理论认为，母子公司从经济实质上说是单一个体，合并财务报表应从整个企业集团的角度出发并为全体股东（包括控股股东和少数股东）的利益服务。实体理论主张采用完全合并法编制合并财务报表。母公司理论认为，合并财务报表是母公司报表的扩展，其基本编报目的是从母公司股东的角度出发，为母公司股东的利益服务。根据母公司理论，企业集团内的股东只包括母公司的股东，少数股东被看成是集团的外界债权人。我国的 CAS 33 和马来西亚的 FRS 127 都是侧重于实体理论，但部分规定也采纳了母公司理论。因此，两国关于合并财务报表的规定大体一致，但也存在一些差异。

二、合并政策和合并范围的比较

我国 CAS 33 规定，母公司应当编制合并财务报表。马来西亚的 FRS 127 规定，母公司要求编制和列示合并报表。FRS 127 同时还规定当母公司满足下列条件时，不需要列报合并报表：①母公司本身是全资子公司，或者是另一个主体部分拥有的子公司，并且母公司的其他所有者已被告知且不反对母公司不列报合并财务报表；②母公司的债务和权益性工具没有在公开市场上交易（不是一个上市公司主体）；③母公司没有为了在公开市场上发行任何种类的工具，向证券交易委员会或其他监管机构报送或正在报送财务报表；④母公司的最终母公司或任一中间母公司编制了合并财务报表。我国没有提出豁免编制合并财务报表的条件，也就是说所有的母公司均应编制合并财务报表。之所以没有作出类似马来西亚的规定，可能是由于我国的信息披露监管机制尚未健全，豁免认定的条件尚未成熟。

合并范围方面，我国 CAS 33 与马来西亚的 FRS 127 基本一致。CAS 33 规定母公司应将其控制的全部子公司纳入合并财务报表的合并范围，包括小规模的子公司以及经营特殊业务子公司，有证据表明母公司不能控制被投资单位的除外。CAS 33 还规定，母公司控制的特殊目的主体也应纳入合并财务报表的合并范围。在以控制为基础确定合并财务报表的合并范围时，应当强调实质重于形式，综合考虑所有相关事实和因素进行判断。FRS 127 也规定母公司应将所有子公司纳入合并财务报表的合并范围，包括国内的子公司和国外的子公司。当母公司丧失对子公司的控制权，就不需要合并该子公司。可见，两者都强调控制这一理论基础，而且均指实质控制权。不过，FRS 127 还指出，该准则还适用于母公司财务报表中对投资的联营企业和合营企业的会计处理，也就是说，马来西亚的联营企业和合营企业也需要编制合并财务报表，因为马来西亚认为联营企业和合营企业编制合并财务报表能提供更多的有用信息。而我国的 CAS 33 仅规定对控制的子公司纳入合并财务报表范围，原采用比例合并法的合营企业，应当采用权益法核算，即不需纳入合并财务报表范围采用比例合并法合并。投资者所需要的与合并财务报表效果类似的损益等信息通过权益法核算来提供，即在利润表中采用“对联营企业和合营企业的投资收益”这一项目来反映。这样处理，主要是为了迎合我国会计实务多年来的习惯，有助于会计人员对会计准则的理解和运用。

三、合并程序的比较

（一）会计政策

一般公认会计准则均要求子公司与母公司采用统一的会计政策编制财务报表。FRS 127 规定，如果被合并的主体对类似交易和事项采用了与在合并财务报表中不同的会计政策，则在编制合并财务报表时必须加以调整。而 CAS 33 则规定，母公司应当统一子公司所采用的会计政策，使子公司采用的会计政策和母公司保持一致。子公司所采用的会计政策与母公司不一致的，母公司应当按照自身的会计政策对子公司财务报表进行必要的调整，或者要求子公司按照母公司的会计政策另行编制财务报表。也就是说，我国和马来西亚都要求母子公司会计政策必须一致，不允许有差异。

（二）会计期间

根据 FRS 127 的规定，母公司和子公司的财务报告日应相同。FRS 127 还规定，如果子公司资产负债表日与母公司资产负债表日相差三个月以内的，可以以三个月以内的子公司编制的会计报表为基础编制合并财务报表，但应该对子公司资产负债表日与母公司资产负债表日之间发生的重大交易或其他事项的影响作必要的说明。在任何情况下，子公司与母公司财务报表报告日之间相差不得超过三个月。我国 CAS 33 规定，母公司应当统一子公司的会计期间，子公司会计期间与母公司不一致的，母公司应按照自身的财务报表决算日和会计期间对子公司财务报表进行调整；或者要求子公司按照母公司的财务报表决算日和会计期间另行编制财务报表。CAS 33 中并未提到子公司与母公司财务报表报告日的最大差距，也就是说，我国不允许有不一致的情况。从理论上说，我国的规定要比马来西亚的规定更完美，但是考虑到实际工作中现实存在的较难调整的子公司财务报表的情况，允许一定的差异可能更务实些。当然前提是时间差异不会对合并报表产生重大影响。可是，到底允许的时间差异为多少才是最合适的，在没有得到充分的理论和实例支持前，不允许差异的存在不失为一种较好的选择。

（三）报告期内同一控制下企业合并增加子公司的处理

由于我国《企业会计准则第 20 号——企业合并》将企业合并划分为同一控制下企业合并和非同一控制下企业合并，因此相应的在 CAS 33 中也对同一控制下企业合并形成母子公司关系的合并财务报表进行了相关的规定。CAS 33 指出，母公司在报告期内因同一控制下企业合并增加的子公司，应当调整合并资产负债表的期初数；应当将该子公司合并当期期初至报告期末的收入、费用、利润纳入合并利润表；应当将该子公司合并当期期初至报告期末的现金流量纳入合并现金流量表。马来西亚的准则并未涉及同一控制下企业的合并，因此 FRS 127 也就没有对此作出相应的规定。

（四）内部交易的抵消

我国 CAS 33 规定，母公司与子公司、子公司相互之间发生的内部交易对合并资产负债表、合并利润表、合并现金流量表和合并所有者权益变动表的影响应当抵消。也就是说，对内部交易产生的未实现利润要全额消除，这是实体理论的体现。FRS 127 对于内部交易产生的未实现利润的处理采用的也是实体理论的观点，即要求所有的集团内部交易的利润和损失应全额抵消。

（五）合并商誉的处理

我国 CAS 33 规定，在购买日，母公司对子公司的长期股权投资与母公司在子公司所有者权益中所享有的份额的差额，应当在商誉项目列示。即合并商誉仅限于母公司购买价格高于其获得的子公司可辨认净资产份额的差额部分，不反映少数股权的商誉。

这体现了母公司理论的观点。FRS 127 对于合并商誉的处理与我国 CAS 33 的规定是一致的。之所以两国在合并商誉处理上不采用实体理论的观点，也就是反映全部商誉（包括上述股权的商誉），主要是因为实体理论下商誉计算的合理性有所欠缺。按照实体理论的观点，商誉等于子公司的整体价值减去子公司可辨认净资产的公允价值。其中，子公司的整体价值是通过母公司所支付的股权收购价格除以母公司收购的股权比例推定的。这一推定的假设前提是子公司的少数股东愿意以控股股东支付的价格来购买其相应的股权。而事实上，这一假设前提与实际情况是不相符的。因此，一直以来实体理论的商誉计算的合理性备受争议。为了更合理地反映合并商誉，两国均适当地采纳了母公司理论的观点。

（六）少数股东权益和损益的列示

我国 CAS 33 规定，子公司所有者权益中不属于母公司的份额，应当作为非控制性权益（即少数股东权益）。非控制性权益应当以子公司资产负债表日的股权结构为基础确定，在合并资产负债表中所有者权益项目下以“少数股东权益”项目单独列示。此外，子公司当期净损益中属于非控制性权益的份额，应当以子公司资产负债表日的股权结构为基础确定，在合并利润表中“净利润”项目下以“少数股东损益”项目单独列示。这一规定的理论基础是实体理论。FRS 127 规定，少数股东权益应在资产负债表的权益类项目中单独列示，在损益表中当期净损益分为归属于母公司股东的以及归属于少数股东的两类，并分开列报。可见，马来西亚也是采用实体理论。由于实体理论对控股股东和少数股东一视同仁，能最大限度地为集团利益相关者提供相关信息。因此，实体理论越来越多地被各个国家所接受。

四、披露的比较

由于会计处理规定存在细微的差异，因此在披露方面，中国和马来西亚的规定也相应地存在一些差异。我国的 CAS 33 要求披露，子公司与母公司不一致的会计期间，编制合并财务报表的处理方法及其影响等。马来西亚的 FRS 127 要求披露，子公司与母公司报告日不同的原因，豁免编制合并财务报表的事实等。总体上来说，FRS 127 的披露要求比 CAS 33 要详细一些，这主要是因为我国的企业会计准则制定的出发点是规范会计确认、计量和报告，而马来西亚的财务报告准则主要规范的是报告，因此，马来西亚关于披露的要求就相对多一些。

从以上分析可以看出，因为中国和马来西亚在合并财务报表编制上均是侧重于实体理论，所以理论基础的一致决定了它们在规定上不会存在实质上的差异。仅仅是在一些细节的处理上，由于国情和文化的不同而出现了差异，如同一控制下企业合并下合并财务报表的编制、母子公司报告日差异的处理、编制合并财务报表的豁免条件等。随着两国经济和社会的发展以及与国际会计准则趋同的推进，两者之间的差异或许会进一步缩小。

第六节 中马分部报告准则比较

我国财政部于 2006 年 2 月 15 日颁布的《企业会计准则第 35 号——分部报告》(以下简称 CAS 35)对企业编制分部报告作出相应的规范，并于 2007 年 1 月 1 日起生效。而马来西亚会计准则理事会（MASB）于 2002 年颁布《财务报告准则第 114 号——分部报告》(以下简称 FRS 114)对企业编制分部报告作出规范，自 2002 年 6 月 1 日或以后日期开始的期间生效，在 2004 年马来西亚会计准则理事会重新对该准则进行修订。以下对两国的分部报告准则作对比。

一、框架内容的比较

FRS 114 共由 85 条条款构成，这 85 条条款按其内容可分为目标、使用范围、释义、报告分部定义、分部会计政策、信息披露及生效日七部分。在“目标”部分明确了马来西亚会计准则理事会颁布 FRS 114 的原因；在“适用范围”部分中，列示了 FRS 114 的适用范围；在“释义”部分中，对与其他准则的衔接、业务分部与地区分部、分部收入、费用、结果、资产、负债等内容进行了释义；在“报告分部定义”部分中，对主要分部、次要分部的报告格式，主要分部与次要分部、可报告分部进行了规范；在“分部会计政策”部分中，规范了分部报告编制的会计政策；在“信息披露”部分中，规范了主要分部的报告格式及次要分部信息披露要求；在“生效日”部分中，明确了本准则的生效时间。这种框架结构是按照财务会计的核算内容进行设计的。

CAS 35 由总则、报告分部的确定、分部信息的披露三部分组成。它将本准则的适用范围纳入到“总则”部分；在“报告分部的确定”部分，规范了报告分部的定义、分类及范围；最后一部分是报告分部信息披露的相关规定。这种框架结构是按照财务会计的核算程序进行设计的。

二、分部报告目标的比较

FRS 114 明确指出编制分部报告的目的在于提供有关企业从事不同种类的经营活动的信息和企业所处不同的经济环境的信息，并指出此目的与财务报告的目的一致，同时提出分部信息披露的目标，强调“决策有用观”居主导地位。

CAS 35 没有明确指出披露分部信息的目标。由于我国财务报告的目标是受托责任观与决策有用观相结合，因此，分部报告在我国不仅要“决策有用”，同时还应能够更好地反映企业管理层的受托责任履行情况。

相对比而言，CAS 35 的目标更明确、全面。

三、适用范围的比较

FRS 114 明确提出该分部报告准则适用于权益性或债务性证券公司公开交易的企

业，但不适用于其他在经济上重要的实体。

CAS 35 规定，在中华人民共和国境内设立的存在多种经营或跨地区经营的企业，都应按照 CAS 35 的规定披露分部信息。

我国的适用范围比较广泛，除上市公司外还包括非上市公司。同时，CAS 35 还强调“法律、行政法规另有规定的除外”。

四、分部确认的比较

（一）分部种类的比较

FRS 114 和 CAS 35 都将企业报告分部划分为业务分部和地区分部，并且两者对业务分部和地区分部的定义和确定分部时考虑的因素都是基本一致的。其差异主要表现在：对于地区分部，FRS 114 明确指出企业应以风险来自其资产分布（其销售的源头）还是客户分布（其销售的目的地）来确定其地区分部应以资产分布为基础，还是以客户分布为基础，而我国并没有这方面的相关规定。

（二）分部划分方法的比较

FRS 114 用“管理法”与“风险与报酬法”相结合的方法划分分部，采用“管理法”划分分部，即以企业内部管理当局进行经营决策、分配资源和评价业绩而组织的分部为基础，允许企业以产品和服务、地区、法律主体或顾客等方式提供分部信息，即除考虑企业内部管理当局的影响外，还强调企业所生产的产品和提供的劳务隐含的风险与报酬的不同来源，即所谓的“风险与报酬法”。

CAS 35 对于分部的划分以企业经营的风险和报酬为基础，划分方式也只按业务和地区两种。

相比较，FRS 114 采用“管理法”与“风险与报酬法”相结合的方法更为全面。

（三）确定应报告分部的比较

FRS 114 采用“10%”和“75%”的数量标准来确定报告分部，即要求所有报告分部的总收入必须构成主体合并收入的 75%。如果分部报告的总收入占主体合并收入的比重不足 75%，则应将未达到上述 10% 临界线的分部指定为报告分部，从而使所有报告分部的总收入达到主体合并收入的 75%。FRS 114 使用的是“分部合并成果的 10% 或者以上”。有关小型分部的处理，FRS 114 要求将其作为一个未分配的调节项目进行披露。

CAS 35 在确定报告分部时主要考虑：合并同类分部，主要业绩指标比较接近；10% 的重要性杠杆，使用的是“所有分部成果（利润或亏损）的合计额的 10% 或者以上”；覆盖面 75% 的标准。报告分部的数量通常不应超过 10 个。报告分部的数量超过 10 个需要合并的，应当以经营分部的合并条件为基础，对相关的报告分部予以合并。

五、分部会计政策的比较

FRS 114 要求分部报告的编制应遵循与企业集团或母公司财务报表编制和报告相一

致的会计政策。

CAS 35 要求企业在编制分部报告时，应该依据合并财务报表和个别财务报表编制所采用的会计政策，以及与分部报告特别相关的会计政策。

FRS 114 和 CAS 35 对于分部报告采用的会计政策要求基本相似，该要求可加强会计信息的可比性，对于信息使用者而言更易了解企业编制分部信息时所采用的确认和计量方法，从而更易了解分部数据的来源。但是，其缺点也是比较明显的：在涉及与分部报告特别相关的会计政策时，因为没有相应的公认会计原则的规定，所以存在较强的主观性，同样也会造成可靠性的降低。

六、分部报告形式的比较

基于不同的分部划分方法，分部报告的报告形式也有所区别。FRS 114 将分部报告形式分为主要报告形式和次要报告形式，即风险和收益的主要来源为主要报告形式，而风险和收益的次要来源为次要报告形式，同时由于 FRS 114 划分分部是采用“管理法”和“风险与报酬法”相结合的方法，因此强调主要报告形式和次要报告形式的确定应以企业的内部组织和管理结构及内部财务报告体系为基础。

CAS 35 的规定与 FRS 114 一致，都要求企业分部信息以业务分部为主要形式、地区分部为次要形式，但由于 CAS 35 对分部的划分建立在“风险与报酬法”的基础上，因此并没有强调企业的内部组织和管理结构及内部财务报告体系在确定报告分部中的作用。但在《企业会计准则解释第 3 号》中，对披露内容有详细规定：披露确定报告分部考虑的因素、报告分部的产品和劳务的类型；每一产品和劳务或每一类似产品和劳务组的对外交易收入等。

七、分部披露信息内容的比较

FRS 114 要求以非等量披露模式揭示分部信息，即以主风险与收益的不同来源确定业务分部或地区分部作为主要报告形式揭露详细信息，包括分部收入、分部费用、分部利润（或亏损）、分部资产（不包括所得税资产）的账面总额、分部负债（不包括所得税负债）的账面总额等内容。FRS 114 鼓励企业披露分部的现金流量信息。在次要报告形式中按占收入或资产的 10% 及以上的分部披露资产、收入与当期购置固定资产和无形资产的支出额。

CAS 35 要求企业分主要报告形式和次要报告形式对报告分部进行披露，其中主要报告形式披露的内容与 FRS 114 基本一致，但并不鼓励企业披露分部现金流量，也不要求在次要报告形式中披露当期购置固定资产和无形资产的支出额，也未明确指出分部收入以及分部费用具体应包括哪些项目。

八、总结

通过以上比较可知，CAS 35 更多地强调不同期间信息的可比性和可靠性。但是在 CAS 35 的实施过程，还存在以下不足：

（一）分部的划分和报告分部的确定

CAS 35 比较注重产品和劳务的内在风险和报酬，在实务操作中却存在以下困难：①企业很难界定各种业务或各个地区的风险和报酬；②因没有考虑企业管理组织结构，使分部的划分掺杂了较多主观因素。

随着我国企业管理水平的提高，从成本效益原则角度考虑，最终应使用“管理法”和“风险与报酬法”相结合的方法来制定分部报告准则，在此过程中应完善分部报告相关法律、法规配套制度的建设。

（二）10%的判断标准

分部收入、分部利润（或亏损）、分部资产这三个标杆之间存在重叠，三者可能会同时指向某些地区分部或业务分部，造成报告分部信息披露的片面性。报告分部的确定如果单纯以相对数作为标准也不恰当，很多时候满足分部收入 10%的相对数标准的企业，由于规模大小不同，其绝对数可能相差甚远，从而使提供的分部信息缺乏可比性；同时，这也可能会给某些企业避免编制分部报告留下可操作的空间。因此，如果制定一个比较低的相对数指标的同时，规定一个绝对数限额，可以使判定标准更加合理。

（三）分部收入、分部费用的确认和计量

基于成本方面的考虑，分部报告的内容通常只限于一些关键指标，披露要求还有待于进一步完善，如分部费用的界定。CAS 35 定义的分部费用可归属于分部的对外交易费用和对其他分部的交易费用，但 CAS 35 并没有明确指出哪些内容可纳入分部费用，在分部报告准则中，将分部经营成本和分部期间费用不加区分而混称为分部费用不够规范。在对共同费用进行划分时，需要财务人员对企业的组织结构、各分部的风险和收益进行深入的分析，作出审慎的职业判断。因此，对于一些划分难度较大的项目，可以不划分，这样不仅可以减少费用划分中的随意性，而且可以减少公司的核算成本，提高分部信息披露的时效性。

第七节 中马关联方披露准则比较

一、关联方披露准则产生的背景

随着经济全球化进程的不断深入，关联企业间的关联交易越来越频繁。关联交易具有两面性：一方面，关联交易可以充分利用企业集团的内部资源，降低交易成本，提高经营效率；另一方面，一些企业尤其是上市公司往往利用不当关联交易进行“利益转移”和盈余操纵，严重损害投资者和债权人的利益。为防范不公允关联交易，提高企业关联交易信息披露的透明度，世界各国依据自己的实际情况制定了相应的关联方披露准则。我国财政部于 1997 年 5 月发布《企业会计准则——关联方关系及其交易的披露》。2006 年 2 月，我国财政部颁布了与国际财务报告准则趋同的新会计准则体系，对原先的关联方披露准则进行了一定的修改，并将其更名为《企业会计准则第36号——关联方披露》（以下简称CAS 36）。马来西亚会计准则理事会（MASB）也于1999年12月发布了《马来西亚会计准则第8号——关联方披露》（MASB 8），并自2005年1月1日起更名为《财务报告准则第124号——关联方披露》（以下简称FRS 124）。马来西亚会计准则理事会于2006年5月对该准则进行了修订，新修订的FRS 124自2006年10月1日开始实施。以下是CAS 36与修订后的FRS 124的比较分析。

二、准则构架结构比较

FRS 124由7个部分共24个段落组成，CAS 36则分四章共十二条，两者相比，FRS 124的内容划分更为详细，篇幅也较长。两国准则内容划分的对应关系如表6.4所示。

表6.4 中马关联方披露准则框架结构的比较

FRS 124	CAS 36
目标	第一章　总则
范围	
关联方披露的目的	无
定义	第二章　关联方
	第三章　关联方交易
披露	第四章　披露
生效日期	无
FRS 124_{2004}的撤销	无

三、准则内容比较

（一）目标、范围的比较

FRS 124的第一部分“目标”与CAS 36的第一章第一条对应。FRS 124在第一部分中明确指出本准则的目标是确保主体的财务报表包含关注这种可能性所必需的披露，即主体的财务状况和损益可能受关联方的存在、关联方交易及其未结算余额影响的可能性。CAS 36没有明确指出准则的目标，仅在第一章第一条中指出制定本准则是“为了规范关联方及其交易的信息披露”。FRS 124的第二部分“范围”与CAS 36的第一章第二条对应。FRS 124在第二部分以列举的方式详细说明了准则适用于：①界定关联方关系和交易；②确定主体与关联方之间的未结算余额；③确定在什么情况下要对以上①项和②项进行披露；④决定对这些项目披露的内容。CAS 36的第一章第二条则以一句“企业财务报表中应该披露所有关联方关系及其交易的相关信息”对准则的适用范围进行总结。可见FRS 124对目标和范围的规定更加具体而详细，CAS 36的规定则相对笼统而简略。同时CAS 36还要求，对外提供合并财务报表的，对于与合并范围外各关联方的关系及其交易应予以披露。这表明CAS 36要求在与合并财务报表一起提供的母公司个别会计报表中披露关联方交易。这与FRS 124要求在母公司、合营者或投资方列报的单独财务报表中披露关联方交易和未结算余额的规定是类似的。

（二）关联方认定的比较

FRS 124和CAS 36都没有专门对关联方进行定义，而是列举了关联方关系存在的形式及不构成关联方的例外事项。

1. 关联方的判断标准

在判断各种可能的关联方关系时，两国准则的表述方式虽然不同，但均把“控制”、“共同控制”及“重大影响”作为判断关联方关系存在的基本标准。两国准则对“控制”、“共同控制”及“重大影响”的解释如表6.5所示。

表6.5　中马关联方披露准则对相关术语解释的比较

术语	FRS 124的解释	CAS 36的解释
控制	指统驭某一主体的财务和经营政策，从而从其活动中获取一定利益的一种权利。	指有权决定一个企业的财务和经营政策，并能据以从该企业的经营活动中获取利益。
共同控制	指合同约定的对某项经济活动所共有的控制。	指按照合同约定对某项经济活动所共有的控制，仅在与该项经济活动相关的重要财务和经营决策需要分享控制权的投资方一致同意时存在。
重大影响	指有权参与某一主体的财务和经营政策的相关决策，但不控制这些政策的权力。重大影响可以通过持股、章程或协议来获得。	指对一个企业的财务和经营政策有参与决策的权力，但并不能够控制或者与其他方一起共同控制这些政策的制定。

从表6.5可以看出，两国准则对“控制”术语的解释基本是一致的，对“共同控制”和“重大影响”这两个术语的解释，两国准则在细节上存在差异。CAS 36强调指出“共同控制”仅在与某项经济活动相关的重要财务和经营决策需要分享控制权的投资方一致同意时存在。这说明即使有长期的合同约定存在，也不能保证长期持续地实现共同控制，一旦分享控制权的投资各方对合同约定的某项经济活动涉及的相关重要财务政策或经营政策存在意见分歧，就无法形成合同约定的共同控制。FRS 124对此没有述及。而FRS 124特别说明了重大影响获得的方式，CAS 36则没有类似阐述。

2. 关联方的认定范围

CAS 36在其第二章“关联方”中指出关联方关系主要存在六个方面：该企业的母公司和子公司、与该企业受同一母公司控制的其他企业；该企业的合营企业；该企业的联营企业；该企业的主要投资者个人及与其关系密切的家庭成员；该企业或其母公司的关键管理人员及与其关系密切的家庭成员；该企业主要投资者个人、关键管理人员或与其关系密切的家庭成员控制、共同控制或施加重大影响的其他企业。FRS 124的规定与CAS 36基本相同，两者差异主要体现在三个方面：①与个人构成关联方关系方面。FRS 124 没有将主体的主要投资者个人作为关联方，CAS 36 则其视为关联方。②通过个人与其他企业构成关联方关系方面。FRS 124 认定的关联方除了包括受企业主要投资者个人、关键管理人员或与其关系密切的家庭成员控制、共同控制或施加重大影响外，还包括受主体母公司的关键管理人员或与其关系密切的家庭成员控制、共同控制或施加重大影响的其他企业。CAS 36 列举的关联方仅包括前者。③其他方面。FRS 124 将为主体或作为主体关联方的任何主体的雇员福利而设的离职后福利计划也纳入了关联方范围。CAS 36 则没有述及这部分内容。

3. 不构成企业关联方的例外事项

在对关联方关系进行确认时，两国准则都强调了实质重于形式的原则。例如，仅与该企业发生日常往来的资金提供者、公用事业部门、政府部门和机构；仅与该企业发生大量交易而存在经济依存关系的单个客户、供应商、特许商、经销商或代理商；仅与该企业共同控制合营企业的合营者，两国准则都不认定其为关联方。两国准则的差异在于：① FRS 124 认为仅仅在关键管理人员中拥有一名共同董事或其他人员的两个主体未必一定是关联方，而在 CAS 36 中没有类似的阐述；② CAS 36 认为仅仅同受国家控制而不存在其他关联方关系的企业，不构成关联方，FRS 124 则没有将其排除在关联方范围之外。

（三）关联方交易确认的比较

CAS 36 和 FRS 124 关联方交易的定义是一致的，都认为关联方交易是指关联方之间转移资源、服务或义务的行为，而不论是否收取价款。两国准则列举的关联方交易项目也基本一致，均包括关联方之间的商品购销，劳务提供或接受、租赁、担保或抵押等。差异主要表现在：① FRS 124 列举的关联方交易项目中没有提及关键管理人员薪酬，CAS 36 则明确将其列为关联方交易项目之一；② FRS 124 规定，母公司或子公司参与在主体中共担风险的设定收益计划，视为关联方之间的交易，CAS 36 没有类似规定；③ FRS 124 列举的关联方交易项目包括担保和抵押，CAS 36 只提及了担保。

（四）披露的比较

1. 母子公司关系的披露

两国准则都要求，当存在控制关系时，企业无论是否发生关联方交易，均应当在附注中披露与母公司和子公司有关的信息，包括母公司的名称、最终控制方、对外公开提供财务报表的相邻最高级别母公司等信息。除上述信息外，CAS 36 还要求披露子公司的名称、母子公司的业务性质、注册地、注册资本（或实收资本、股本）及其变化以及母公司对该企业或者该企业对子公司的持股比例和表决权比例。这与 FRS 124 规定的应披露“母公司和子公司之间的关联方关系的识别”要求相似，但是 CAS 36 的规定更为详细和具体。

2. 关联方交易要素的披露

如果关联方之间发生了交易，两国准则要求至少披露的交易要素均包括：交易的金额；未结算项目的金额、条款和条件，以及有关提供或取得担保的信息；未结算应收项目的坏账准备金额。两国准则的差异在于：① CAS 36 要求披露关联方交易的定价政策，FRS 124 则没有该项要求。② CAS 36 在其第三章“关联方交易”中虽然将关键管理人员的报酬列为关联方交易的项目之一，但没有对其具体内容进行说明，在第四章“披露”中也未对其披露要求作出规定。FRS 124 则要求主体应披露关键管理人员报酬的总额，并按下列各类分别披露：短期雇员福利、离职后福利、其他长期福利、辞退福利、权益计酬福利。FRS 124 同时还在其第四部分“定义”中对“报酬”的含义及具体内容作了详细的说明。

3. 分类及合并披露

两国准则均要求关联方交易应当分别关联方以及交易类型予以披露。性质相似的关联方交易项目，在不影响财务报表阅读者正确理解关联方交易对财务报表影响的情况下，可以合并披露。

4. 公平关联方交易的认定

两国准则的规定是一致的，都认为只有在提供充分证据的情况下，企业才能披露关联方交易采用了与公平交易相同的条款。显然两国准则均默认推定关联方交易并不一定是公平交易。

四、总结和启示

通过上面的比较分析，我们可以看出，中国和马来西亚两国的关联方披露准则虽然在构架结构和内容上存在差异，但总体上体现了趋同的发展趋势。两国关联方披露准则的实质性差异是：FRS 124 将同受国家控制的企业视为关联方，所发生的交易作为关联方交易，在财务报表中要求充分披露；CAS 36 则规定，仅仅同受国家控制而不存在其他关联方关系的企业，不构成关联方。CAS 36 的规定与我国的国情是相符的。目前我国的国有企业及国有资本占主导地位的企业较多，因此，企业之间的许多交易是在同受国家控制的企业之间进行的，如果要求对这些企业之间的交易都视同关联方交易并予以披露，这不仅会大大增加企业的负担，而且无助于投资者了解企业的财务状况和经营成果，过量的披露反而影响了投资者正常阅读和理解会计信息。因此，我国在 CAS 36 中坚持不把同受国家控制的企业视为关联方，从而限定了国家控制企业构成关联方的范围。国际会计准则理事会（IASB）于 2009 年 11 月 4 日发布了新修订的《国际会计准则第 24 号——关联方披露》，宣布部分豁免政府相关实体的披露要求，基本消除了与中国关联方披露准则的差异。由于马来西亚财务报告准则的制定和修改采取的是与国际财务报告准则亦步亦趋的趋同策略，相信在不久的将来，FRS 124 也会作出相同的修订，届时，中马两国关联方披露准则的实质性差异将随之降低乃至消除。

我国关联方披露准则自发布以来，对于充分披露上市公司的关联交易信息起到了推进作用，但在实际执行中仍存在不少问题。针对我国关联方披露准则存在的问题，借鉴马来西亚关联方披露准则的合理成分，我们认为，可从以下几方面修订和完善我国的关联方披露准则。

（一）明确关联方披露的目的

修订后的 FRS 124 增加了第三部分“关联方披露的目的”，详细说明了披露关联方及其交易的意义。而 CAS 36 没有对应的章节阐述这部分内容。关联方关系的存在可能会对主体的损益和财务状况产生影响，因为关联方之间可能发生非关联方之间正常情况下不会发生的某些交易，或者关联方交易所订立的价款可能与非关联方交易有所不同。例如，以成本价向母公司销售商品的企业可能不会按照同样的条款向其他客户销售商品。即使不发生关联方交易，主体的损益、财务状况和现金流量也会受到关联方关系的影响。因为存在这种关系，可能足以影响主体与其他（非关联）方的交易。例如，母公司一旦收购了其主要供应商的竞争对手作为子公司，母公司可能就不再从该主要供应商采购。可见，对于关联方交易，未结算金额以及关联方关系方面的了解程度可能影响财务报表使用者对一个公司经营状况的评价，包括对公司面临的风险和机会的评估。因此，有必要对关联方进行披露。我国可借鉴 FRS 124 的做法，在关联方披露准则中强调说明披露关联方的目的，这将会使投资者更加理解关联方关系及交易披露的重要性，有助于投资者更好地理解财务信息。

（二）适当地拓展关联方的认定范围

FRS 124 列举的关联方关系存在的形式要比 CAS 36 多，范围更广。鉴于我国上市公司已经出现了关联交易非关联化的新动向，在不加重企业信息披露负担的前提下，关联方披露准则可适当地拓展关联方的认定范围。例如，可将受企业母公司的关键管理人员或与其关系密切的家庭成员控制、共同控制或施加重大影响的其他企业也作为关联方，以避免一些企业利用准则中列举的关联方关系以外的"关联方关系"规避准则的监管。另外，FRS 124 将为主体或作为主体关联方的任何主体的雇员福利而设的离职后福利计划也纳入了关联方范围，而 CAS 36 中无此规定，这可能与我国企业退休福利计划（我国称为"企业年金"）起步晚、覆盖率低有关。但是我们应看到，自 2004 年《企业年金试行办法》和《企业年金基金管理试行办法》颁布以来，我国企业年金的参加人数和基金规模在不断增加，企业年金的入市规模和速度也在不断扩大。据人力资源和社会保障部统计，截至 2009 年年底，全国已有 3.35 万户企业建立了企业年金，参加职工人数达 1179 万人，年末企业年金基金累计结存 2533 亿元。而且从我国近几年上市公司的实际情况来看，已存在很多企业年金基金成为 A 股前十大流通股东的现象。这说明企业年金已经成为我国资本市场上的一股重要力量，在修订我国关联方披露准则时，应考虑将企业年金纳入关联方的认定范围。

（三）进一步加强和细化关联方交易要素的披露要求

1. 关键管理人员报酬的披露

CAS 36 将关键管理人员的报酬作为关联方交易范例，但却没有规定其具体的披露要求，对其也没有明确的定义或说明。因此在实践中，许多公司的年度报告对管理人员报酬的披露内容往往比较笼统简单，仅说明公司关键管理人员的总额而无具体构成内容，口径也存在差异，有的含税，有的则是税后收入。为了提高交易的透明度和可比性，帮助财务报表使用者更好地评价关键管理人员薪酬水平的合理性和薪酬契约的激励有效性，我们应借鉴 FRS 124 的经验，不但要求企业披露其关键管理人员报酬的总额，还应明确界定报酬的具体范围和内容，并要求企业按报酬的类别分别披露。

2. 关联方交易定价政策的披露

2006 年修订的 FRS 124 取消了 FRS 124_{2004} 中对关联方交易定价政策的披露要求，我国仍保留此项规定，但是缺乏可操作性，导致准则的实际执行中出现披露混乱的现象：有的上市公司仅粗略披露了公司是按评估价、合同约定价或协议价等定价的，对这些定价与市场正常交易价格是否存在差异却很少提及，更没有对关联方交易定价的确定依据作出说明，或说明的定价方式各式各样、五花八门，缺少可比性。关联方交易的定价是否公允是判断交易是否公平的关键，对我国企业而言，定价政策的披露对提高关联方交易的透明度、避免非公允关联方交易有着十分积极和必要的作用。因此，关联方交易定价政策的披露要求在当前阶段不但不能取消，还应将定价政策与方法的披露规定进一步细化。例如，要求企业详细披露关联方交易定价的基本要素，包括价格制定的方法，选择该方法的理由，以及与市场正常交易价格存在的差异及原因，对财务报表的影响等，以帮助投资者判断关联方交易的公允性并评估其对企业财务状况、经营成果和现金流量的影响。

第八节　本章小结

财务报表是投资者了解企业财务状况、经营成果及现金流量的基本途径。在会计核算的基本程序当中，确认 、计量和记录主要是解决“是什么”、“反映多少”和“如何登记”的问题，报告是对经济业务确认、计量的结果。企业发生的一切经济业务最终要以报表的形式反映出来，以方便投资者阅读和理解，从而作出正确的投资决策。不管是在国际会计准则委员会（IASC）发布的《财务会计概念框架》中，还是在各国的会计管理机构发布的基本准则或概念框架中，对财务报表列报均予以充分的重视。随着“中国—东盟”自由贸易区的正式启动，中国与马来西亚必将在区域经济一体化进程中发挥重要的作用。研究中国与马来西亚财务报表列报类准则存在的差异，对我国企业尽快融入国际资本市场具有重要的意义。

一、中马资产负债表日后事项准则比较

《企业会计准则第 29 号——资产负债表日后事项》与《马来西亚财务报告准则第 110 号——资产负债表日后事项》在具体内容上，除了某些语言描述和列举的事项不同外，并不存在实质性差异，并且是与相对应的国际会计准则趋同的。这说明各国对什么是资产负债表日后事项、如何区分调整事项与非调整事项、如何进行日后事项的会计处理、如何对日后事项进行披露等问题已经基本形成了一致意见，达成了共识。日后事项准则的内容能够在各国通行，是趋同障碍很小的一个准则。

二、中马财务报表列报准则比较

由于政治、经济、文化等因素的影响，中国财务报表列报准则并没有得到足够的重视，走过了一个相对复杂及漫长的过程，且每个历史发展阶段均呈现出不同的特点，

但其最终的目标是与国际财务报告准则趋同，直至2006年发布首个财务报表列报准则。而马来西亚原属英联邦国家，英国会计在会计发展史上占有很重要的地位，更是形成了与美国模式、北欧模式等相并列的不列颠模式。因此，在马来西亚会计发展过程中，会计准则带有不列颠模式的烙印，但是随着会计国际化进程的不断加快，其与国际会计准则协调与趋同也得到了很大加强。1979年马来西亚加入国际会计准则委员会，其后不久就把绝大多数的国际会计准则作为其会计标准。而在财务报告列报准则制定方面，亦出现“步步紧跟”的现象。如在国际会计准则委员会于1997年修订了《国际会计准则第1号：财务报表列报》后不久，马来西亚1999年发布首个财务报表列报准则（MASB 1），其内容与国际会计准则大同小异。而在国际会计准则理事会2005年和2007年对《国际会计准则第1号：财务报表列报》进行修订后，马来西亚也对其相关准则进行了修订。因此可以说，虽然中马两国共同面对会计国际化的浪潮，但是马来西亚在财务报表列报准则制定与完善方面做得比中国更早，也更全面。

在会计国际化的大潮流下，中马两国均在近年制定或修订了财务报表列报准则，两国准则虽各具特点，但是从体例到内容与《国际会计准则第1号——财务报表列报》多有相似之处，这为加强两国企业的交流与发展提供了很好的基础。

三、中马现金流量表准则比较

从总体上看，我国的《企业会计准则第31号——现金流量表》与马来西亚《财务报告准则第107号——现金流量表》基本一致，但在适用范围、列示企业类型、经营活动现金流量编制方法、对股利和利息的处理、现金及现金等价物的定义方面仍然存在差异。

经过多年与国际会计的协调，我国的会计准则已经与国际会计准则趋同。但是也应注意到，会计的国际协调是一个长期的过程。我国在完善相关准则时，应注意以下因素：编制现金流量表首先应剔除现金及现金等价物定义上的模糊因素，以货币资金作为现金流量表的编制基础，增强现金流量表的可比性和可理解性，以及各报表项目之间的钩稽关系。其次，对于相关的现金流量很难判断是哪类活动引起的项目，建议单独列示，例如所得税，而不是简单地划归为某类活动，使报表使用者产生误解而无法作出正确决策。再次，应该适当细化现金流量表中的某些项目，或要求在报表附注中对表中所填列的项目作进一步的详细注释，做到清晰明了，便于报表使用者理解和使用。最后，应充实各类活动中所包含的项目及内容，例如对衍生工具和套期保值活动产生的现金流量，应结合我国经济、金融发展的现状，参考国际会计准则，加以归类。

四、中马中期财务报告准则比较

通过对我国《企业会计准则第32号——中期财务报告准则》与马来西亚《财务报告准则第134号——中期财务报告》在框架内容、中期财务报告定义、中期财务报告内容和格式、确认和计量、以前已报告中期的重述等方面进行相比，其要求大致相同，但相对而言，我国更为严格，允许企业选择的空间较少，这样保证了中期财务报表信息的可靠性。我国在分部、分类信息的披露方面相对薄弱。由于企业经营趋于多元化，有时候分类信息比综合信息更具有参考和预测价值，因此，我国应从提高信息的相关性和有用性的角度考虑，加强对分部、分类信息的披露。

五、中马合并财务报表准则比较

中国和马来西亚在合并财务报表编制上均是侧重于实体理论，所以理论基础的一致决定了他们在规定上不会存在实质上的差异。仅仅是在一些细节的处理上，由于国情和文化的不同而出现了差异，如同一控制下企业合并下合并财务报表的编制、母子公司报告日差异的处理、编制合并财务报表的豁免条件等。随着两国经济和社会的发展以及与国际会计准则趋同的推进，两者之间的差异或许会进一步缩小。

六、中马分部报告准则比较

从总体上看，我国的《企业会计准则第 35 号——分部报告》与马来西亚《财务报告准则第 114 号——分部报告》基本一致，但在分部报告目标、准则适用范围、分部确认、会计政策、报告形式、信息披露等方面仍然存在差异。相对而言，我国的《企业会计准则第 35 号——分部报告》的相关规定，更多地强调了不同期间信息的可比性和可靠性，以实现“决策有用”，及反映管理层受托责任的履行情况的会计目标。

七、中马关联方披露准则比较

中国和马来西亚两国的关联方披露准则虽然在构架结构和内容上存在差异，但总体上体现了趋同的发展趋势。两国关联方披露准则的实质性差异是，《财务报告准则第 124 号——关联方披露》将同受国家控制的企业视为关联方，所发生的交易作为关联方交易，在财务报表中要求充分披露；《企业会计准则第 36 号——关联方披露》则规定，仅仅同受国家控制而不存在其他关联方关系的企业，不构成关联方。《企业会计准则第 36 号——关联方披露》的规定与我国的国情是相符的。目前我国的国有企业及国有资本占主导地位的企业较多，因此，企业之间的许多交易是在同受国家控制的企业之间进行的，如果要求对这些企业之间的交易都视同关联方交易并予以披露，这不仅会大大增加企业的负担，而且无助于投资者了解企业的财务状况和经营成果，过量的披露反而影响了投资者正常阅读和理解会计信息。因此，我国在《企业会计准则第 36 号——关联方披露》中坚持不把同受国家控制的企业视为关联方，从而限定了国家控制企业构成关联方的范围。国际会计准则理事会（IASB）在 2009 年 11 月发布了修订后的《国际会计准则第 24 号——关联方披露》（IAS 24），宣布部分豁免了政府相关实体的披露要求。由于马来西亚财务报告准则的制定和修改采取的是与国际财务报告准则亦步亦趋的趋同策略，相信在不久的将来，《财务报告准则第 124 号——关联方披露》也会作出相同的修订，届时，中马两国关联方披露准则的实质性差异将随之降低乃至消除。

第七章　中马企业特殊事项准则比较

第一节　中马会计政策、会计估计变更和差错更正准则比较

一、概念

（一）会计政策

我国《企业会计准则第 28 号——会计政策、会计估计变更和差错更正》（以下简称 CAS 28）第二章对会计政策的定义为：在会计确认、计量和报告中所采用的原则、基础和会计处理方法。此定义说明了三个问题：一是会计政策包括的内容广泛，具有不同层次，涉及会计的原则、会计基础和会计处理方法；二是会计政策是在允许的会计原则和会计方法中作出的具体选择；三是会计是企业会计核算的直接依据。

马来西亚《财务报告准则第 108 号——会计政策、会计估计和差错变更》（以下简称 FRS 108）中对会计政策的定义为：某一实体用于编制和标书表述财务报表的具体的准则、依据、惯例以及规则，如对不动产、厂房和设备进行后续计量时采用的重估方法。

（二）会计估计变更

我国 CAS 28 第三章对会计估计变更的定义为：由于资产和负债的当前状况及预期经济利益和义务发生了变化，从而对资产和负债的账面价值或者资产的定期消耗金额进行调整。

马来西亚 FRS 108 对会计估计变更也作了详尽的定义：由于商业活动中各种不确定因素的存在，财务报表中某些项目的金额是需要进行估计的，如坏账准备、折旧资产的经济寿命、存货残次以及质量担保等。但随着所依据的环境的变化、新信息的获取以及完善工作的进行，这些作出的估计很可能需要调整。当所依据的环境发生变化时，作出的估计也应该进行变更，这种变更成为会计估计变更。

（三）会计差错

我国 CAS 28 第四章明确指出，会计差错是前期差错，是指由于没有运用或错误运用下列两种信息，而对前期财务报表造成省略或错误：一是编报前期财务报表时预期能够取得并加以考虑的可靠信息；二是前期财务报告批准报出时能够取得的可靠信息。前期差错通常包括计算错误、应用会计政策错误、疏忽或曲解事实以及舞弊产生的影

响以及存货、固定资产盘盈等。

马来西亚 FRS 108 中未对会计差错进行定义，只对会计差错的影响时期及形成时期进行了解释：前期的差错往往是在当期才被发现。差错一般会在对财务报表各要素的确认、计量以及披露的时候发生。

二、确认条件及范围

（一）会计政策变更

我国 CAS 28 中说明会计政策包括原则、基础和会计处理方法。在每一会计期间和前后各期应当保持一致，不得随意变更，但是满足下列条件之一的，可以变更会计政策：①法律、行政法规或者国家统一的会计制度等要求变更；②会计政策变更能够提供更可靠、更相关的会计信息。但是，本期发生的交易或者事项与以前相比具有本质差别而采用新的会计政策，对初次发生的或不重要的交易或者事项采用新的会计政策，此两项不属于会计政策变更。

马来西亚 FRS 108 中表述了对于同种类型的业务、事项或状况必须采用一致的会计政策。这样可以让使用者对某一实体的各种财务报表进行比较。一项准则或说明会分门别类地对不同的项目所适用的会计政策作出具体的要求或许可，这样每一种项目所采用的会计政策就应该保持一致。同时也规定：尽管所采用的会计政策必须保持前后一致，但也有可以变更的时候。某实体可在下列情况之下对会计政策进行变更：①在会计准则或说明要求之下；②能在财务报表上产生更可靠、更具相关性的会计信息来反映实体的财务状况、经营业绩以及现金流量。但是以下三种情况并不被认定为会计政策变更：①与之前有本质区别的业务、事项或状况所采用的会计政策；②之前从未发生的或并不重要的业务、事项或状况所采用的新的会计政策；③根据《财务报告准则第 116 号——不动产、厂房和设备》或《财务报告准则第 138 号——无形资产》初步采用资产重估政策。

（二）会计估计变更

企业在会计核算过程中，估计是不可或缺的。其原因是企业经营活动中存在着不确定因素，许多财务报表项目不能准确地计量，只能加以估计。比如，发生的坏账、待摊费用的摊销、应计折旧固定产的使用年限等，都需要进行估计。但是，估计毕竟是根据过去或现有的经验而对未来所作的判断，随着时间的推移，如果赖以进行估计的基础发生变化，或者由于取得了新信息，积累了更多的经验，或者由于后来的发展变化，可能需要对会计估计进行修订。我国 CAS 28 第三章会计估计变更中说明，企业据以进行估计的基础发生了变化，或者由于取得新信息、积累更多经验以及后来的发展变化，可能需要对会计估计进行修订。会计估计变更的依据应当真实、可靠。企业对会计估计变更应当采用未来适用法处理。会计估计变更仅影响变更当期的，其影响数应当在变更当期予以确认；既影响变更当期又影响未来期间的，其影响数应当在变更当期和未来期间予以确认。企业难以对某项变更区分为会计政策变更或会计估计变更的，应当将其作为会计估计变更处理。

马来西亚 FRS 108 中描述由于商业活动中各种不确定因素的存在，财务报表中某些项目的金额是需要进行估计的，如坏账准备、折旧资产的经济寿命、存货残值以及质量担保等。但随着所依据的环境的变化、新信息的获取以及完善工作的进行，这些作出的估计很可能需要调整。当所依据的环境发生变化时，作出的估计也应该进行变更，这种变更成为会计估计变更，但不是对差错的更正，并且也不会对前期产生影响。会计估计变更主要采用未来适用法对以下期间的利润及损失进行调整：①受该变更影响的当期（如坏账）；②受该变更影响的当期及未来期间（如某项资产的经济寿命）。变更当期受影响的资产、负债以及所有者权益的账面金额在会计估计变更当期都要进行调整。为确保财务报告的可比性，某一估计变更发生之后的结果仍应在与之前的估计相同的科目名称下进行反映。计量基础的变更属于会计政策变更。如果很难区分某项变更是估计变更还是会计政策变更，应一律视为估计变更。

（三）会计差错

我国 CAS 28 的第四章中明确了会计差错是前期差错，是由于没有运用或错误运用下列两种信息，而对前期财务报表造成遗漏或错报：①编报前期财务报表时预期能够取得并加以考虑的可靠信息；②前期财务报告批准报出时能够取得的可靠信息。

马来西亚 FRS 108 中对差错定义为前期重大差错，并解释差错一般会在对财务报表各要素的确认、计量以及披露的时候发生。

三、处理方法

（一）会计政策变更

根据我国 CAS 28 的第二章第六条与第七条的规定，会计政策变更应根据具体情况分别按照规定的方法进行会计处理，主要有追溯调整法和未来适用法。但其核心问题是：是否计算会计政策变更的累积影响数，并将累积影响数调整期初留存收益。

会计政策变更能够提供更可靠、更相关会计信息的，应当采用追溯调整法处理，但确定该项会计政策变更累积影响数不切实可行的除外，即确定会计政策变更对列报前期影响数不切实可行的，应当从可追溯调整的最早期间期初开始应用变更后的会计政策；在当期期初确定会计政策变更对以前各期累积影响数不切实可行的，应当采用未来适用法处理。

（1）追溯调整法，是指对某项交易或事项变更会计政策，视同该项交易或事项初次发生时即采用变更后的会计政策，并以此对财务报表相关项目进行调整的方法。采用追溯调整法时，应当计算会计政策变更的累积影响数，并相应调整变更年度的期初留存收益以及会计报表的相关项目。

采用追溯调整法时，会计政策变更的累积影响数应包括在变更当期期初留存收益中；如果提供可比会计报表，对于比较会计报表期间的会计政策变更，应调整该期间净损益各项目和会计报表其他相关项目，视同该政策在比较会计报表期间一直采用。对于比较会计报表可比期间以前的会计政策变更的累积影响数，应调整比较会计报表最早期间的期初留存收益，会计报表其他相关项目的数字也应一并调整。

（2）未来适用法，是指将变更后的会计政策应用于变更日后发的交易或者事项，或者在会计估计变更当期和未来期间确认会计估计变更的影响数的方法。

采用未来适用法时不计算会计政策变更的累积影响数，也不必调整变更当年期初的留存收益，只在变更当年采用新的会计政策。

马来西亚 FRS 108 中对会计政策变更的处理也有两种方法：追溯调整法与未来适用法。

（1）追溯调整法，其主要是指对所有的变更要进行追溯性的调整。追溯调整法要求实体对列报的最早前期受到影响的所有者权益各组成部分的期初数进行调整，并且如同新政策 直被采用 样，对列报前期披露的其他比较数据也应一并调整。

当一个实体采用了新的会计标准或说明之后，所产生的会计政策变更应当按照该会计标准或说明中作出的过渡性要求或条例来进行处理。如果该标准或说明中没有相应的过渡性规定，则应按照财务报告第 108 号来对所产生的变更进行处理。

（2）未来适用法。当采用追溯调整法来处理会计政策变更并不可行时，实体可以采用未来适用法。

在未来适用法下，要将变更的会计政策应用于变更日及以后未来期间，同时对最早切实可行之日的比较信息进行调整。

只有在以下条件之下，才可以采用该种方法：无法确定由会计政策变更所产生的当期影响或累计影响；无法确定会计政策变更对比较信息所造成的当期影响或累计影响；无法确定从当前期间开始所产生的累计影响。

（二）会计估计变更

我国 CAS 28 的第三章规定企业对会计估计变更应当采用未来适用法处理。会计估计变更仅影响变更当期的，其影响数应当在变更当期予以确认；既影响变更当期又影响未来期间的，其影响数应当在变更当期和未来期间予以确认。

马来西亚 FRS 108 中解释了会计估计变更不是对差错的更正，并且也不会对前期产生影响。

会计估计变更主要采用未来适用法对以下期间的利润及损失进行调整：①受该变更影响的当期（如坏账）；②受该变更影响的当期及未来期间（如某项资产的经济寿命）。

变更当期受影响的资产、负债以及所有者权益的账面金额在会计估计变更当期都要进行调整。

为确保财务报告的可比性，某一估计变更发生之后的结果仍应在与之前的估计相同的科目名称下进行反映。

（三）会计差错

我国 CAS 28 的第四章规定，企业应当采用追溯重述法更正重要的前期差错，但确定前期差错累积影响数切实可行的，可以从可追溯重述的最早期间开始调整留存收益的期初余额，财务报表其他相关项目的其初余额也应当一并调整，也可以采用未来适用法。

追溯重述法，是指在发现前期差错时，视同该项前期差错从未发生过，从而对财务报表相关项目进行更正的方法。

马来西亚 FRS 108 明确前期的重大差错要在发现差错后的第一套公开发布的财务报告中通过以下两点进行追溯调整：①重述差错发生期间列报的前期比较金额；②如果差错在列报的最早前期之前就已发生，则应重述列报的最早前期资产、负债以及所有者权益的期初余额。

四、比较

（一）会计政策变更比较

（1）我国会计准则规定：会计政策是指在会计确认、计量和报告中所采用的原则、基础和会计处理方法。而马来西亚准则对会计政策的定义是：某一实体用于编制和标书表述财务报表的具体的准则、依据、惯例以及规则。从这一定义比较来看，马来西亚会计准则所称的会计政策包含的内容比较广，与我国会计准则不同的是还包括“惯例”、“规则”。

（2）我国会计准则要求会计政策变更时除有特别规定外，均应采用追溯调整法进行处理，并将会计政策变更的累积影响数调整期初留存收益、会计报表其他相关项目的期初数也应一并调整，但不需要重编以前年度的会计报表。如果累计影响数不能合理地确定，会计政策变更应采用未来适用法。在编制比较会计报表时，对于比较会计报表期间的会计政策变更，应调整各该期间的净损益和其他相关项目，视同该政策在比较会计报表期间一直采用。马来西亚会计准则对会计政策的处理方法与我国基本一致，只是对未来适应法的规定上比我国更为详尽。

（3）在会计政策变更的披露内容方面，我国的会计准则对会计政策的披露内容规定比较简单，要求披露：①会计政策变更的内容和理由；②会计政策变更的累积影响数；③累积影响数不能合理确定的理由。

马来西亚会计准则对会计政策的披露内容更为详细并进行分类规定。当启用某一准则或说明而引起的会计政策变更对列报前期、当期或未来会计期间产生重大影响时，需对以下信息进行披露：①该准则或说明的名称；②如果可行，依据过渡性规定作出的会计政策变更；③会计政策变更的性质；④如果可行，对于这些过渡性规定的描述；⑤如果可行，那些对将来期间产生影响的过渡性规定；⑤在可行范围内，在当期以及列报的前期，对财务报告中受到影响的项目以及当《财务报告准则第 133 号——每股收益》适用于该实体时，基本以及稀释每股收益；⑥可行范围内，与列报前期相关的所有调整额；⑦如果追溯调整在某一特定期间或列报前期不适用，造成这种情况的背景原因，以及如何和何时应用该会计政策的变更。不要求在以后期间的财务报告中重复以上披露。

如果某一实体自愿变更会计政策，从而对当期、前期或未来期间都产生影响，需对以下信息进行披露：①该事实；②已知的或合理估计的对启用该新会计准则或说明期间在实体的财务报告中可能产生的影响进行评估的相关信息。

（二）会计估计变更比较

（1）对于会计估计的定义，我国会计准则没有给出明确的定义，但在准则的相关条款中有对会计估计的阐述；马来西亚会计准则未进行定义，但给出了简单说明：由于商业活动中各种不确定因素的存在，财务报表中某些项目的金额是需要进行估计的。对于会计估计变更的定义，我国会计准则给出了明确的定义：指由于资产和负债的当前状况及预期经济利益和义务发生了变化，从而对资产或负债的账面价值或者资产的定期消耗的金额进行调整；而马来西亚会计准则未对此进行详细规定，只是简单提出：当所依据的环境发生变化时，作出的估计也应该进行变更，这种变更成为会计估计变更。

（2）会计估计变更的会计处理，在我国会计准则与马来西亚会计准则中均有详尽而明确的规定，并且内容基本一致，只是马来西亚会计准则为保证从业员在进行会计处理时的正确性明确了一条："为确保财务报告的可比性，某一估计变更发生之后的结果仍应在与之前的估计相同的科目名称下进行反映。"而对此我国会计准则未作出规定。

（3）对于会计估计变更的披露，我国会计准则与马来西亚会计准则基本一致，都需要披露会计估计变更的性质与金额，只是在文字表述上有所出入。我国会计准则是如此描述的：会计估计变更的内容和原因；会计估计变更对当期和未来期间的影响数。而马来西亚会计准则只是简单一句：在当期和未来期间产生影响的会计估计变更的性质和金额。

（三）会计差错比较

（1）会计差错的称谓不同，我国会计准则称之为"前期差错"，而马来西亚会计准则称之为"前期的重大差错"。

（2）会计差错的成因，我国会计准则规定得比较具体、详尽，将存货、固定资产盘盈列入会计差错当中，指出前期差错通常包括计算错误、应用会计政策错误、疏忽或曲解事实以及舞弊产生的影响以及存货、固定资产盘盈等。而马来西亚会计准则只是简单交代：差错一般会在对财务报表各要素的确认、计量以及披露的时候发生。

（3）会计差错更正处理方法，我国会计准则与马来西亚会计准则的处理方法一致，均要求一般采用追溯重述法，只是当追溯重述法不再适用时采用未来适用法。

（4）会计差错更正的披露信息，我国会计准则与马来西亚会计准则所披露的内容一致，只是在马来西亚会计准则中对更正金额一项采用的是列举方法说明：如果《财务报告准则第 133 号——每股收益》适用于该实体，基本以及稀释每股收益，最早列示期间前期期初的更正金额。而我国采用的是概述说明。

第二节　中马政府补助准则比较

我国财政部于 2006 年 2 月 15 日颁布的《企业会计准则第 16 号——政府补助》（以下简称 CAS 16）对企业编制中期财务报告作出相应的规范，并于 2007 年 1 月 1 日起生效。而马来西亚会计准则理事会（MASB）于 2007 年颁布《财务报告准则第 120

号——政府补助的会计核算及政府援助的披露》（以下简称 FRS 120）对政府补助业务核算作出规范，自 2007 年 7 月 1 日生效。2009 年，马来西亚会计准则理事会重新对该准则进行修订，修订后的 FRS 120 于 2010 年 1 月 1 日生效。以下对两国的中期财务报告准则作对比。

一、框架内容比较

FRS 120 共由 41 条条款构成，这 41 条条款按其内容可分为目标、使用范围、释义、政府补助、政府援助、披露、转换条款及生效日八部分。在“目标”部分明确了马来西亚会计准则理事会颁布 FRS 120 的原因；在“适用范围”部分中，列示了 FRS 120 的适用范围；在“政府补助”部分中，对非货币补助、与资产相关的补助、与收入相关的补助及政府补助归还的确认与计量等处理方法作出了规范；在“政府援助”部分中，政府援助的范围及处理作出了规范；在“披露”部分中，规范了政府补助、政府援助的信息披露要求；在“转换条款”部分中，对于企业改变适用准则的衔接作出了相应要求；在“生效日”部分中，明确了本准则的生效时间。这种框架结构是按照财务会计的核算内容进行设计的。

CAS 16 由总则、确认和计量、披露三部分组成。它将政府补助的相关概念、适用范围纳入到“总则”部分，没有区分政府补助和政府援助的定义，只包含狭义上的概念，即政府补助是指企业从政府无偿取得货币性资产或非货币性资产，不包括政府作为企业所有者投入的资本；在“确认和计量”部分，规范了狭义上的政府补助的分类确认与计量，以及政府补助返还的确认与计量；最后部分是信息披露。这种框架结构是按照财务会计的核算程序进行设计的。

二、适用范围比较

FRS 120 的研究范围比较宽泛。由于该项准则的研究内容不仅包括政府补助部分，而且也包括政府援助部分，导致了研究范围的扩大。如政府对企业提供的可宽恕贷款（可宽恕贷款是指债权人同意在某些规定的情况下不要求归还贷款，即债务重组），如果达到了可宽恕贷款所具备的条件，就可以按照政府补助进行会计处理。再如，政府的无息或低息贷款，尽管无法通过推算利息进行量化，也作为政府援助的一种形式纳入 FRS 120 的适用范围。

CAS 16 的研究范围相对狭窄。由于该项准则的研究内容没有区分政府补助和政府援助的定义，只是狭义上的概念，即政府补助是指企业从政府无偿取得货币性资产或非货币性资产，不包括政府作为企业所有者投入的资本。政府的债务豁免和所得税减免，并不是政府补助和援助，分别在《企业会计准则第 12 号——债务重组》和《企业会计准则第 18 号——所得税》中核算。只有政府的贴息贷款（即政府对承贷企业的银行贷款利息给予补贴），因贴息资金直接流入受益企业或其贷款银行，才能作为政府补助的主要形式，适用于该项准则。

三、政府补助定义的比较

FRS 120 将政府补助和政府援助进行了区分。政府援助是指政府意在专门对符合一定标准的某个主体或某一范围的主体提供某种经济利益的行动，不包括仅通过影响主体的一般经营环境的行动间接提供的援助，如在开发区提供基础设施，或者对竞争对手施加贸易限制等；政府补助则是指政府通过向主体转移资源、以换取主体在过去或未来按照某种条件进行有关经营活动的援助，不包括那些无法合理作价的政府援助，也不包括与主体正常交易无法分清楚的、与政府间的交易。

CAS 16 没有区分政府补助和政府援助，只规定了政府补助会计。CAS 16 第二条规定：政府补助，是指企业从政府无偿取得货币性资产或非货币性资产，但不包括政府作为企业所有者投入的资本。从两者定义可以看出：FRS 120 强调了政府补助带有针对性和目的性，即“以换取主体在过去或未来按照某种条件进行有关经营活动”；而我国的定义为“无偿”，无偿在某个特定条件下是“无偿”的，不是说任何条件下都是“无偿”的，事实上很多政府补助都是有附加条件的，若达不到条件还需返还政府补助。

四、政府补助分类的比较

我国目前主要的政府补助有：①出口退税；②财政贴息；③研发补贴；④政策性补贴，比如定额的价格补贴。CAS 16 与 FRS 120 在政府补助的分类上一致，即区分为与资产相关的政府补助和与收益相关的政府补助两类。另外，FRS 120 在与资产相关的政府补助的定义中，还提到“还可能有附加条件，如限制资产的类型或位置，或者限制取得或持有这些资产的期间”。从修订趋势来说，马来西亚财务报告则是将政府补助分为两部分，即附加条件的和无条件的。我国也要借鉴国际会议准则，完善政府补助的规定。

五、计量与确认的比较

（一）计量的一般原则比较

FRS 120 规定：“政府补助也可能采取向企业转移非货币性资产的形式，在这种情况下，通常要对非货币性资产的公允价值做出估计，并且，对补助和资产都以该公允价值入账。有时也可采用另外的方式，即对补助和资产都以名义金额入账。”

CAS 16 规定：“政府补助为货币性资产的，应当按照收到或应收的金额计量。政府补助为非货币性资产的，应当按照公允价值计量；公允价值不能可靠取得的，按照名义金额计量。”

我国会计准则对于政府补助为非货币性资产的计量规定与马来西亚财务报告准则基本一致，但是并没有对政府补助为货币性资产的情况作出明确的规定。

（二）与资产相关的政府补助的确认与计量比较

关于与资产相关的政府补助的确认与计量，FRS 120 规定：“与资产相关的政府补助，包括按公允价值计价的非货币性补助，都应当在资产负债表内列报。一种方法是将补助列为递延收益，并在该资产的使用寿命内，系统、合理地确认为收益；另一种方法是在确定资产账而金额时将补助扣除，并通过减少折旧费的方式，在应折旧资产的使用寿命内将补助确认为收益。”

CAS 16 规定：“与资产相关的政府补助，应当确认为递延收益，并在相关资产使用寿命内平均分配，计入当期损益。”这就是所谓的“收益法”。但是，按照名义金额计量的政府补助，直接计入当期损益，即“资本法”。

支持资本法的理由是：政府补助是一种融资手段，应在主体的资产负债表内处理，不应通过收益法去抵消其补偿的费用项目，由于预计不必归还，政府补助应当直接贷记股东权益；由于政府补助不是主体赚取的，而是政府给予的无相关成本的奖励，因此在收益表中确认是不恰当的；政府补助应视为股东投资以外的额外资本来源，因此这些资本应保持不变，将这种资本来源作为股利分配是不合适的。

支持收益法的理由是：政府补助不是来自股东的资源，不应直接贷记股东权益，而应在适当的期间确认为收益；政府补助很少是无偿的，主体争取到补助通常要遵循附加的条件，并要履行相应的义务，因此应当被确认为收益，并与将来拟补偿的相关成本配比，如同所得税和其他税费要从收益中开支一样，政府补助作为政府财政政策的一种延伸，在收益表中处理是符合逻辑的。

我国新准则在这方面已体现了与国际会计准则的趋同：改变了以往对政府补助既有资本法又有收益法的做法，要求采用收益法。只是在对按照名义金额计量的政府补助和国际上的做法还有差异，我国将这种政府补助直接计入当期损益，而国际上没有这种做法。

（三）与收益相关的政府补助的确认与计景有差异

FRS 120 规定：“与收益相关的政府补助在收益表内作为一个贷项单列，或者诸如‘其他收益’的一般项目中反映，也可采用另一种方法，即报告有关费用项目时将其扣除。”

CAS 16 规定：“用于补偿企业以后期间的相关费用或损失的，确认为递延收益，并在确定相关费用的期间，计入当期损益；用于补偿企业已发生的相关费用或损失的，直接计入当期损益。”

我国的处理方法从本质上看类似于国际会计准则的第二种备选方法，即在报告有关费用项目时将其扣除。

六、信息披露比较

FRS 120 在财务报表附注中要求披露三项内容：①对政府补助采取的会计政策，包括在财务报表中所采用的呈报方法；②在财务报表中确认的政府补助的性质和范围，以及关于企业已直接受益的其他形式的政府援助的说明；③已确认为政府援助的未满足的附加条件，以及其他或有事项。

CAS 16 在财务报表附注中要求披露三项内容：一是政府补助的种类及金额；二是

计入当期损益的政府补助金额；三是本期返还的政府补助金额及原因。

比较而言，马来西亚财务报告准则对披露要求相对更规范。

七、总结

通过以上对比，可发现我国会计准则中关于政府补助核算的规范还存在不完善的地方，需要进一步完善。

（一）完善政府的界定

CAS 16 没有对政府加以明确的界定，企业如果收到国际组织、外国政府或组织的某种补助性质的款项或奖励，是否属于 CAS 16 规范的范畴？政府的哪些组织机构和部门无偿划拨给企业的货币性资产或非货币性资产在 CAS 16 的规范范畴之内？这些问题没有得到明确，会给企业留下利润调整空间，导致不同企业之间相关信息的不可比。因此，进一步完善我国政府补助会计准则时应考虑增加对政府的界定，这样才能使企业在实际执行中有明确、一致的标准。

（二）完善有条件的政府补助的确定

在政府补助附带一定条件的情况下，确定企业何时满足附带条件需要主观判断，这种主观性会导致不同企业间收益确认的不一致。会计信息的不可比性，大大降低了会计信息的质量，直接影响到使用公司财务报表等会计数据进行分析决策的主体的利益。这些利润调整空间的存在会降低政府补助会计信息的质量，因此，我国应当进一步完善有条件政府补助的相关确认规则。

（三）完善政府补助的披露

在我国，一些大中型国有企业每年收到的政府补助数额巨大，同时，这项收入对于企业来说是其扭亏为盈的“秘密武器”。因此，详细地反映政府补助与企业利润之间的关系显得尤为重要。CAS 16 要求企业在附注中披露政府补助的种类及金额、计入当期损益的政府补助金额、本期返还的政府补助金额及原因。

鉴于我国政府补助较为普遍和种类多样的国情，政府补助特别是一些上市公司收到的政府补助在当年净利润中所占比重很大，政府补助披露应当更加详细，重点披露当年收到的政府补助占当年净利润的比重以及扣除政府补助之后的净利润数额等信息。在政府补助已经确认的情况下，应披露政府补助附加的尚未履行的条件及其他或有事项。

第三节　中马外币折算准则比较

在经济全球一体化进程不断加快的趋势下，国际资本跨国流动和国际贸易以前所未有的速度高速增长，越来越多的企业面临着难以回避的汇率变动风险，由此产生的外币折算直接影响到企业的利润和权益。因此，在会计准则中规范企业外币业务的会计处理，对于更好地反映企业的价值及其面临的风险非常重要。我国财政部于2006年2月15日发布了《企业会计准则第19号——外币折算》（以下简称CAS 19）。马来西亚现行的外币折算准则是马来西亚会计准则理事会（MASB）于2005年颁布的《财务报告准则第121号——汇率变动的影响》（以下简称FRS 121）。在此，笔者拟对两国的外币折算准则进行比较，分析两者的异同，希望有对我国会计准则的不断完善和国际趋同有所启示。

一、准则框架结构比较

FRS 121由10节62段组成，CAS 19共五章十六条。从内容划分上看，CAS 19远不及FRS 121详细，篇幅相对来说也比较少。两准则之间内容划分的对应关系如表7.1所示。

表7.1　　　　中马外币折算准则框架结构比较

FRS 121	CAS 19	补充说明
目标、范围	第一章　总则	
定义	第二章 记账本位币的确定	CAS 19的第一章和第三章及准则的应用指南也包含相关术语的定义
本准则规定的方法摘要	无	FRS 121规定的方法摘要相关内容散见于CAS 19的第二、三、四章
按功能货币报告外币交易	第三章 外币交易的会计处理	CAS 19的应用指南对汇兑差额的处理作了补充说明
功能货币以外的列报货币的使用	第四章 外币财务报表的折算	CAS 19的应用指南对境外经营处于恶性通货膨胀经济的判断作了补充说明
披露	第五章　披露	
全部汇兑差额的纳税影响	无	
生效日期和过渡性规定	无	
其他文告的撤销	无	

二、准则内容比较

（一）准则目标、范围的比较

FRS 121在“目标”部分指出，准则的目标是规范如何将外币交易和境外经营反映在主体的财务报表中，以及如何将财务报表折算成列报货币；该准则的主要问题是应当使用什么汇率折算，并且怎样确认财务报表中因汇率变动而产生的影响。FRS 121同时在“范围”部分中详细说明了准则适用：①外币交易和余额的处理；②通过合并、采用比例合并法或权益法包括在主体财务报表中的境外经营成果和财务状况的折算，以及将主体的经营成果和财务状况折算成列报货币。CAS 19将准则的目标和适用范围归入第一章“总则”之中，没有指出准则所要解决的主要问题是什么，笼统指出“为了规范外币交易的会计处理、外币财务报表的折算和相关信息的披露，根据《企业会计准则——基本准则》，制定本准则”。

对于准则范围不适用的情况，两国准则都规定本准则不涉及“外币项目的套期”和“现金流量表中的外币折算”。不同之处在于，FRS 121 明确地将包含在马来西亚《财务报告准则第 139 号——金融工具的确认与计量》（以下简称 FRS 139）中的“外币衍生工具交易和余额”排除在该准则的范围以外。CAS 19 则未排除该项目。而 CAS 19 规定了“与购建或生产符合资本化条件的资产相关的外币借款产生的汇兑差额”，适用中国《企业会计准则第 17 号——借款费用》。FRS 121 则没有排除该项目。

（二）功能货币（记账本位币）及列报货币确定的比较

CAS 19 所指的记账本位币就是 FRS 121 所称的功能货币，是指主体经营所处的主要经济环境中的货币。列报货币则是指列报财务报表的货币。对于如何确定主体的功能货币（记账本位币）及列报货币，两国准则的规定基本一致，但细节上存在差异，具体比较分析如下：

1. 功能货币（记账本位币）确定的比较

（1）关于主体确定功能货币（记账本位币）时应考虑的因素。FRS 121 将这些因素分成主要因素和次要因素，规定主体在确定功能货币时应首先考虑主要因素，然后再考虑次要因素。主要因素是：①该货币是主要影响商品和劳务销售价格的货币（通常是商品和劳务销售价格的计价货币和结算货币），或者是其竞争力和规则对货物和服务的销售起主要决定作用的国家的货币；②该货币是主要影响提供货物或服务所需人工、材料和其他费用的货币。确定功能货币的次要因素是：①从融资活动中获得的资金所使用的货币；②通常从经营活动中收取款项时所使用的货币。在确定境外经营主体的功能货币及其是否与报告主体的功能货币相同时，FRS 121 指出，除了考虑上述因素，还应考虑以下附加因素：①境外经营所从事的活动是视同母公司的延伸，还是拥有重大的自主性；②境外经营与报告主体之间的交易在境外经营活动中所占比例是高是低；③境外经营活动产生的现金流量是否直接影响报告主体的现金流量，并可随时汇回；④在报告主体不提供资金的情况下，境外经营活动产生的现金流量是否可足以偿还现有债务和正常情况下可预期的债务。CAS 19 的规定与 FRS 121 基本相同，不同之处是，CAS 19 没有要求企业考虑“竞争力和规则对货物和服务的销售起主要决定作用的国家的货币”，也没有指出企业应考虑的各种因素的先后顺序。

（2）关于功能货币（记账本位币）的改变。FRS 121 和 CAS 19 的规定表述虽有不同，实质性内容是一致的：均要求主体的功能货币（记账本位币）一旦确定就不应改变，除非主体经营所处的主要经济环境发生变化，并要求主体运用改变之日的汇率将所有项目折算为新的功能货币（记账本位币）。

2. 列报货币确定的比较

FRS 121 规定，报告主体可以采用任意一种（或几种）货币作为财务报表的列报货币。同时又强调，对于马来西亚主体的财务报表，列报货币必须是马来西亚林吉特。如果功能货币不是列报货币（特别对于国外独立子公司），国外经营的财务报表要折算成列报货币。CAS 19 规定，企业通常应选择人民币作为记账本位币。业务收支以人民币以外的货币为主的企业，可以选定其中一种货币作为记账本位币。但是，编报的财务报表应当折算为人民币。同时规定，企业选定的记账本位币不是人民币的，应当将其财务报表折算为人民币财务报表。显然，两国准则都对列报货币作了限制，强调必须以本国货币作为境内主体的列报货币。

(三) 外币交易的会计处理比较

CAS 19 及其应用指南规定，外币交易应当在初始确认时，采用交易发生日的即期汇率将外币金额折算为记账本位币金额，也可以采用按照系统合理的方法确定的、与交易发生日即期汇率近似的汇率折算。在每一个资产负债表日，对于外币货币性项目，采用资产负债表日即期汇率折算。因资产负债表日即期汇率与初始确认时或者前一资产负债表日即期汇率不同而产生的汇兑差额，计入当期损益。对以历史成本计量的外币非货币性项目，仍采用交易发生日的即期汇率折算，不产生汇兑差额；对以公允价值计量的非货币性项目，如交易性金融资产，采用公允价值确定日的即期汇率折算，折算后的记账本位币金额与原记账本位币金额的差额，作为公允价值变动（含汇率变动）处理，计入当期损益。

FRS 121 对外币交易处理的规定 CAS 19 类似。但对于外币非货币性项目，CAS 19 只对计入损益的汇兑差额作了规定，没有涉及应作为权益确认的汇兑差额（如可供出售金融资产产生的汇兑差额）。FRS 121 则规定，如果一项非货币性项目的利得或损失（如不动产、厂场和设备重估产生的利得和损失）直接在权益下确认，该项利得或损失的汇兑部分应当直接在权益下确认。相反，如果一项非货币性项目的利得或损失直接计入损益，该项利得或损失的汇兑部分也应计入损益。

(3) 关于构成对境外经营净投资的外币货币性项目形成的汇兑差额。FRS 121 规定，构成报告主体对国外经营的净投资的那部分货币性项目所形成的汇兑差额，应在报告主体或境外经营的单独财务报表中计入损益。但是，在同时包括报告主体和境外经营的财务报表中，这些汇兑差额应作为权益单独进行确认，并在该境外经营处置时，将其从权益重分类至损益。CAS 19 在应用指南中规定，企业编制合并财务报表涉及境外经营的，如有实质上构成对境外经营净投资的外币货币性项目，因汇率变动而产生的汇兑差额，应列入所有者权益“外币报表折算差额”项目；处置境外经营时，计入处置当期损益。比较可见，两国准则在表述和详略程度上虽存在差异，相关的内容实质上是一致的。

(四) 外币财务报表折算比较

两国准则都按照非恶性通货膨胀经济和恶性通货膨胀经济两种情况规定了外币财务报表折算的原则。

(1) 当主体的功能货币不是恶性通货膨胀经济的货币时，两国准则对外币财务报表折算成列报货币的规定是一致的：资产负债表中的资产和负债项目，应采用资产负债表日的即期汇率折算；利润表中的收益和费用项目，应采用交易发生日的即期汇率折算，也可以采用平均汇率折算；产生的外币财务报表折算差额应当计入权益。

（2）当主体的功能货币是恶性通货膨胀经济的货币时，两国准则的规定略有不同。CAS 19 规定，企业在并入处于恶性通货膨胀经济中的境外经营的财务报表时，应先对资产负债表项目运用一般物价指数予以重述，对利润表项目运用一般物价指数变动予以重述；然后再按照最近资产负债表日的即期汇率进行折算。比较财务报表的折算比照上述规定处理。FRS 121 则区分两种情况分别作了规定：①列报货币为非功能货币，但也都属于恶性通货膨胀经济中的货币，此时应先对企业的财务报表按照马来西亚《财务报告准则第 129 号——恶性通货膨胀经济中的财务报告》的要求进行重述，然后再将所有项目金额（包括比较项目）应以最近资产负债表日的期末汇率折算；②列报货币为非功能货币，且不属于恶性通货膨胀经济中的货币，那么比较项目金额应为在相关以前年度财务报表中列示的当年金额，即无须对比较项目进行重述，并且按当年的期末汇率再折算。当主体不再处于恶性通货膨胀经济中时，FRS 121 的规定与 CAS 19 相同，都要求停止重述财务报表，并按照停止之日的价格水平所重述的财务报表进行折算。

（五）披露比较

两国准则对披露内容的要求差异较大，相关规定的对应关系如表 7.2 所示：

表 7.2　　中马外币折算准则要求披露的内容比较

FRS 121 要求披露的内容	CAS 19 要求披露的内容
计入当期损益的汇兑差额，但不包括根据 FRS 139 的规定按公允价值计量且其变动计入损益的金融工具所产生的汇兑差额	计入当期损益的汇兑差额
无	处置境外经营对外币财务报表折算差额的影响
归类为单列权益项目的汇兑差额净额，以及该汇兑差额净额在期初和期末之间的调节额	无
如果功能货币不同于列报货币，应说明这一事实，同时披露所使用的功能货币及使用另一种货币列报的原因	企业及其境外经营选定的记账本位币及选定的原因，记账本位币发生变更的，说明变更理由
如果功能货币发生改变，应说明改变的原因	
无	采用近似汇率的，近似汇率的确定方法
如果主体以其功能货币或列报货币以外的货币列示财务报表或其他财务信息，并且不符合每一项适用准则和相应解释公告的所有要求，它应：（1）清楚地将该信息确定为补充信息；（2）披露用以列示补充信息的货币；（3）披露该主体的功能货币和用来确定补充信息的折算方法	无

三、对完善我国外币折算准则的思考

由于国情不同，中马两国的外币折算准则在名称和内容上都存在一定差异，但总体上是趋同的。从上述比较可以看出，我国外币折算准则仍存在不足，有待修改和完善。因此，笔者建议：

（一）注意外币折算准则与其他准则的衔接和协调

一个健全的会计准则体系，具体准则之间应该彼此呼应和协调，避免出现相互冲突和重复的现象。我国外币折算准则在这方面还有待完善。例如，CAS 19 没有将包括在《企业会计准则第 22 号——金融工具确认和计量》中的衍生工具交易和余额排除在准则的适用范围之外，而在《企业会计准则第 22 号——金融工具确认和计量》中也没有对这些内容所适用准则的相应说明。笔者认为，在准则制定过程中应注意各个准则之间在具体规定上的衔接和协调，确保会计准则的严密性、系统性，达到连贯、协调和内在一致的要求，这样才有助于提高会计信息的质量及有效规范会计实务工作。

（二）对记账本位币确定的相关规定应更全面

我国 CAS 19 在确定功能货币时，没有要求考虑“竞争力量与规则对货物和服务的销售价格起主要决定作用的国家的货币”，即不需要考虑市场的竞争程度。另外，CAS 19 没有规定在各因素混合在一起无法清晰确定时，管理层应考虑的确定因素的先后顺序。以上两点不足，给了管理层更大的自主选择记账本位币的空间，因而存在管理层选择定价机制不完善的市场所在国的货币的可能性。因此，建议我国的外币折算准则对此进行相应的完善和补充。

（三）完善披露内容的要求

我国的 CAS 19 中对外币折算信息的披露要求比较粗，而 FRS 121 要求披露信息的内容更全面、要求更详细更具体，充分考虑了信息使用者的不同要求。笔者认为，我国应借鉴 FRS 121 的方法，要求企业披露有关“方便折算”的相关信息。所谓“方便折算”，是指如果主体以其功能货币或列报货币以外的货币列示财务报表或其他财务信息，被看成超出本准则范围的“方便折算”，以方便一些报表使用者。这种“方便折算”应明确为补充信息，以区别于采用 CAS 19 所提供的信息。

第四节　中马企业合并准则比较

并购是一个企业对外发展的重要途径。由于政治性因素和过高的准入壁垒限制等因素，进入欧美国家等发达市场存在较大的困难，因此，更多的企业将目光投向了东南亚市场。近年来，就有不少中国企业借助并购来扩展其在东南亚的市场，如中国工商银行收购印尼的哈利姆（Halim）银行。而随着中国与东盟经济贸易合作的不断发展，由于并购而引起的企业合并相关会计处理问题也随之产生。因此，我们有必要了解中国与东盟各国的企业合并准则。本书主要对中国与马来西亚的企业合并准则进行比较分析，以期为中马企业的并购乃至中马的贸易发展提供相关的信息支持。

一、企业合并概念的比较

中国的《企业会计准则第 20 号——企业合并》（以下简称 CAS 20）规定：企业合

并，是指将两个或者两个以上单独的企业合并形成一个报告主体的交易或事项。CAS 20 还将企业合并分为同一控制下的企业合并和非同一控制下的企业合并。马来西亚的《财务报告准则第 3 号——企业合并》（以下简称 FRS 3）规定：企业合并是指两个或两个以上单独的企业合并形成一个报告主体的交易事项。FRS 3 还指出，该准则适用于一个企业控制或拥有另一个企业净资产的企业合并业务。可见，两者概念基本上是一致的，都强调控制权这一基础，即都侧重于实体理论。

二、企业合并会计处理方法的比较

我国的 CAS 20 和其准则指南均没有提到权益结合法、购买法等相关术语，也没有明确指出企业合并采用哪种会计处理方法。但从相关规定可以看出，同一控制下的企业合并采用的是权益结合法，会计处理以账面价值为基础。非同一控制下的企业合并采用的是购买法，会计处理以公允价值为基础。而马来西亚的 FRS 3 要求所有的企业合并业务均须采用购买法进行核算。我国之所以对同一控制下企业合并采用权益结合法，这主要是基于我国的国情而作出的特别规定。目前我国的企业合并大部分还是属于同一控制下的企业合并，例如中央、地方国资委所控制的企业之间的合并，或者同一企业集团内两个或多个子公司的合并等，这些合并业务有相当一部分不是合并双方完全出于自愿的交易行为，而是受到了其他方面的影响。这就使得合并对价不一定是双方讨价还价的结果，不代表公允价值。此外，我国目前的产权交易市场还处于初级发展阶段，资产评估业发展也还不够成熟，因此，公允价值的合理确定还存在一定的困难。最后，我国会计人员的整体素质相对比较低，而权益结合法的会计处理相对比较简单，采用权益结合法能降低会计核算的工作量和难度。因此以账面价值作为同一控制下企业合并的会计处理基础，既符合我国的实际情况，又能避免企业利用公允价值进行利润操纵，从而保证会计信息的可靠性。

对于购买法使用的具体规定上，两国也存在着一些细微的差异。马来西亚的 FRS 3 明确了购买法的具体步骤，首先是确定购买方，然后计量企业合并成本，最后根据企业合并成本按照一定标准确定被购买方的各项资产和负债的账面价值。由于确定购买方是购买法处理程序中的第一步，因此购买方的界定就显得至关重要。为此，FRS 3 对于购买方的定义以及购买方的界定均有明确的规定。同时，对于一些难以确定购买方的情况也作出了指导性的意见。例如：①一个企业的公允价值大大地超过其他参与合并企业的公允价值。在这种情况下，公允价值较大的企业是购买企业。②企业合并通过以现金换取有表决权的股份来实现。在这种情况下，放弃现金的企业是购买企业。③企业合并使得一个企业的管理部门能够控制合并后企业管理集团的选举。在这种情况下，处于控制地位的企业是购买企业。而我国对于什么是购买方以及如何确定购买方均没有明确规定。虽然我国企业合并多为同一控制下企业合并，即权益结合法的运用比较普遍，购买法的运用比较少，但也有必要对购买方的界定作出相应的规定。

三、企业合并成本的比较

我国的 CAS 20 对同一控制下企业合并和非同一控制下企业合并的合并成本分别作

了相应的规定。同一控制下企业合并的合并方在企业合并中取得的资产和负债，应当按照合并日在被合并方的账面价值计量。合并方取得的净资产账面价值与支付的合并对价账面价值（或发行股份面值总额）的差额，应当调整资本公积，资本公积不足冲减的，调整留存收益。而非同一控制下的企业合并，通过一次交换交易实现的企业合并，合并成本为购买方在购买日为取得对被购买方的控制权而付出的资产、发生或承担的负债以及发行的权益性证券的公允价值。简单地说，同一控制下企业合并成本以账面价值为基础进行确定，而非同一控制下企业合并成本以公允价值为基础进行确定。马来西亚的 FRS 3 指出企业合并成本包括：①付出的资产、发生或承担的负债、发行的权益性证券的公允价值；②为进行企业合并发生各项直接相关的成本费用。FRS 3 还提出若存在购买对价结算递延时，考虑到结算时可能发生溢价或折价，应将应付款项折算为合并日的现值。从整体上看，马来西亚企业合并成本与我国非同一控制下的企业合并的合并成本基本一致。

四、企业合并相关费用处理的比较

我国的 CAS 20 对企业合并相关费用的处理具体区分同一控制下企业合并和非同一控制下企业合并两种情况。同一控制下企业合并中所发生的各项直接相关费用，包括为进行企业合并支付的审计费用、评估费用等，应于发生时计入当期损益。而非同一控制下企业合并中所发生的各项直接相关费用则计入企业合并成本。但是，2010 年 8 月所发布的《企业会计准则解释第 4 号》指出，对于非同一控制下的企业合并中，购买方为企业合并发生的审计、法律服务、评估咨询等中介费用以及其他相关管理费用，应当于发生时计入当期损益；购买方作为合并对价发行的权益性证券或债务性证券的交易费用，应当计入权益性证券或债务性证券的初始确认金额。也就是说，同一控制下企业合并和非同一控制下企业合并的直接相关费用处理是一致的，均应于发生时计入当期损益。这主要是考虑到合并财务报表主要关注的是购买日取得的被购买方权益的计量问题，而企业合并中所发生的直接相关费用与购买方权益的计量无关，因此就把直接相关费用计入当期损益。马来西亚的 FRS 3 规定，企业合并中所发生的直接相关费用应计入合并成本。如果合并企业专设有购买部门，则维持该部门发生的费用不应包括在合并成本中，而应在发生的当期确认为费用。

五、对获得资产和负债的处理的比较

我国 CAS 20 规定对同一控制下企业合并取得的资产和负债，应当按照合并日在被合并方的账面价值计量。对于非同一控制下企业合并取得的除无形资产以外的其他各项资产，如果其带来的经济利益很可能流入企业且公允价值能可靠计量的，应单独予以确认并按公允价值计量。合并中取得的除或有负债以外的其他各项负债，履行有关义务很可能导致经济利益流出企业且公允价值能可靠计量的，应单独予以确认并按公允价值计量。而合并中取得的无形资产或或有负债，其公允价值能可靠计量的，就应当单独确认为无形资产或或有负债。马来西亚 FRS 3 对企业合并中获得的资产和负债的相关规定与我国非同一控制下企业合并的相关规定基本一致。

关于递延所得税资产的确认和计量的后续问题，马来西亚也作出了具体的规定。根据马来西亚 FRS 3 规定，某些情况下，递延所得税资产在购买日不符合相关确认条件，但是后续期间（购买日起 12 个月以内）其潜在经济利益实现的，应进行相应会计处理，即减少商誉的账面价值，其减少值计入当期损益，在利润表中列示。但是，该调整并不产生“负商誉”，也不会增加初始已确认的“负商誉”的价值。我国 CAS 20 中并未涉及合并中所涉及的递延所得税资产后续计量问题。正是意识到准则所存在的欠缺，《企业会计准则解释第 4 号》对此作出了特别的规定，在企业合并中，购买方取得被购买方的可抵扣暂时性差异，在购买日不符合递延所得税资产确认条件的，不应予以确认。购买日后 12 个月内，如取得新的或进一步的信息表明购买日的相关情况已经存在，预期被购买方在购买日可抵扣暂时性差异带来的经济利益能够实现的，应当确认相关的递延所得税资产，同时减少商誉，商誉不足冲减的，差额部分确认为当期损益；除上述情况以外，确认与企业合并相关的递延所得税资产，应当计入当期损益。从目前两国的规定我们可以看出，中国和马来西亚对于递延所得税资产的确认和计量相关规定已经基本一致。

此外，马来西亚 FRS 3 还对以出售为目的的子公司收购的确认和计量作出了特别规定。子公司出于出售的目的而被收购的，如果符合《财务报告准则第 5 号——以出售为目的持有非流动资产和终止营业》中规定的“以出售为目的而持有”的标准，则子公司的资产按照公允价值扣除销售成本后的金额进行初始计量。在合并日，由于一些实际原因，会导致某些如资产存在活跃的交易市场、子公司能够随时被出售等标准并不能满足，子公司的资产按公允价值予以确认。但是，如果自合并日起 3 个月内能够符合“以出售为目的而持有”的标准，那么子公司的资产按照公允价值扣除销售成本后的金额计量。而我国对于企业合并中取得的持有待售的非流动资产的确认与计量没有作出相关规定，主要是因为涉及的资产范围比较广，而我国目前的情况下，确定持有待售的非流动资产的公允价值相对比较困难，有些非流动资产的公允价值甚至根本无法取得，因此，我国暂时没有对企业合并中取得的持有待售的非流动资产的确认与计量作出具体的规定。

六、合并商誉处理的比较

根据我国 CAS 20 的规定，非同一控制下企业合并中，购买方对合并成本大于合并中取得的被购买方可辨认净资产公允价值份额的差额，应当确认为商誉。企业至少应于每个会计期期末对商誉根据《企业会计准则第 8 号——资产减值》进行相应的减值处理。商誉以其成本扣除累计减值准备后的金额计量，不得摊销。购买方对合并成本小于合并中取得的被购买方可辨认净资产公允价值的差额（即负商誉），在对取得的被购买方各项可辨认资产、负债公允价值等等进行复核后，差额计入当期损益。马来西亚的 FRS 3 关于商誉的处理和我国的基本一致。只是马来西亚还专门明确了多次交易形成的企业合并下，每次交易都必须单独确定购买方，并且要将每一次交易的合并成本按照当次合并日可辨认资产、负债、或有负债的公允价值进行分配，同时确认商誉。

七、启示和建议

从以上分析，我们可以发现，我国的CAS 20和马来西亚的FRS 3关于企业合并的相关规定大部分是一致的，但也存在一些细微的差异，主要包括：①我国根据自身的实际情况，专门规定了同一控制下企业合并的相关会计处理，要求对同一控制下企业合并采用权益结合法处理，非同一控制下企业合并采用购买法处理，而马来西亚要求所有企业合并采用购买法，未考虑同一控制下企业合并的情况；②我国对于合并中所出现的一些情况没有作出具体的规定，例如以出售为目的的子公司的收购等。这说明了我国在与国际趋同的同时充分考虑到了本国的实际情况，也保留了自身的特色。

但是，相对马来西亚来说，我国在细节方面考虑得还不够周全，例如对于非同一控制下企业合并的购买方如何确认没有作出相应的规范和指导。因此，我们可以参考马来西亚的做法，充分借鉴国际会计准则的规定，对相关内容进行规范和完善。

上述的分析还表明，我国和马来西亚目前都处在与国际会计准则趋同的这一动态过程，因此，随着时间的推移，两国的会计准则随着国际会计准则的变化而不断的发生变化。我们有理由相信，随着我国会计准则与国际趋同步伐的加快和马来西亚对国际会计准则趋同的全面实现，两国之间的差异将会逐渐减少，当然由于两国国情不同，少量差异可能依然还会存在。

第五节　中马租赁准则比较

近年来，中国与东盟各国的经济合作与贸易往来不断发展，设备租赁、技术转让等成为各国经济合作中常用的具体合作方式。为更好地促进我国与东盟各国租赁业务的发展，进而促进中国与东盟各国的经济合作，我们有必要了解中国与东盟各国对租赁业务的相关会计处理规定。本节主要从租赁定义和分类、融资租赁会计处理、经营租赁会计处理、售后租回会计处理、披露等方面就中国与马来西亚的租赁会计准则进行比较分析。

一、租赁定义和分类的比较

我国的《企业会计准则第21号——租赁》（以下简称CAS 21）将租赁定义为：在约定的期间内，出租人将资产使用权让与承租人，以获取租金的协议。马来西亚的《财务报告准则第117号——租赁》（以下简称FRS 117）将租赁定义为：在一个议定的期间内，出租人将某项资产的使用权让与承租人，以换取一项或一系列支付的协议。可见，两者的定义基本一致。

至于租赁的分类，CAS 21和FRS 117均要求在租赁开始时就应将租赁分为融资租赁或经营租赁。但在分类标准上，两者存在细微的差异。我国的CAS 21列举了划分为融资租赁的五项标准，而FRS 117除了列举类似的这五项标准外，还规定了另外三种情况：①如果承租人撤销该租赁，则撤销所导致的出租人的损失由承租人承担；②资产残值波动形成的利得或损失归属于承租人（例如，以相当于租赁结束时资产出售价格的绝大部分金额作为租金退还）；③承租人能以远低于市场租价的租金继续租赁至下一期间。这三种情况也可能会使得一项租赁划分为融资租赁。另外，FRS 117 还对出租的土地和建筑物的分类和处理作了指导性的规定。该规定指出建筑物可以归类为融资租赁或经营租赁，土地通常被归类为经营租赁，除非在租赁期满后所有权转移给承租人。我国 CAS 21 明确指出以经营租赁方式租出的土地使用权和建筑物由《企业会计准则第 3 号——投资性房地产》进行规范，因此就不需要在 CAS 21 中进行特别规定。而且我国土地属于国家所有，企业只能获得使用权，与马来西亚可以转让所有权的土地还是有所不同的。

二、融资租赁会计处理的比较

（一）承租人融资租赁会计处理的比较

CAS 21 和 FRS 117 关于承租人对融资租赁的会计处理的规定大部分内容是一致的。双方均要求在租赁期开始日，按租赁开始日租赁资产公允价值和最低租赁付款额现值的较低者确认租赁资产。融资费用在租赁期间进行确认。但是，两者的最低租赁付款额的定义、最低租赁付款额的折现率以及融资费用的分摊方法存在一定的差异。

CAS 21 中规定，最低租赁付款额是指在租赁期内，承租人应支付或可能被要求支付的款项（不包括或有租金和履约成本），加上由承租人或与其有关的第三方担保的资产余值。也就是说，最低租赁付款额是针对承租人而言的。FRS 117 规定，最低租赁付款额是指在租赁期内，承租人将会支付或可能被要求支付的款项（不包括或有租金、服务成本以及由出租人支付但可退还的税金），以及对承租人而言由承租人担保或由其关联方担保的金额，或者对出租人而言，由以下某一方对出租人担保的资产残值：承租人、承租人的关联方或者在财务上能够履行担保义务的与出租人无关的第三方。也就是说，FRS 117 的最低租赁付款额是针对承租人和出租人而言的。其中，对承租人而言的最低租赁付款额与我国的承租人的最低租赁付款额类似，对出租人而言的最低租赁付款额与我国出租人的最低租赁收款额类似。我国把它分成两个概念，更适合我国会计人员等会计准则使用者的思维习惯，也方便使用者的理解。对于最低租赁付款额的折现率，CAS 21 规定首选租赁内含利率，其次选用租赁合同利率，最后选用同期银行贷款利率。而 FRS 117 则规定采用租赁内含利率，无法确定时使用承租人的增量借款利率，并未提及租赁合同利率。关于融资费用的分摊方法，CAS 21 规定，承租人应采用实际利率法计算确认当期的融资费用。而 FRS 117 规定，分摊融资费用可采用实际利率法或年数总和法。

另外，在承租人债务和融资费用的会计处理上，CAS 21 与 FRS 117 也存在细微的差异。CAS 21 是在租赁期开始日按终值确认承租人债务（本金和利息），即长期应付款，长期应付款与租赁资产价值之间的差额确认为未确认融资费用，以后再按期分摊确认为融资费用。而 FRS 117 是租赁期开始日等额确认租赁资产和承租人的债务，即按现值确认债务（本金），以后各期确认融资费用的同时再确认相应的债务（利息），这与国际会计准则是一致的。我国之所以没有在这一会计处理上与国际会计准则保持一致，主要是为了适应我国会计人员的思维习惯，方便他们更好地理解会计准则。

（二）出租人融资租赁会计处理的比较

CAS 21 规定，租赁期开始日，出租人应将租赁开始日最低租赁收款额与初始直接费用之和作为应收融资租赁的入账价值，同时记录未担保余值；将最低租赁收款额、初始直接费用及未担保余值之和与其现值之和的差额确认为未实现融资收益。未实现融资收益按实际利率法在租赁期内分配确认为当期融资收入。而 FRS 117 规定，在租赁期开始日，出租人将融资租赁的资产作为应收项目，金额等于租赁的净投资额（租赁总投资额按照租赁内含利率进行折现后的金额），即出租人要确认出租人引起的最低租赁付款额的现值。如有初始直接费用，这些费用应包括在应收融资租赁款的初始计量中，并减少租赁期内确认的收益金额。租赁内含利率也按照初始直接费用包含在应收融资租赁款的金额确定。从 CAS 21 和 FRS 117 的规定我们可以看出，两者的差异主要是出租人债权和融资收益的处理。CAS 21 是在租赁期开始日按终值确认债权（本金和利息），终值与现值之间的差异先在未实现融资收益中反映，以后再按期分摊确认为融资收益。FRS 117 则是在租赁期开始日按现值确认债权（本金），以后各期再确认融资收益，同时确认相应的债权（利息）。值得一提的是，我国 CAS 21 关于出租人租赁期开始日的会计处理规定在表述上容易给会计人员造成误解。不过，2008 年版的《企业会计准则讲解》对这一点作了详细的说明，弥补了企业会计准则的不足。

另外，FRS 117 还对融资租赁中制造商也是出租人或经销商的情况进行了规定。FRS 117 指出，在租赁开始日，以资产的公允价值和按市场利率计算的最低租赁付款额的现值中的低者确认收入。在同一期间确认的成本应为资产的成本或账面金额（如果不同）减去未担保残值的现值。毛利按照企业政策中的直接销售确认的正常销售价格计算。利息收入在租赁期分摊确认。所发生的初始直接费用在租赁期开始日确认为费用。而我国 CAS 21 并没有对此作出规定，这主要是因为我国的融资租赁业务主要是银行或非银行金融机构、专门的租赁公司等来运营的，而且相关准入规定要求十分严格。

三、经营租赁会计处理的比较

CAS 21 和 FRS 117 对于经营租赁下承租人和出租人的会计处理基本一致。CAS 21 规定，承租人和出租人发生的初始直接费用应计入当期损益。《企业会计准则解释第 1 号》补充规定，出租人发生的初始直接费用金额较大的应当资本化，在整个经营租赁期间内按照与确认租金收入相同的基础分期计入当期损益。而 FRS 117 则规定，出租人在协商和安排经营租赁中发生的初始直接费用应计入租赁资产的账面金额，并在租赁期内按照与租赁收益相同的基础确认为费用。也就是说，我国对于经营租赁出租人的初始直接费用有两种处理方法，即一次性确认费用和分期确认费用。而马来西亚对于经营租赁出租人的初始直接费用只有一种处理方法，即分期确认费用。

四、售后租回会计处理的比较

CAS 21 规定，售后租回认定为融资租赁的，售价与资产账面价值之间的差额应予以递延。《企业会计准则解释第 2 号》补充规定：售后租回交易认定为经营租赁的，如果是按照公允价值达成的，售价与资产账面价值的差额应当计入当期损益；售后租回交易如果不是按照公允价值达成的，售价低于公允价值的差额，应计入当期损益，但若该损失将由低于市价的未来租赁付款额补偿时，有关损失应予以递延（递延收益），并按与确认租金费用相一致的方法在租赁期内进行分摊；如果售价大于公允价值，其大于公允价值的部分应计入递延收益，并在租赁期内分摊。FRS 117 规定，售后回租产生的融资租赁，收入超过账面金额的部分递延并在租赁期限内分摊。售后回租产生的经营租赁，并且经济业务按照公允价值进行，则立即确认利润或损失。如果销售价格低于公允价值，且未来租金按市场利率达成，应立即确认损失，但如果未来租金低于市场利率，则损失应递延并按租赁付款比例分摊于整个租赁期限内。如果销售价格高于公允价值，高出公允价值的部分应予递延，并在预计资产使用期限内摊销。从以上规定可以看出，尽管表述上存在细微的差异，但两者的处理大体一致，主要区别在于售后租回认定为经营租赁时，售价低于公允价值且损失要递延的处理。我国要求按与确认租金费用相一致的方法来进行分摊，而马来西亚要求按租赁付款比例进行分摊。

五、披露的比较

由于 CAS 21 和 FRS 117 在租赁的会计处理上存在一定的差异，相应的他们的披露也就有所不同。对于融资租赁，CAS 21 要求承租人披露资产负债表日后连续三个会计年度每年将支付的最低租赁付款额，以及以后年度将支付的最低租赁付款额总额；FRS 117 要求承租人披露资产负债表日最低租赁付款额总额及现值，并分三个时段反映，包括不超过 1 年、超过 1 年但不超过 5 年以及 5 年以上。由于我国单独确认未确认融资费用并相应进行披露，现值可以间接获取，因此不需要再对现值进行单独披露。不过从相关披露规定可以看出，马来西亚的披露要更详细些。CAS 21 和 FRS 117 关于融资租赁下出租人披露的差异与承租人披露的差异是类似的。CAS 21 要求要披露最低租赁收款额和未实现融资收益，而 FRS 117 要求披露租赁投资付款额和现值。尽管两者披露规定不一致，但从为报表使用者提供的信息来看，两者具有异曲同工之处。

对于经营租赁，CAS 21 的披露要求明显不如 FRS 117 详细。CAS 21 规定，承租人披露资产负债表日后连续三个会计年度每年将支付的不可撤销经营租赁的最低付款额，以及以后年度将支付的不可撤销经营租赁最低租赁付款额总额；对出租人则只要求披露各类租出资产的账面价值。而 FRS 117 要求承租人和出租人都要披露不可承销经营租赁的未来最低租赁付款额总额，且也是分三个时段反映。随着报表使用者对信息需求的增加，未来我国也可以参考马来西亚的做法，适当增加披露的要求。

六、启示和建议

从以上分析我们可以看出，中国和马来西亚关于租赁的会计处理大体是一致的，这主要是因为两国都是借鉴国际会计准则的规定来制定本国的会计准则。此外，对租赁业务所持观点的一致也是导致两国对租赁的会计处理规定大体一致的重要原因。这主要体现在租赁的分类规定上。中国和马来西亚都认为，如果与资产所有权相关的风险和报酬已经转移，那么对承租人来说应该视为资产的取得以及义务的发生，对出租人来说应该视为一项销售或者融资。所有其他的租赁应被视为经营租赁。在这一观点下，租赁被划分为经营租赁和融资租赁，并要求承租人将融资租赁引起的权利和义务确认为资产和负债，而不要求承租人将经营租赁引起的权利和义务确认为资产和负债。而在判断租赁类型时，两国都要求要关注交易的实质而不是法律或合同的形式。可是，这一分类规定缺乏有力的理论支持，实际操作和监管都比较困难，而且如果被划分为经营租赁，那就会使企业存在一项表外的租赁资产。由于融资租赁和经营租赁的会计处理差别较大，因此实际工作中，就会有一些企业根据自身的实际情况来设计租赁合同，从而达到选择有利于企业的会计处理方法。然而，尽管这一观点备受争议，但很多国家的租赁准则目前都是采纳这一观点，包括国际会计准则。值得一提的是，正是基于目前租赁准则的缺陷，国际会计准则理事会已经开始对该准则进行修订，计划取消对租赁的分类，统一各类租赁业务的核算。因此，我国也可以根据我国租赁业务的发展情况，就租赁准则的相关内容作出修订和完善，例如考虑取消租赁的分类，从而提高租赁业务会计信息的透明度、可信度和实用性。

虽然中国和马来西亚关于租赁的会计处理大体是一致的，但两者之间还是存在一定的差异，主要包括融资租赁的认定、最低租赁付款额的折现率、融资费用的分摊方法、经营租赁出租人初始直接费用的处理、租赁的披露等。这主要是因为两国的国情和文化不同。例如，我国的企业会计准则制定的出发点是规范会计确认、计量和报告，而马来西亚的财务报告准则主要规范的是报告，这就使得马来西亚要求披露的内容相对中国来说要更详细些。由于两国的国情和文化不可能完全趋同，因此也就决定了其中的一些差异以后还很有可能会继续存在。因此，熟悉中国和马来西亚租赁会计准则及其差异将会更好地推动两国租赁业务的发展。

第六节　中马金融工具确认和计量准则比较

近年来，金融工具种类不断推陈出新。如何从会计规范方面入手，使投资者及企业的其他利益相关者充分、及时地了解金融企业金融工具业务，是国际会计准则和世界各国会计准则关注的焦点。马来西亚加入国际会计委员会较早，在会计准则制定中较多参照国际会计准则，有比较丰富的制定准则经验。同时，马来西亚与我国同属发展中经济体，地理位置也较为相似，本节对中马金融工具确认和计量准则进行比较，希望为我国会计准则的制定和完善抛砖引玉。

一、中马金融工具确认和计量准则简介

在我国2006年颁布的新会计准则中，有四项准则涉及金融工具，分别是《企业会计准则第22号——金融工具确认和计量》、《企业会计准则第23号——金融资产转移》、《企业会计准则第24号——套期保值》和《企业会计准则第37号——金融工具列报》。前三个准则主要参考了《国际会计准则第39号——金融工具确认和计量》

(IAS 39)。我国之所以分三个准则予以规定，主要原因是 IAS 39 过于复杂，涵盖的内容非常宽泛，财政部会计司在准则的制定过程中将其拆分为三块，既体现了与国际的协调，又结合了我国实际，增强了三项准则的可理解性和可操作性。(朱琪，2007)

《财务报告准则第 139 号——金融工具：确认与计量》（以下简称 FRS 139）是马来西亚会计准则理事会（MASB）第二个关于金融工具的会计准则。第一个为《财务报告准则第 132 号——金融工具：列报与披露》(以下简称 FRS 132)，该准则只规范了金融工具的列报方法及信息披露。FRS 139 规定了衍生金融工具和基本金融工具的确认与计量原则，同时还为诸如以公允价值计量的金融资产和金融负债如何评估减值、如何确定公允价值及套期保值会计等提供指引。

二、中马金融工具确认和计量准则比较分析

（一）金融工具的定义和分类

我国金融工具确认与计量准则对金融工具定义为：金融工具，是指形成一个企业的金融资产，并形成其他单位的金融负债或权益工具的合同。马来西亚对金融工具的定义出现在 FRS 132，与我国基本一致。

中马两国会计准则均将金融工具分为金融资产和金融负债两种。其中金融资产分为四类：①以公允价值计量且其变动计入当期损益的金融资产，包括交易性金融资产和指定为以公允价值计量且其变动计入当期损益的金融资产；②持有至到期投资；③贷款和应收款项；④可供出售的金融资产。金融负债分为两类：①以公允价值计量且其变动计入当期损益的金融负债，包括交易性金融负债和指定为以公允价值计量且其变动计入当期损益的金融负债；②其他金融负债。

（二）初始计量

两国会计准则均规定：企业初始确认金融资产或金融负债，应按公允价值计量。对于以公允价值计量且其变动计入当期损益的金融资产或金融负债，相关交易费用应当直接计入当期损益；对于其他类别的金融资产或金融负债，相关交易费用应当计入初始确认金额。

此外，我国会计准则对交易费用进行了详细定义。交易费用，是指可直接归属于购买、发行或处置金融工具新增的外部费用。新增的外部费用，是指企业不购买、发行或处置金融工具就不会发生的费用。交易费用包括支付给代理机构、咨询公司、券商等的手续费和佣金及其他必要支出，不包括债券溢价、折价、融资费用、内部管理成本及其他与交易不直接相关的费用。

（三）后续计量

两准则都规定，对于以公允价值计量且其变动计入当期损益的金融资产和金融负债，需在期末按公允价值计量，而且报告期间公允价值的变动计入当期损益。对于持有至到期投资、贷款和应收款项，需要在期末采用实际利率法，按摊余成本计量，并进行减值测试。对于可供出售金融资产，要求企业按公允价值对其进行后续计量，但

是公允价值变动计入权益。对于在活跃市场中没有报价且其公允价值不能可靠计量的权益工具投资，以及与该权益工具挂钩并须通过交付该权益工具结算的衍生金融资产，应当按照成本计量。

对于金融负债的后续计量，企业应当采用实际利率法，按摊余成本对金融负债进行后续计量，但是下列情况除外：①以公允价值计量且其变动计入当期损益的金融负债应当按照公允价值计量，且不扣除将来结清金融负债时可能发生的交易费用；②与在活跃市场中没有报价、公允价值不能可靠计量的权益工具挂钩并须通过交付该权益工具结算的衍生金融负债，应当按照成本计量。

按实体持有金融工具的目的选择相应的计量属性，这一混合计量模式虽然不是理论选择的结果，却是现实选择的结果。（芮鹏，2006）混合计量模式体现了会计准则制定机构对公允价值的谨慎采用。

（四）减值的确认和转回

对金融资产减值损失的确认和计量，国际通行的做法是未来现金流量折现法。两国会计准则都分别对以摊余成本计量的金融资产、以成本计量的金融资产和可供出售金融资产等的减值处理和转回进行了规定，其内容基本一致。除以公允价值计量且其变动计入当期损益的金融资产外，其他金融资产均应在期末进行减值测试。有客观证据表明该金融资产发生减值的，应当将该金融资产的账面价值减记至预计未来现金流量现值。

（1）以摊余成本计量的贷款和应收账款以及持有至到期投资，其减值损失是其账面价值与该资产预计未来现金流量按该金融资产原始实际利率折现后的现值的差额。减值损失贷记减值准备账户或是直接记入资产，同时减值损失确认为当期损益，在利润表中列示。

如有客观证据表明该金融资产价值已恢复，且客观上与确认该损失后发生的事项有关，原确认的减值损失应当予以转回。转回的减值损失可以调整减值准备账户（若设置有该账户）或是该项资产账户。但是，该转回后的账面价值不应当超过假定不计提减值准备情况下该金融资产在转回日的摊余成本。转回的金额计入当期损益，在利润表中列示。

（2）无公开报价的投资不能以公允价值计量，因为其公允价值无法可靠计量或是存在与该权益工具相关联的衍生工具，其资产减值损失为该金融资产账面价值与预计未来现金流量以该资产相类似的金融资产的现行市场回报率折现后的现值的差额。其减值损失不能转回。

（3）有客观证据表明可供出售的金融资产发生减值时，即使该金融资产没有终止确认，原直接计入所有者权益中的因公允价值下降形成的累计损失，应当予以转出，计入当期损益。该转出的累计损失等于可供出售金融资产的初始取得成本扣除已收回本金和已摊余金额、当前公允价值和原已计入损益的减值损失后的余额。可供出售权益工具投资发生的减值损失，不得通过损益转回。但是可供出售债务工具投资发生的减值损失可以通过损益转回。

（五）公允价值的确定

公允价值，是指公平交易中，熟悉情况的双方自愿进行资产交换和债务清偿的金额。

对于公允价值的确定方法，我国金融工具确认和计量准则参照国际会计准则 IAS 39 作出了以下规定，如果相关金融资产或金融负债存在活跃市场的，应当以活跃市场中的报价作为其公允价值确定的基础，除非有足够的证据表明最近交易的市场报价不是公允价值的，需要进行调整。对于不存在活跃市场的金融工具，应当采用估值技术确定其公允价值，运用估值技术得出的结果应当反映估值日在公平交易中采用的交易价格。

IFR 139 号的附注 A 列示了确定金融工具公允价值的顺序：①存在于活跃市场的公开报价；②如果不存在该金融工具的活跃市场，则可以利用估价技术，参考市场投入情况、近期市场交易、相似金融工具现有公允价值、现金流量折现分析等因素确定；③对于无活跃市场、价值不能可靠计量的权益工具，以成本扣除减值后余额计量。

两国会计准则对公允价值的确定采用了基本相同的顺序，均与国际会计准则趋同。

（六）衍生金融工具纳入表内核算并采用公允价值计量

我国确认和计量准则借鉴国际通行做法，并结合实际情况规定，企业要将衍生金融工具纳入表内核算并按公允价值计量，公允价值变动计入当期损益或所有者权益，改变了长期以来衍生工具仅在表外披露的做法。FRS 139 同样将衍生金融工具纳入表内核算并采用公允价值进行计量。

（七）重分类

我国金融工具确认和计量准则规定：企业在初始确认时将某金融资产或某金融负债划分为以公允价值计量且其变动计入当期损益的金融资产或金融负债后，不能重分类为其他类金融资产或金融负债；其他类金融资产或金融负债也不能重分类为以公允价值计量且其变动计入当期损益的金融资产或金融负债。

企业因持有意图或能力发生改变，使某项投资不再适合划分为持有至到期投资的，应当将其重分类为可供出售金融资产，并以公允价值进行后续计量。重分类日，该投资的账面价值与公允价值之间的差额计入所有者权益，在该可供出售金融资产发生减值或终止确认时转出，计入当期损益。

FRS 139 规定为：划分为以公允价值计量且其公允价值变动计入当期损益的金融工具不能再转换成其他金融工具。

被划分为持有至到期的金融工具，如果不适合再划分为持有至到期或是管理人员有意图改变持有目的的，则可以进行重分类。持有至到期金融工具可以重分类为可供出售金融工具或是以公允价值计量的金融工具，该工具的账面价值和公允价值之间的差额在重分类时确认为所有者权益。企业因持有至到期金融工具部分出售或重分类，使该金融工具的剩余部分不再适合划分为持有至到期金融工具时，企业应当将该工具的剩余部分重分类为可供出售金融工具。重分类日，该工具剩余部分的账面价值与其公允价值之间的差额计入所有者权益。

可以看出，对于以公允价值计量金融工具的重分类，两个准则要求基本相同。对于持有至到期投资的重新分类，我国的准则更为完善，除提到重分类日，该投资的账面价值与公允价值之间的差额计入所有者权益之外，还规定了在该可供出售金融资产发生减值或终止确认时转出，计入当期损益。

（八）终止确认

终止确认，是指将金融资产或金融负债从企业的账户和资产负债表内予以转销。

1．金融资产的终止确认

我国会计准则规定，金融资产满足下列条件之一时，应当终止确认：①收取该金融资产现金流量的合同权利终止；②该金融资产已转移，且符合《企业会计准则第23号——金融资产转移》规定的金融资产终止确认条件。

FRS 139规定，金融资产要进行终止确认，须满足以下基本条件：①属于企业的资产；②该项资产可产生特定现金流量；③该项资产按持股比例产生现金流量；④该项资产按持股比例产生可确认的特定现金流量。

资产（全部或部分）如果符合下列条件，则可终止确认：（1）该项资产产生现金流量的合同权利失效。（2）企业发生以下项目转移：①收取与该项资产相关的现金流量的合同权利；②企业保留收取由该项资产产生的现金流量的合同权利，但是也存在在特定条件下承担向其他方支付现金流量的义务：A．企业无义务支付与最终收到金额相等的金额，除非其从原始资产中收到相等的金额；B．企业被禁止销售或抵押原始资产；C．企业存在偿付那些现金流量的义务，且不得延迟。

在终止确认时，资产账面价值与可收回金额及以前直接计入所有者权益的累计利得或损失的差额确认为当期损益，在利润表中列示。当大型金融资产的一部分终止确认时，按比例分摊的资产账面价值与可收回金额及按比例分摊的以前直接计入所有者权益的累计利得或损失的差额确认为当期损益，在利润表中列示。以前直接计入所有者权益的累计利得或损失以该资产各构成部分的公允价值为标准，在终止确认资产与继续持有资产之间分配。在常规的金融资产销售业务中，既可在交易日终止确认，也可在结算日终止确认。

相比而言，FRS 139关于金融资产的终止确认的条件规定得更为详细，并对会计处理进行了指引。

2．金融负债的终止确认

我国会计准则规定：金融负债的现时义务全部或部分已解除时，才能终止确认该金融负债或其一部分。企业将用于偿付金融负债的资产转入某个机构或设立信托，偿付债务的现时义务仍存在的，不应当终止确认该金融负债，也不能终止确认转出的资产。债务人与债权人之间签订协议，以承担新金融负债方式替换现存金融负债，且新金融负债与现存金融负债的合同条款实质上不同的，应当终止确认现存金融负债，并同时确认新金融负债。企业对现存金融负债全部或部分的合同条款作出实质性修改的，应当终止确认现存金融负债或其一部分，同时将修改条款后的金融负债确认为一项新金融负债。

金融负债全部或部分终止确认的，企业应当将终止确认部分的账面价值与支付的对价（包括转出的非现金资产或承担的新金融负债）之间的差额，计入当期损益。企业回购金融负债一部分的，应当在回购日按照继续确认部分和终止确认部分的相对公允价值，将该金融负债整体的账面价值进行分配。分配给终止确认部分的账面价值与支付的对价（包括转出的非现金资产或承担的新金融负债）之间的差额，计入当期损益。

FRS 139 的规定为：当且仅当金融负债（或金融负债的一部分）消除时（也就是说，当合同中规定的义务解除、取消或逾期时），企业才能从资产负债表上将其剔除。如果发生以下变化：现有的债权人与债务人关系产生实质性的不同，或是现有金融负债发生实质性的调整，则该交易的金额作为原金融负债的清偿，并确认为一项新的金融负债。清偿原金融负债产生的利得或损失确认为当期损益，记入利润表。

两准则关于金融负债终止确认的规定大体一致。我国的规定更细致，更易于执行。

三、思考及建议

（一）关于公允价值计量属性

目前我国会计准则采纳了国际会计准则对公允价值的处理方法，对金融工具并未完全以公允价值计量，仍采用混合计量模式。然而，国际会计准则理事会已经接受美国财务会计准则委员会的意见，明确公允价值将是金融工具唯一相关的计量属性。我国应该对公允价值计量属性进行更深入的研究，并结合实际情况，使之既能体现出公允价值相关性强的特点，又能达到对金融工具公允价值的确定方法和价值变动等的如实反映，争取探索出金融工具的更有效的计量模式。马来西亚在采用公允价值计量模式上相比我国遇到的问题相对较少，与国际会计准则趋同过程中遇到的阻力也相对较小，因此基本可以全盘采纳国际会计准则的相关规定。但我国有自己特定的环境，在与国际会计准则趋同时，对公允价值的使用也应充分考虑自身实际情况，不宜操之过急。

（二）关于金融工具的计量

金融工具计量面临的一个问题是如何获取它的公允价值。中马两国会计准则均规定：如果金融工具存在活跃的公开市场并且有公开的市场价格，那么这个市场价格就是该金融工具的公允价值。如果金融工具不存在公开市场，没有公开的价格，则采用估值技术。国际会计准则除了以上两点，还规定可参考最近的交易价格，或者参考另一个实质上相似的资产或负债的现行市场价格。但这对中马两国都有一些困难：企业在某一领域可能没有类似的资产；如果采用贴现现金流或期权定价模型等估价技术，可能会比较复杂和难于理解，不易于在企业中使用和推广。这就需要加强人员培训，并且提高准则的可理解性和可操作性。

第七节　中马首次执行企业会计准则比较

我国财政部于2006年2月15日的《企业会计准则第38号——首次执行企业会计准则》（以下简称CAS 38）对企业首次执行企业会计准则作出相应的规范，并于2007年1月1日起生效。而马来西亚会计准则理事会（MASB）于2005年颁布《财务报告准则第1号——首次采用财务报告准则》（以下简称FRS 1）对企业首次执行财务报告准则作出规范，自2006年1月1日或以后日期开始的期间生效，鼓励提前采用，2009年马来西亚会计准则理事会重新对该准则进行修订，修订后的FRS 1于2010年7月1日生效。以下对两国的此项会计准则作对比。

一、框架内容的比较

FRS 1由目标、适用范围、确认及计量、列报及披露、财务报告准则转换释义、生效日六部分组成。在“目标”部分明确了马来西亚会计准则理事会颁布FRS 1的原因；在“适用范围”部分中，列示了FRS 1的适用范围；在“确认及计量”部分中，规范了首次采用财务报告准则的会计政策，并列示了例外情况以及豁免情况的处理方法；在“列报及披露”部分中，规范了首次采用财务报告准则信息披露；在“财务报告准则转换释义”部分中，对于不同财务报告准则的衔接，金融资产及金融负债的定义，公允价值的使用，对子公司、控股合营企业及联营公司的投资成本，中期财务报告作出了释义；在“生效日”部分中，对各具体准则的运用的生效日作出了具体的规定。这种框架结构是按照财务会计的核算内容进行设计的。

CAS 38由总则、确认和计量、披露三部分组成。它将本准则的目标、适用范围纳入到“总则”部分；在“确认和计量”部分，规范了将所有者资产、负债和所有者权益按照企业会计准则的规定进行重新分类、确认与计量，并编制期初资产负债表；最后部分是信息披露。这种框架结构是按照财务会计的核算程序进行设计的。

二、适用范围的比较

FRS 1的相关条款适用于按照财务报告准则列报其首份财务报表或中期财务报告的主体。同时，FRS 1还规定了其不适用于以下情况：主体停止运用其他准则编报财务报表，但以前在按照其他准则编制财务报告的同时编制了另一套包含明确且无保留地遵循财务报告准则声明的财务报表；以前年度按照其他准则编报财务报表，并且这些财务报表中包含明确且无保留地遵循财务报告准则的声明；以前年度编报的财务报表中包含明确且无保留地遵循财务报告准则的声明，即使审计师对这些报表出具了保留意见。

CAS 38适用于按照《企业会计准则》（2006）编制首份财务报表及中期财务报表的企业主体。

无论是FRS 1还是CAS 38，均表明了其主要适用范围是首次按照新准则编制财务报表或中期财务报告的企业主体。虽然 FRS 1 与 CAS 38 在主要的适用范围上相似，但 FRS 1 还特别明确了其不适用的情况，而 CAS 38 未对准则不适用的情况作出说明。作为一套系统的准则，FRS 1 的做法显得更严谨一些。

三、相关概念的比较

（一）首次执行日与过渡日

CAS 38 与 FRS 1 对于首次采用新准则相关联的时间点分别采用了首次执行日和过渡日的概念。两者具有明显的不同，前者直接是指企业第一次执行中国《企业会计准则》（2006）体系、编制期初资产负债表之日；而后者则是指企业首份按马来西亚《财务报告准则》编制的财务报表中列报的全部可比信息里的最早期间的期初。实际上可以看出，CAS 38 的首次执行日就是马来西亚企业决定开始采用《财务报告准则》的日子，而过渡日则是在这之前的可比信息的期初。对首次执行日和过渡日的不同认定，直接影响两套准则后面调整事项的相关内容。

（二）“期初资产负债表”的认定区别

FRS 1 是将过渡日按财务报告准则编制的资产负债表认定为期初资产负债表，而 CAS 38 则是将在首次执行日按新会计准则编制的资产负债表认定为期初资产负债表。

（三）豁免事项的认定

FRS 1 中有六个可选择的豁免事项，分别是：①不必重新表述过渡日之前已确认的企业合并；②公允价值或重估价作为认定成本——对不动产、厂房、设备、采用成本模式的投资性房地产、有活跃市场的无形资产，FRS 1 允许企业选择用过渡日的公允价值、大致可比的重估价、在企业私有化或首次上市等事项中确定的公允价值作为当日的认定成本；③对雇员福利——FRS 1 允许企业在过渡日确认所有累计精算利得和损失；④累计折算差额——FRS 1 允许企业在过渡日将所有国外经营的累计折算差额认定为零，但要求在以后处置任何国外经营时所产生的利得和损失中不包括在过渡日以前产生的折算差额；⑤对于复合金融工具——如果其负债部分在过渡日已经不复存在，那么首次采用者可直接将复合金融工具自开始时就划分为单独的负债和权益两个部分；⑥对于子公司、联营企业和合营企业在过渡日不一致的情况下对资产和负债的计量，FRS 1 也给出了两种可供选择的情况以适应不同的需要。而 CAS 38 中没有任何可选择的豁免事项。

（四）禁止追溯的规定

FRS 1 中明确规定了禁止追溯应用其他《财务报告准则》的三个项目，包括：①金融资产和金融负债的终止确认——如果首次采用者在 2006 年 1 月 1 日之前按原准则已经终止确认了某金融资产或金融负债，则不应根据《财务报告准则》确认这些资产和负债，除非由于后来的交易或事项导致其符合确认的条件；②套期会计——如果企业在过渡日前根据原国家准则认定某交易作为套期，它应继续认定该交易作为套期；③估计——在期初资产负债表上，企业按照《财务报告准则》所作的估计应与当日按照原国家准则所作的估计一致，除非有关估计需要对会计政策的差异进行调整或者有客观证据表明该估计是错误的。而 CAS 38 里却没有类似规定，只是对应追溯的项目，CAS 38 明确列示了 12 个项目，但 FRS 1 中未有明确列示，只表述了重编期初资产负债表需要调整的项目。这一点主要是两者在形式上的差别。

四、确认与计量的比较

（一）调整差额计入留存收益

FRS 1 在对期初资产负债表进行调整时，产生的调整差额直接计入留存收益。而 CAS 38 则是针对不同的项目将差额或是调整留存收益，或是采用其他会计方法重新计量，或是直接调整账面价值等。可以看出，FRS 1 的方法更加直接和容易，为新旧会计准则衔接的追溯调整提供了便利。

（二）对企业合并及相关商誉的处理

根据 FRS 1 的豁免条款，企业在过渡日之前发生的所有合并事项都可以不用追溯调整；而 CAS 38 列示了必须进行追溯调整的合并事项，即按照《企业会计准则第 20 号——企业合并》属于同一控制下的合并，按照该准则的规定属于非同一控制下的企业合并以及有合并合同或协议约定根据未来事项的发生对合并成本进行调整，并且在首次执行日预计未来事项很可能发生并对合并成本的影响金额能够可靠计量的合并事项。对于商誉的调整，由于豁免条款的存在，FRS 1 只就商誉的账面价值作出一些调整。企业期初资产负债表上商誉的账面价值，应为根据原国家准则在过渡日得出的账面价值经过下列两项调整后的余额：①在过渡日，将原已确认但不符合 FRS 138 确认条件的无形资产重新分类到商誉；②在过渡日，根据 FRS 136“资产减值”对商誉确认的减值损失。而 CAS 38 则根据不同类型的企业合并规定了商誉的具体调整方法：或是将摊余价值作为认定成本，或是根据影响金额调整其账面价值，或是进行减值测试。应该说，对企业合并事项及相关商誉的追溯调整，FRS 1 比 CAS 38 要简单一些，而后者则规定得更加具体和详细。

（三）套期保值的追溯调整

FRS 1 与 CAS 38 在这一问题上有重大的不同。前者将套期保值作为其禁止追溯调整的三个项目之一，即 FRS 139 规定了采用套期会计应满足的条件，FRS 1 规定这些条件只应运用到过渡日之后的套期关系，而不应追溯应用到过渡日之前。也就是说，如果企业在过渡日前根据原其他准则认定某交易为套期，它应继续认定该交易作为套期；从过渡日起，企业才开始应用 FRS 139 中套期会计条款。而 CAS 38 要求在首次执行日，对于不符合《企业会计准则第 24 号——套期保值》（简称 CAS 24）规定的套期方法运用条件的套期保值，应当终止采用原套期会计方法，并按照 CAS 24 规则处理。从上面的论述可以看出，CAS 38 规定 CAS 24 适用于首次执行日前后所有的套期处理，而 FRS 1 规定 IAS 39 只适用于过渡日之后的套期处理。

五、信息披露的比较

FRS 1 规定报告主体必须列报因过渡到《财务报告准则》对其产生的财务影响，在主体首份按《财务报告准则》编制的财务报表中应当：①将在过渡日和最近年度报告期末按照原国家准则报告的权益，分别调节到当日按照《财务报告准则》报告的权益；②将按原其他准则提供的主体最近期间的年度财务报告中的利润或亏损，调节到同一期间按《财务报告准则》确定的利润或亏损；③如果主体按照原其他准则提供了现金流量表，则应解释对现金流量表所作的主要调节。

对于新旧准则衔接的相关信息披露，CAS 38 要求企业在执行准则后首份季报（或首份半年报），需要披露下述数据的调节过程：①按原会计制度或准则列报的比较报表最早期间的期初、中期期末及最近年度年末所有者权益，调整为按《企业会计准则》列报的所有者权益；②按原会计制度或准则列报的比较中期及最近年度损益，调整为相应同一期间按《企业会计准则》列报的损益。

六、总结

CAS 38 与 FRS 1 之间的上述差异，根本原因在于我国的具体国情与马来西亚《财务报告准则》普遍性和广泛性的矛盾。例如对“首次执行日”和“期初资产负债表”的认定，CAS 38 就更加简明易懂，符合我国的实际情况；未对不适用“适用范围”的情况作出说明，也是考虑到准则施行对象较为单一，准则衔接过程也比较单纯，不会出现像马来西亚《财务报告准则》中所提及的复杂情况，因此没有必要再对不适用 CAS 38 的情况进行说明。对于 FRS 1 与 CAS 38 之间存在的六个可选择的豁免事项的重大差异，究竟原因，可能是由于 FRS 1 是参照了国际财务报告准则，而国际财务报告准则其适用范围更广，必将更多地考虑各国的实际情况，对某些会计项目的处理需要统一性与灵活性并存。而我国的 CAS 38 没有这样的考虑，造成这种情况的原因之一在于我国各地经济发展水平、企业管理水平不一，会计人员素质参差不齐。为了避免新旧准则衔接过程中操作的多选择性和不规范性，减少企业利用新旧准则转换之机操纵会计信息的情况，CAS 38 采取了统一的、无选择性的、强制的规定。这是完全可以理解并符合我国现在的国情的。当然，随着我国会计理论与实务的发展，新的准则的不断完善，企业的管理水平、意识和财务水平的提高，CAS 38 根据企业具体情况的变化是否也可以有一些灵活处理或可接受的豁免项目，马来西亚《财务报告准则》的这种可选择性的条款制定方法可否也成为我国在以后会计准则修订与实施过程中为照顾各地各企业实际实情的折中办法，或许可以思考一下。此外，对于某些具体的会计处理如对企业合并事项及相关商誉的调整，FRS 1 比 CAS 38 要简单一些，这可能与我国大幅修订准则有关，准则制定机构希望通过详细的规范使新旧会计准则的衔接更加清楚，方便采用。

第八节　马来西亚恶性通货膨胀经济中的财务报告准则评析

在恶性通货膨胀经济中，企业将会发现它们的财务报表在一段时间内无法与处于非恶性通货膨胀经济中的企业进行比较。即使在相同的报告时期，在货币购买力方面的损失也可能会导致交易和事件的不可比性。为了使财务报表有用，在恶性通货膨胀经济中的财务报表都必须重述，以反映购买力的变化。马来西亚在其《财务报告准则第129号——恶性通货膨胀经济中的财务报告》（以下简称FRS 129）中规定了恶性通货膨胀经济中的财务报告要求。而我国目前还没有制定这一准则项目。

随着“中国—东盟”自由贸易区的启动，资本在“中国—东盟”各国之间的流动增加，各国会计准则的国际趋同也在加快，再加上金融危机的冲击，各国的利益相关性在加强，国与国之间的经济影响也在逐步加大，与此同时，金融风险也会加大传导效应。中国和马来西亚与国际会计准则趋同的程度不同。通过分析马来西亚恶性通货膨胀经济中的财务报告准则，找出中马两国的准则差异，提出完善准则的建议，有利于推进我国会计准则国际化进程，实现中国与马来西亚准则的等效，也有利于实现自由贸易区内会计准则的高度统一。

一、马来西亚恶性通货膨胀经济中的财务报告准则简介

马来西亚FRS 129包括五部分内容，共有41条条款。具体内容如下：

（一）准则范围

准则第1条到第4条是关于准则的范围。FRS 129适用于任何其功能货币是恶性通货膨胀经济中的货币的企业的财务报表，包括合并财务报表。FRS 129要求企业判断并确定其是否在恶性通货膨胀经济中。准则给出了这种经济的一些特征，它们是：

（1）这个国家的一般公众倾向于以非货币性资产或某种稳定的外币来保存自己的财富。

（2）货币金额以一种稳定的外币来表示，也可能是以那种货币来标价。

（3）赊销和赊购因购买力损失要调整。

（4）利率、工资和价格与物价指数挂钩。

（5）过去3年累积通货膨胀率接近或超过100%。

（二）财务报表的重述

准则第5条到第37条是关于财务报表重述的会计处理。经历恶性通货膨胀经济的企业要求按照资产负债表日的计量单位重述其财务报表。所有比较财务报表和关于早期的其他信息要按照资产负债表日的计量单位表述。财务报表的重述需要应用一定的程序，并且应始终遵循。

货币头寸的所有利得和损失将确认计入利润或亏损，并单独披露。

1. 历史成本财务报表的重述

历史成本资产负债表中非货币性项目运用一般物价指数重述。如果非货币性资产是按可变现净值表述的，则不需要重述。

货币项目不再重述，因为它们是按照资产负债表日的计量单位表述的。

所有的收入和费用也要使用一般物价指数重述。收入和费用的重述按照从收入和费用初始记录之日起一般物价指数的变动进行。

在通货膨胀时期，企业持有净货币性资产会损失购买力。净货币性资产的利得或损失应确认计入损益表中。

2. 现行成本财务报表的重述

按现行成本表述的资产负债表项目不需重述，因为它们是按照当前或最近的成本表述的。其他项目按一般物价指数重述。

收入和费用则必须运用资产负债表日的一般物价指数重述。

净货币性资产的利得和损失要在损益表中披露。

3. 现金流量表的重述

现金流量表中的所有项目均按年末一般物价指数换算。

4. 对应数字

以前报告期对应的财务报表按照本年末的一般物价指数重述。这适用于以历史成本或现行成本为基础编制的财务报表。

5. 合并财务报表

如果母公司及其子公司处于恶性通货膨胀经济中，子公司的财务报表要在母公司发布合并财务报表之前运用其报告货币的国家的一般物价指数重述。如果子公司是一家在国外经营的公司，重述的财务报表按收盘价换算。

6. 一般物价指数的选择和使用

按照 FRS 129 进行财务报表重述，要求使用反映一般购买力变动的一般价格指数。以同一经济体系中的货币报告的所有企业使用相同的指数是可取的。

（三）恶性通货膨胀停止时

根据准则第 38 条的规定，当经济停止恶性通货膨胀时，企业终止运用本准则，在以前报告期末以当前计量单位所表述的数额，将是以后的财务报表日账面金额的基础。

（四）披露

准则第 39 条和第 40 条是关于披露要求的。以下是主要的披露要求：

（1）财务报表和可比数据已经根据功能货币的一般购买力变化重述的事实。

（2）财务报表是基于历史成本，还是基于现行成本。

（3）资产负债表日价格指数的确定和水平，以及在本期和以前报告期指数的变动情况。

（五）生效日期

准则第 41 条是关于生效日期的。马来西亚 FRS 129 是在 2003 年 1 月 1 日生效的。

二、马来西亚恶性通货膨胀经济中的财务报告准则简析

马来西亚 FRS 129 的目的是为使用恶性通货膨胀经济中的货币进行报告的企业建立具体准则，使其提供的财务信息有意义。该准则没有确立一个被认为产生恶性通货膨胀的绝对比率，但当重述财务报表成为必要时可以判断。

马来西亚 FRS 129 的基本原则是使用恶性通货膨胀经济中的货币进行报告的企业，其财务报表按资产负债表日的计量单位表述。以前时期的比较数据应以目前同一计量单位重述。根据 FRS 129，当企业处于恶性通货膨胀经济中时，其财务报表要按照报告日的计量单位重述，流程如图 7.1 所示。

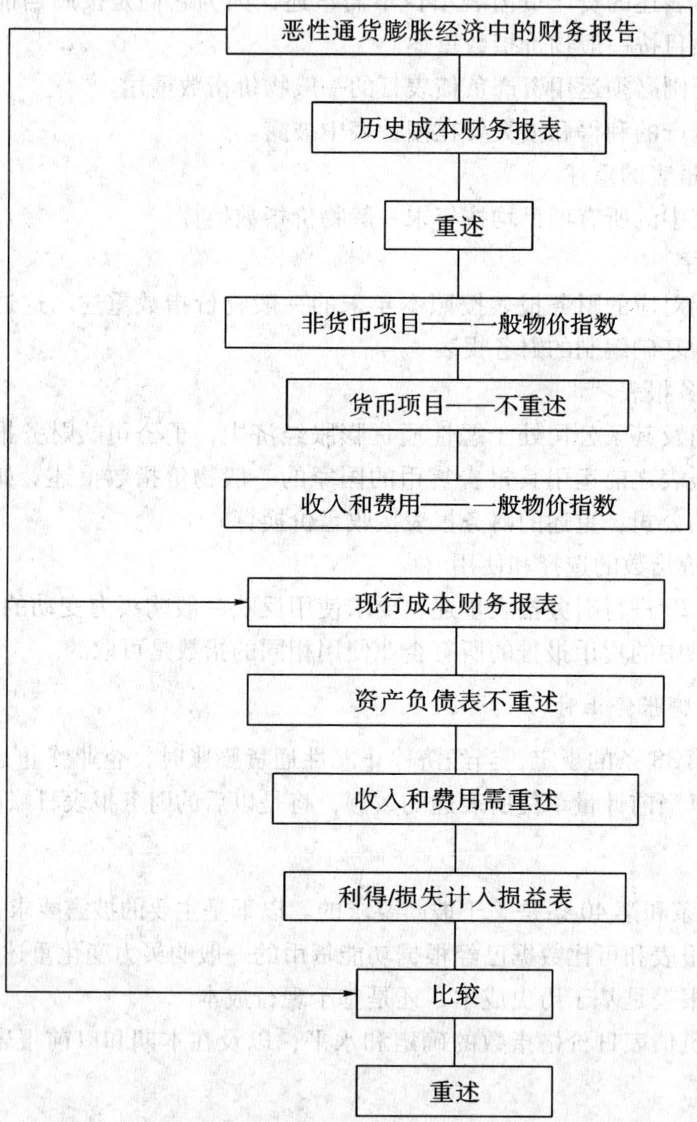

图 7.1 恶性通货膨胀经济中的企业的财务报告的流程

一般物价指数用来重述财务报表。那些已经按资产负债表日的计量单位表述的项目，如货币项目，将不再重述。其他项目应基于项目获得日或费用发生日与资产负债表日之间按一般价格指数的变化重述。

货币净头寸的利得或损失应计入净损益，但单独披露。

三、思考及建议

显然，马来西亚 FRS 129 与国际财务报告准则相似，这也是马来西亚积极推进会计准则国际化的结果。马来西亚早在 1978 年就首次采用了部分国际会计准则，到 1997 年马来西亚发布了财务报告法，成立了财务报告基金会（FRF）和会计准则理事会（MASB），并确认了由会计准则理事会来制定会计准则。2005 年马来西亚会计准则更名为马来西亚财务报告准则以保持与国际财务报告准则名称上的一致性。2008 年 8 月 1 日，马来西亚财务报告基金会及会计准则理事会共同发布了一份公告，提出计划在 2012 年 1 月 1 日前实现马来西亚会计准则与国际财务报告准则的全面趋同。根据该公告，2012 年马来西亚所有公开上市的公司及其子公司，以及其他公共责任主体所适用的会计准则将与国际财务报告准则全面趋同。马来西亚在 2009 年对 FRS 129 进行了修订，并于 2010 年 1 月 1 日生效。该项会计准则的修订也为推进马来西亚与国际财务报告准则的全面趋同奠定了基础。

我国 2006 年发布了 1 项基本准则和 38 项具体会计准则，实现了与国际财务报告准则的实质性趋同，但该准则体系里没有恶性通货膨胀经济中的财务报告准则。之所以没有专门制定这一准则项目，主要是因为中国在宏观调控的市场经济条件下，预期不会发生恶性通货膨胀的情况，因此，没有必要制定这一准则项目。国际会计准则理事会完全赞同我国不制定该项准则，但提出在中国的会计准则中，应当明确境外经营所在国家或者地区发生恶性通货膨胀的会计处理。我国采纳了国际会计准则理事会的建议，在外币折算准则及其应用指南中，规定了恶性通货膨胀的基本特征，要求在发生恶性通货膨胀的国家或地区境外经营的企业的财务报表，应当按照一般物价指数进行重述，再按重述后的报表进行折算。但是，笔者认为，我国仅有这一规定是不够的，还应专门制定恶性通货膨胀经济中的财务报告准则。虽然我国目前预期不会发生恶性通货膨胀，但中国实行市场经济，且已成为世贸组织的成员国，融入全球经济一体化的步伐在加快；另外，我国在经济连续快速增长后也将面临通货膨胀的压力，这就难保今后一直不会面临恶性通货膨胀的特殊情况。因此，制定恶性通货膨胀经济中的财务报告准则是必要的，并且弥补这一空白准则项目也与我国一直努力推进企业会计准则与国际财务报告准则持续全面趋同的做法相符。

第九节　马来西亚持有待售的非流动资产和终止经营准则评析

《马来西亚财务报告准则第 5 号——持有待售的非流动资产和终止经营》（简称 FRS 5）主要阐述了持有待售的非流动资产（包括处置组）的分类、计量和列报的要求，以及终止经营的定义和列报两部分内容。本书拟从 FRS 5 的结构框架和内容等方面进行评析，以期为我国相关会计准则的编制和完善抛砖引玉。

一、主要内容

FRS 5 的内容主要包括持有待售的非流动资产和终止经营。其阐述了持有待售的非流动资产（包括处置组）的分类、计量和列报的要求以及终止经营的列报。

（一）持有待售的非流动资产

1. 划归时点

准则规定当资产或处置组在当前状况下可立即出售，且出售极可能发生时，资产或处置组可以归类为“持有待售”。

如果下列标准都满足，则销售极可能发生：适当级别的管理层承诺出售计划；寻找买方和完成该出售计划的积极活动已经展开；资产或处置组以和其当前公允价值相比合理的价格积极寻求市场出售；完成该项出售计划所需的行动表明，不可能对该项计划作出重大修改或予以撤销；除一些情况外，销售预期在 12 个月内完成。

需要强调的是，资产或资产组划归为“持有代售”的条件是：

（1）立即出售；

（2）极可能出售。

2. 划归为持有待售的非流动资产（或处置组）的计量

财务报告准则规定一项划归为持有待售的非流动资产或处置组，应按其账面金额和公允价值减去出售费用后的余额孰低计量。在划归为持有待售之前，资产应按照相关财务报告准则计量并确定其账面金额。换句话说，按照两步处理法：

（1）划归为持有待售之前，非流动资产或处置组按照相关财务报告准则计量；

（2）划归为持有待售的非流动资产或处置组后，应按其账面金额和公允价值减去出售费用后的余额孰低计量。

如果预期销售发生在一年以后，出售费用按照其现值计算。

出售费用非直接归属于出售资产或处置组的边际成本。这些成本由销售直接引起，如果没有出售决策，则这些费用就不会发生。

在资产或处置组划归为持有待售时，其公允价值少于账面金额，差额作为减值损失计入费用。

不以销售为目的购买的资产或处置组，初始计量同样按其账面金额和公允价值减去出售费用后的余额孰低计量。但是，如果是企业合并时获得的资产，资产以公允价值计量，而非公允价值减去出售费用后的余额。

划归为“持有待售”的非流动性资产或部分处置组不折旧或摊销。

3. 被划归为持有待售的非流动资产或处置组的列报

被划归为持有待售的资产，无论是单项资产或处置组中的资产，应在资产负债表中区别于其他资产单独列报。

处置组中的负债也应区别于其他负债单独列报。

处置组中的资产和负债不应相互抵消并按单一项目列示。

资产和负债的主要类别可以在资产负债表内或在附注中予以披露。

符合持有待售标准的新取得的子公司，母公司不需要单独披露资产和负债的主要类别。

主体不需要对以前年度资产负债表中的非流动资产（或处置组）进行重新分类以反映最近时期的分类。

（二）终止经营

1. 终止经营的定义

明确终止经营的定义前，需要先理解处置组的概念。资产的处置组是指有意将若干项资产作为一项单独业务进行处置的资产。处置组包括流动资产、非流动资产和相关负债。如果处置组是一个现金产出单元，其资产包括分配的商誉。一个处置组可以是一个单独的现金产出单元或一组现金产出单元或某个现金产出单元的一部分。一个持有待售的子公司可以被称为“处置组”。

终止经营就是符合一些特殊标准的处置组，可以是一项独立的主要业务或一个主要经营地区，或者一项单独调整处置计划的一部分，甚至也可以是为了再出售而取得的子公司。

2. 终止经营的列报

根据财务报告准则要求，终止经营必须在利润表中单独列示。终止经营应披露如下信息：

（1）在利润表中作为一个单独金额；

（2）终止经营税后利润或损失；

（3）计量公允价值减销售成本或处置资产时确认的税后利得或损失。

对披露的单独的金额作出以下分析：

（1）终止经营的收入、费用和税前利润或损失；

（2）相关所得税费用；

（3）重新计量公允价值减出售费用或资产处置的利得或损失。

二、评析

（一）关于持有待售非流动资产的计量

根据 FRS 5 的规定：持有待售的非流动资产或处置组，应按其账面金额和公允价值减去出售费用后的余额孰低计量。可见，FRS 5 也引入了公允价值计量属性。公允价值是指熟悉情况的买卖双方在公平交易和自愿的情况下所确定的价格。相比以历史成本原则为基础计算出的账面价值，公允价值与投资者的决策更为相关。但是，在非流动资产领域是否采用，或较多采用公允价值值得商榷，其主要原因在于：如果某项资产存在公开的市场价格，如交易性金融工具，那么该资产的公允价值即为其市场价格，此公允价值除与投资人决策相关外，也比较可靠；但如果不存在公开的市场，那么资产的公允价值则需要通过一定的模型和计算方法获得，这样增加了公允价值确定的主观性，也大大降低了公允价值的可靠性。

（二）关于持有待售非流动资产和终止经营的列报

FRS 5 体现了充分披露的原则。根据 FRS 5 的规定：被划归为持有待售的资产，无论是单项资产或处置组中的资产，应在资产负债表中区别于其他资产单独列报。处置组中的负债也应区别于其他负债单独列报。终止经营也需要作为一个单独金额进行列报，同时其税后的利得或损失等也需要进行披露，并且需要对终止经营的收入、费用等进行分析。可见，FRS 5 对披露的要求非常详细，这也体现出对投资者负责的态度。

三、对我国会计准则制定的启示

我国并未像马来西亚会计准则理事会那样单独为持有待售的非流动资产和终止经营设置一号准则，与其相关的内容主要出现在《企业会计准则第 4 号——固定资产》中关于固定资产处置的章节和《企业会计准则第 8 号——资产减值》中。而且，在这些章节中主要规定了持有待售固定资产和终止确认的确认及会计处理，没有详细规定披露的范围和内容。

我国会计准则不必像 FRS 5 那般设置一号准则，不过可以尝试对固定资产及其他非流动资产的持有待售和终止确认的相关规定，如持有待售非流动资产的划分标准等，进一步细化，并增加对相关内容的披露力度。另外，考虑到持有待售非流动资产和终止确认具有一定难度，可在指南中增加相应的例题和习题，同时加强对会计人员的培训，使他们能更好地理解准则规定，有利于准则在实际工作中的运用。

第十节　本章小结

本章主要对中国和马来西亚的会计政策、会计估计变更和差错更正准则、政府补助准则、外币折算准则等一系列特殊准则进行比较分析，分析结果表明中国和马来西亚的特殊准则大部分规定是一致的，但也存在一些差异。

一、中马会计政策、会计估计变更和差错更正准则比较

中马会计政策、会计估计变更和差错更正准则比较表明，马来西亚会计准则对会计政策变更的处理方法与我国基本一致，只是在对未来适应法的规定上比我国更为详

尽；马来西亚会计准则所规定的会计政策包含的内容比较广，与我国会计准则不同的是还包括“惯例”、“规则”；马来西亚会计准则对会计政策的披露要求比我国更为详细并进行了分类规定。对于会计估计变更，两国的会计处理规定和披露要求基本一致。关于会计差错更正方面，我国会计准则与马来西亚会计准则所规定的处理方法和披露要求也基本一致，但是中马会计差错的称谓不同，我国会计准则称之为“前期差错”，而在马来西亚会计准则中称之为“前期的重大差错”。

二、中马政府补助准则比较

中马政府补助准则比较表明，中国政府补助准则没有区分政府补助和政府援助的定义，只有狭义上的概念，而马来西亚政府补助准则不仅包括政府补助部分，而且也包括政府援助部分；关于计量方面，我国会计准则对于政府补助为非货币性资产的计量规定与马来西亚财务报告准则基本一致，但是并没有对政府补助为货币性资产的情况作出明确的规定；关于披露方面，马来西亚财务报告准则对披露的要求相对更规范。

三、中马外币折算准则比较

中马外币折算准则比较表明，在准则整体内容方面，CAS 19 远不及 FRS 121 详细，篇幅相对来说也比较少；在准则目标和范围阐述方面，CAS 19 比较简单而笼统，也没有指出准则所要解决的主要问题是什么；此外，在记账本位币的确定和披露等方面，中国的准则也不如马来西亚的准则详细。

四、中马企业合并准则比较

中马企业合并准则比较表明，两国准则的差异主要体现在两个方面：①我国根据自身的实际情况，专门规定了同一控制下企业合并的相关会计处理，要求对同一控制下的企业合并采用权益结合法处理，非同一控制下的企业合并采用购买法处理，而马来西亚要求所有的企业合并均采用购买法，未考虑同一控制下企业合并的情况；②我国对于合并中所出现的一些情况没有作出具体的规定，例如以出售为目的的子公司的收购等。这说明了我国在与国际会计准则趋同的同时充分考虑到了本国的实际情况，也保留了自身的特色。

五、中马租赁准则比较

中马租赁准则比较表明，中国和马来西亚关于租赁的会计处理大体是一致的，但两者之间还是存在一定的差异，主要包括融资租赁的认定、最低租赁付款额的折现率、融资费用的分摊方法、经营租赁的出租人的初始直接费用的处理、租赁的披露等。这主要是因为两国的国情和文化不同而造成的。

六、中马金融工具确认和计量准则比较

中马金融工具确认和计量准则比较表明，关于金融工具确认和计量等的规定，两个准则要求基本相同。对于持有至到期投资的重新分类，我国的准则更为完善，除提

到重分类日，该投资的账面价值与公允价值之间的差额计入所有者权益之外，还规定了在该可供出售金融资产发生减值或终止确认时转出，计入当期损益。

七、中马首次执行企业会计准则比较

中马首次执行企业会计准则比较表明，在准则适用范围方面，马来西亚特别明确了其不适用的情况，而 CAS 38 未对准则不适用的情况作出说明。马来西亚规定了六个可选择的豁免事项，而中国没有相应规定。在确认与计量方面，中国对企业合并事项及相关商誉的追溯调整比马来西亚规定得更加具体和详细。此外，中国规定套期保值准则适用于首次执行日前后所有的套期处理，而马来西亚规定其套期保值准则只适用于过渡日之后的套期处理。

此外，马来西亚还制定了“恶性通货膨胀经济中的财务报告”和“持有待售的非流动资产和终止经营”这两个准则，但是我国均没有相应的准则，而是在外币折算和固定资产等准则中对相关内容进行了规范。从内容上看，我国的规定远没有马来西亚的规定详细和全面。

第八章　中马特殊行业会计准则比较

第一节　中马金融保险业会计准则比较

2010年1月1日，“中国—东盟”自由贸易区如期建成，这为中国和东盟金融保险业的发展与合作带来难得的机遇和广阔的前景。在东盟各国中，马来西亚金融保险业的发展水平较高，市场规模较大，是我国金融保险业的重点合作对象。因此，在我国与东盟各国金融保险业交流合作的初级阶段，通过研究两国金融保险业会计准则之间的异同，可加强我国与东盟国家金融保险业的交流，对于促进双方金融保险业的发展具有积极意义。

一、金融业会计准则比较与分析

我国财政部于1993年和2001年相继颁发了两部《金融企业会计制度》。但由于我国以前金融体制相对于经济体制改革比较滞后，金融产品市场化程度很低，因此我国金融会计的发展也相应滞后。随着改革的深入发展，金融的核心作用日益凸显，金融企业融入国际竞争的速度后来居上，《金融企业会计制度》的实行不再适应全球经济一体化的发展。于是，我国财政部在2007年1月1日起实施新企业会计准则，并在2007年11月1日发布的《关于银行业金融机构全面执行企业会计准则》的通知中，要求银行业各类金融机构全面执行该准则。新准则中包含了与金融企业相关的《企业会计准则第22号——金融工具确认和计量》、《企业会计准则第23号——金融资产转移》、《企业会计准则第24号——套期保值》、《企业会计准则第37号——金融工具列报》这四项准则，构成了我国现行的金融业会计准则体系。马来西亚金融业也统一执行本国企业会计准则，其中针对金融机构的准则主要包括《财务报告准则第132号——金融工具：列报和披露》（FRS 132）、《财务报告准则第137号——金融工具：确认与计量》（FRS 137）以及直接采纳国际会计准则的《国际会计准则第30号——银行和类似金融机构财务报表披露》这三项准则。通过将两国金融业实行的会计准则进行对比，可看出两国金融业会计准则已基本实现国际趋同，各条准则在形式上或多或少地借鉴了国际会计准则，而在实质上已基本与国际会计准则相同，但经过仔细分析，还存在少许不同之处。

（一）金融工具确认和计量准则对比

我国的金融工具确认和计量准则主要对金融资产和金融负债的分类、衍生工具的确认和计量及金融资产减值三大问题进行了重点处理，尤其是针对金融资产和金融负债的分类进行了详细的规定，其实质内容与马来西亚金融工具确认和计量准则（FRS 137）的相关内容大多相同，如金融工具的定义、金融资产的四项分类、金融工具重分类的标准、相关公允价值问题、金融资产减值等。其中最主要的不同之处体现在金融资产减值损失的转回方面。我国准则明确规定金融资产减值损失不得转回，而马来西亚准则允许金融资产减值损失的转回。我国作出此项不同规定主要是考虑实际国情和会计实务，尽量遏制利润操纵的现象。

（二）金融资产转移准则对比

我国结合国情，单独制定了针对金融资产转移会计处理的会计准则，其中对金融资产转移的定义、确认与计量都作出了具体的规定。而马来西亚会计准则中没有单独的金融资产转移准则。只在《财务报告准则第 137 号——金融工具：确认与计量》（FRS 137）中，在对金融资产的终止确认作出规定时，提及一些针对金融资产转移会计处理的相关条款，其实质内容与我国准则基本一致。我国准则的某些条款更为详细具体，更具操作性。如我国准则中将资产转移划分为整体转移和部分转移，并针对部分资产转移相关处理作出具体规定。马来西亚准则中虽也提及资产部分转移，但是相关规定没有我国准则具体详细。

（三）套期保值准则对比

与金融资产转移准则相同，我国也单独制定了套期保值会计准则。而马来西亚会计准则中并未针对套期保值单独制定内容，相关准则散见于《财务报告准则第 137 号——金融工具：确认与计量》的相关条款中。两国套期保值准则中有关套期关系的确立方法、套期会计的使用条件以及被套期项目的确认等规定基本相同。主要的不同体现在对套期的定义方面。马来西亚准则中指出，“套期保值指企业为了降低自身承受的经济风险而使用一种工具……”，我国准则定义套期保值时强调，“套期保值是企业为规避外汇风险、利率风险、商品价格风险、股票风险、信用风险等，制定一项或一项以上套期工具……”。可见我国的套期工具更侧重于突出风险关系，将采用套期保值方法所能规避的风险类型更为详细地罗列出来，使该定义的内容更详尽、严谨。

（四）金融工具列报准则对比

20 世纪 90 年代前，马来西亚制定的有关金融工具列报的准则中，大多只对应收应付款项等基础金融工具的列报方式做出要求。随着金融衍生工具的迅速发展，马来西亚才开始探讨金融衍生工具的披露问题，并借鉴国际会计准则的相关规定，制定出自己的金融工具列报准则。我国准则也充分吸收借鉴了国际会计准则关于基础金融工具和金融衍生工具列报的规定。两国准则都源于国际会计准则相关内容，其中我国准则对金融资产和金融负债的列报方式、内容及资产分类等方面的要求与马来西亚会计准则基本相同，只是某些内容的表述存在一些详略方面的差异。如在风险管理的披露方面，马来西亚准则要求主体披露风险管理的目标和政策，而我国准则在作出相同规定的基础上还要求企业披露风险的计量方法。又如，马来西亚准则中提出金融工具相关风险有市场风险、信用风险、流动性风险或融资风险、现金流利率风险四种类型。而我国准则中仅指出市场风险这一种风险类型。

（五）思考与建议

1．应充分考虑公允价值会计涉及问题的复杂性

我国现行的金融会计准则中已引入公布公允价值这一新概念与相关的会计处理规定。公布公允价值的应用虽然是国际会计发展的必然趋势，但其不确定性强、变动性大的特点难以满足会计信息可靠性的质量要求。金融企业必须以公允价值对金融资产和金融负债进行计量，并及时将这些价值的变动在报表中确认，这势必影响资产负债率和权益的变动。因此，在当前市场环境还不够成熟的条件下，监管部门应制定公允价值会计的实施办法与具体规定，以此对金融企业采用新会计准则进行引导，指导金融企业正确应用公允价值会计处理方法，准确公允地对金融工具的价值进行计量和报道，以确保会计信息质量的真实可靠。

2．应不断深化金融体制改革

对金融工具实行公允价值计量的前提条件是成熟的市场环境。与马来西亚相比，我国的金融市场还不够活跃，汇率和利率还未完全市场化，无法为金融业对公允价值的确定提供必要的依据。因此，我国应尽快形成充分竞争的资本市场环境，完善金融产品价格形成机制，加快金融企业股份制改造，建立现代金融企业制度，消除在金融会计准则实施过程中的外部环境的限制性因素，为公允价值计量的运用提供良好的会计环境。（于卫兵、梁洪华，2007）

3．应提高会计人员的专业判断能力

我国现行的金融企业会计准则的内容与规定非常复杂，大量业务需要专业判断，如果会计人员不具备对交易和事项作出复杂判断的能力，便难以确保金融会计准确、一致地进行业务核算。目前，由于我国相当一部分会计人员理论基础不扎实，对传统业务勉强应付，对创新业务难以胜任，从而形成制约金融会计发展的瓶颈。因此，我国各金融机构应重视和加强专业人员的后续教育，对金融从业人员和监管人员开展广泛的培训，还可聘请有经验的国外专家提供培训支持，培养和建设一支熟悉和掌握金融业会计准则中各项复杂问题处理方法和技术的专业会计队伍，确保金融会计工作的顺利进行。

二、保险业会计准则比较与分析

我国于 1993 年颁布了《保险企业会计制度》，1999 年颁发了《保险公司会计制度》，最终于 2006 年首次出台了针对保险行业的具体会计准则《企业会计准则第 25 号——原保险合同》和《企业会计准则第 26 号——再保险合同》，并于中国证监会发布的《关于保险业实施新会计准则有关事项的通知》中要求全保险行业于 2007 年 1 月 1 日起实施新会计准则，以此提高保险公司的会计信息质量和内部管理水平。马来西亚保险业会计准则也包含在企业会计准则中，目前主要由《财务报告准则第 202 号——一般保险业》（FRS 202）和《财务报告准则第 203 号——人寿保险业务》（FRS 203）

这两项准则组成。另外，马来西亚还对外公布了一项针对保险业会计的征求意见稿《征求意见稿第 51 号——保险合同》，一旦被采纳，它将成为《财务报告准则第 4 号——保险合同》。两国保险业现行会计准则的内容与规定都借鉴和来源于国际会计准则，其中有不少内容完全相同，但也存在一些差异。

（一）保险合同定义的比较

我国在《企业会计准则第 25 号——原保险合同》中将保险合同定义为："保险合同，是指保险人与投保人约定保险权利义务关系，并承担源于被保险人保险风险的协议。"马来西亚准则中规定："保险合同是一方（承保人）接受来自另一方（投保人）的重大保险风险，承诺对特定的未来不确定事项（保险事件）给投保人带来的严重影响进行补偿的情况下签订的合同。"从两者的比较中可以发现，马来西亚准则强调了两个方面的内容：一个是"未来不确定事件"，就此将由过去事项所引起却在合同期限内或合同期满才发现的损失排除在定义之外；另一个是"重大保险风险"，将那些不包含重大保险风险，但仍受到保险监管部门监管的保险合同排除在外。我国准则则将所有无论风险大小、影响严重与否的保险合同都包含在内。可见，马来西亚的准则中的保险合同定义较为具体详细，体现出其准则制定的谨慎性。而我国准则中对保险合同的定义较为模糊，缺少必要的严谨性。

（二）准则适用范围的比较

马来西亚保险业准则适用于所有保险业务，并将所涉及的保险业务分为一般保险业和人寿保险业。我国准则适用于所有保险合同，并将保险合同分为原保险合同和再保险合同。可见，马来西亚准则的规范对象是保险公司，而我国准则的规范对象是保险合同。虽然两国准则的适用范围实质上是完全相同的，只是对规范内容的分类不同而已，但由于保险会计的特殊之处在于保险合同，保险公司业务的会计处理重心也集中在保险合同，而且随着金融混业经营的发展趋势，非保险公司也可以发布保险合同，因此，我国保险会计准则将规范的对象确定为保险合同是更为合理的。

（三）保险业务确认的比较

马来西亚准则分别对一般保险业和人寿保险业各种相关业务的确认进行了详细的规定。针对一般保险业，主要从实收保险费、未到期责任准备金、再保险、索赔、取得成本、投资收入等方面进行规定；针对人寿保险业，主要从保险费、求偿权、未来保单利益、补偿、取得成本、投资收益等方面进行规定。我国原保险合同会计准则从收入、准备金、成本这三个方面对保险业务的确认进行规范；而再保险合同会计准则则是从分出业务和分入业务即从分保人和再保人这两个角度进行规范。虽然两国准则都是从资产、负债、收入和成本这几个方面作出规定，但相比之下，马来西亚准则的规定比较全面，考虑到例如未来保单给付负债等特殊情况的业务处理。而我国也许是由于新准则出台迫切，对于保险业准则这一全新内容的规定并未能做到如此面面俱到。

（四）保险业务计量的比较

我国保险业准则与马来西亚保险业准则都从保险金收入、保险合同准备金负债、保险合同成本等方面对各类保险业务的会计计量方法作出具体的规定。两国准则中的内容基本相同，都规定寿险合同收取的保费，一次性收取的，应根据一次性收取的保费金额确定，分期收取的，应按合同约定的保费总额确定。马来西亚准则还规定，在取得和延续保单时发生的取得成本如佣金和手续费，都应在其发生时以实际发生金额进行确认和计量，并在相关收入发生的各期间进行分摊。而我国准则仅规定保险人在取得保险合同过程中发生的手续费、佣金等应在发生时计入当期损益，并未提及延续保单时发生的成本计量问题，以及是否需要对发生的成本进行分期摊销。另外，在对保险合同准备金负债金额的计量方面，我国准则提出其中应包括已发生已报案未决赔款准备金、已发生未报案未决赔款准备金和理赔费用准备金的金额。马来西亚准则规定将赔款准备金确认为一项负债时，其金额应包含已发生已报案未付索赔款、已发生未充分报案未付索赔款、已发生未报案未付索赔款以及保险人预计为结算索赔而付出的成本估计金额，还列出计算赔款准备金的方法，包括逐案估计法、平均价值法以及公式法。由此可见，马来西亚准则中的相关规定更为详尽、严谨，这与其起步早、发展成熟的保险业市场及其管理体制是紧密相关的。

（五）披露的比较

马来西亚准则要求企业对以下方面进行详细披露：①对保险费收入、未到期责任准备金、协约分入再保险、索赔和取得成本进行确认和会计处理时所采用的会计政策；②应在资产负债表和附注中披露的内容有投资种类、重估价准备、各项应收款减去坏账准备后的余额、各项应付款的金额、未付索赔准备（总额和净值）、未到期责任准备金和人寿保单持有人的负债；③在损益表中应披露的内容有营业额或营业收入，保险费和再保险费，分出保险费，分类列示投资收益、未到期责任准备金的增减、索赔净额、佣金净额、开保业绩以及列示死亡、到期、退保、养老金、现金红利及其他保单利益；④分出再保险应单独披露，并从总保险费中扣除；⑤再保险索赔转回应单独披露，并从总索赔支付额中扣除；⑥与各类企业相关的开保账户、未到期责任准备金和未支付赔款的变动情况。我国准则规定：①保险人应当在资产负债表中单独列示与原保险合同有关的下列项目：未到期责任准备金、未决赔款准备金、寿险责任准备金、长期健康险责任准备金。②保险人应当在利润表中单独列示与原保险合同有关的下列项目：保费收入、退保费、提取未到期责任准备金、已赚保费、手续费支出、赔付成本、提取未决赔款准备金、提取寿险责任准备金、提取长期健康险责任准备金。相比之下，可以看出马来西亚准则中对披露的要求更为全面详细，要求披露对各种业务进行会计处理时所采用的所有会计政策，并且在资产负债表披露方面，不仅与我国准则一样要求披露各类责任准备金，还要求披露投资种类、重估价准备等项目的内容，在利润表披露方面，除与我国相同规定外，还要求披露投资收益、开保业绩等相关会计信息。

（六）思考与建议

1. 应明确界定“保险风险”及“重大保险风险”

我国保险会计准则准则对保险合同进行定义时，虽借鉴国际惯例，引入了“保险风险”概念，但未进一步对“保险风险”进行明确界定。而“保险风险”是保险合同的核心，若不对其明确界定，则会增加对保险合同界定的难度。另外，我国准则也没有对“重大保险风险”进行界定，这将使混合保险合同（内含衍生金融工具、投资、储蓄成分的保险合同，如新型寿险合同）的分拆难以操作，容易造成将非“重大保险风险”保费如投资基金或银行存款全部按保费计入“保费收入”账户，使该账户不能真实反映保险公司承担风险责任的高低，同时形成保费收入的虚增，误导信息使用者对财务报表内容的理解。因此，我国应借鉴国际上的做法，从保险事故实际发生数量与预期发生数量不同的可能性、保险事故实际成本与预期成本不同的可能性和合同期末保险人义务金额的改变这三个方面对保险风险进行分类和界定。另外，保监会还应严谨界定重大保险分割线“测试标准”和“保费分析”细则，以使包含在混合保险合同中的储蓄、嵌入衍生金融工具等非保险风险的部分得以客观地分拆，增强保险财务信息的价值。

2. 应对保单取得成本进行递延

我国准则规定保单取得成本如佣金、手续费等应在当期全部计入损益。在这种费用化会计政策下，如果保险公司业务快速增长，受到保单取得成本的影响，其利润就会随着销售量的增加而大幅下降，而一旦销售量增长趋于平稳或大幅下降，利润反而大幅增长。可见，保单取得成本费用化违背了会计核算的配比原则，导致会计信息严重背离客观经济的实际状况，使会计信息的可靠性大打折扣。（刘玉焕，2007）因此，基于我国保险业还处于初级阶段并且发展速度较快的国情，我国应借鉴马来西亚会计准则对保单取得成本在保险期间进行摊销的方法，以确保保费收入与相关保单取得成本在保险期间的配比。

3. 应及时引进和培养保险会计人才

随着我国保险业的迅速发展，保险业会计准则对保险财务信息的透明度、精细度、准确度要求不断提高，对保险会计人员素质的要求也随之提高。准则执行过程中涉及的许多复杂问题如公允价值、准备金充足性测试等，都需要会计人员具有极高的专业判断能力，而目前我国保险业普遍缺乏此类高素质人才。因此，保险行业应吸引高素质的人才进行专业研究及财务工作，积极培养具有会计和保险专业知识的复合型人才，以使我国保险业会计核算真正与国际接轨，促进我国保险业的健康发展和不断壮大。

第二节　中马生物资产会计准则比较

从历史上看，中国和马来西亚都曾经是农业国，尽管经历了工业化的转型后，农业在两国国民经济中的比重逐年下降，但农业仍然是国家重要的产业部门。两国都很重视农业的发展，都有一些农产品在国际市场上具有绝对优势或比较优势，双方具有加强农业经济技术合作的良好基础。更为有利的是，中国和马来西亚贸易基础良好，马来西亚是中国在东盟各国中最大的贸易伙伴，而中国现在是马来西亚第二大贸易伙伴。随着 2010 年 1 月 1 日“中国—东盟”自由贸易区正式启动，中国与马来西亚之间近90%商品的进出口关税降至零，这为两国开展农业方面的双边贸易与合作提供了更多的机遇。

会计作为一种国际通用的商业语言，是经济信息交流的重要手段，对比分析中马两国与农业相关的具体会计准则，对于了解双方记录农业经济活动的商业语言、促进两国农业贸易与合作，具有现实意义。现在将我国《企业会计准则第5号——生物资产》（以下简称CAS 5）与马来西亚2007年开始采用的《财务会计报告准则第141号——农业》（以下简称FRS 141）进行比较，分析两者的主要差异。

一、CAS 5与FRS 141的比较分析

（一）准则框架结构的比较分析

FRS 141的正文包括“目标”、“范围”、“定义”“确认和计量”、“政府补助”、“披露”、“生效日期和过渡性规定”共59条。CAS 5共分为5章39条，分别为：第一章“总则”，第二章“确认和初始计量”，第三章“后续计量”，第四章“收获与处置”，第五章“披露”。

由此可见，CAS 5多了“初始计量”、“后续计量”、“收获与处置”这些章节。

（二）准则目标和适用范围的比较分析

CAS 5指出准则的目的是“规范与农业生产相关的生物资产的确认、计量和相关信息的披露”，FRS 141则将目标阐述为“规范与农业活动相关的会计处理和披露”。可以看出，CAS 5强调的是“生物资产”，FRS 141强调的是“农业活动”。从范围上看，FRS 141规范的会计处理，除了CAS 5涉及的生物资产以外，还包括“收获时的农产品”以及一些满足特定条件的“政府补助”，这是两个准则标题名称不相同的原因。

在CAS 5第一章第三条中将生物物资产分为消耗性生物资产、生产性生物资产和公益性生物资产；FRS 141则在准则正文第44和第45段（披露部分的内容）将生物资产分类为消耗性生物资产和生产性生物资产，或划分为成熟生物资产和未成熟生物资产。CAS 5和FRS 141对消耗性生物资产的定义基本相同，但是对生产性生物资产的定义存在差异。CAS 5第三条中将生产性生物资产定义为：为产出农产品、提供劳务或出租等目的而持有的生物资产；而FRS 141对生产性生物资产的定义则比较宽泛：是指消耗性生物资产以外的生物资产。也就是说，FRS 141所定义的生产性生物资产其实包括了我国CAS 5中的生产性和公益性生物资产两类。FRS 141这种分类方法是和国际会计准则（IAS 41）保持一致的，而我国会计准则中的分类方法不同，原因可能在于：一是公益性生物资产不能直接给企业带来未来经济利益，因此尽管它和生产性生物资产都在一定程度上具有固定资产的特征，还是应该单独核算；二是我国会计准则对生物资产一般采用历史成本计量，生产性生物资产需要计提折旧，而公益性生物资产是无须计提折旧的，因此应该与生产性生物资产分开核算。国际会计准则与马来西亚会计准则中对生物资产普遍采用的是公允价值计量，因此无论是生产性还是公益性生物资产都不涉及计提折旧的问题，把两者概括为一类是可以的。至于FRS 141中将生物资产又划分为成熟生物资产和未成熟生物资产，笔者认为这是一种辅助的分类方法，

主要是在披露的时候能够提供更为明晰的信息，增强信息的有用性。

（三）生物资产在会计确认方面的比较分析

CAS 5 在第五条中规定，生物资产同时满足下列条件，才能予以确认：①企业因过去的交易或者事项而拥有或者控制该生物资产；②与该生物资产有关的经济利益或服务潜能很可能流入企业；③该生物资产的成本能够可靠计量。

FRS 141 则在正文第 10 段中规定，当且仅当主体在以下情况时才能确认生物资产或农产品：①主体因过去事项的结果而控制该资产；②与该资产相关的经济利益很可能流入主体；③该资产的公允价值或成本能够可靠计量。

从上述文字的对比可发现，CAS 5 和 FRS 141 在生物资产会计确认方面的存在两点主要差异。一是 CAS 5 引入了“服务潜能”概念，而 FRS 141 并不涉及。主要原因是我国的生物资产分类中有一类公益性生物资产，如前文所述，这类生物资产并不能给企业带来直接经济利益流入，它的作用正是“服务潜能”，即有助于企业从其他相关资产中获得经济利益，例如防风固沙林和水土保持林，它们虽然不直接创造效益，但是可以起到防风固沙、保持水土的效用，有助于其他农业活动取得更好的经济效益。第二个差异是两国准则的一个重要区别，即 CAS 5 要求将“该生物资产的成本能够可靠计量”作为确认条件，而 FRS 141 的确认要求是“该资产的公允价值或成本能够可靠计量”。

（四）生物资产在计量方面的比较分析

CAS 5 和 FRS 141 产生诸多差异的根源就在于会计计量上面，两个准则所采用的主要计量属性是不同的。我国对生物资产主要是采用历史成本计量，而马来西亚主要是采用公允价值计量。

1. 初始计量方面

CAS 5 第六条明确表示：“生物资产应当按照成本进行初始计量。”接着在准则第七条到第十条中，分别说明了外购生物资产的成本计量，自行栽培、营造、繁殖或养殖的消耗性生物资产的成本计量，自行营造或繁殖的生产性生物资产的成本计量，自行营造的公益性生物资产的成本计量。准则还特意添加了关于天然起源的生物资产的成本计量，准则第十三条要求：“天然起源的生物资产的成本，应当按照名义金额确定。”名义金额为 1 元人民币。这就避免了一些天然起源的生物资产由于成本无法可靠取得，而不能够在账面上反映的弊端。

FRS 141 则在第 12 段中要求：“除了公允价值无法可靠计量的情况外，在初始确认和各个报告期末，生物资产均应按其公允价值减去估计销售费用计量。”针对“在对生物资产进行初始确认时，无法取得其市场价格或价值，并且公允价值的其他估计方法明显不可靠”的情况，FRS 141 第 30 段规定：“生物资产应当按照其成本减去累计折旧和累计减值损失计量”，但在第 31 段强调，按照这种方法计量，“只在初始确认”时采用。

FRS 141 由于主要采用公允价值计量，必然要在准则中对公允价值的使用作出详细说明，这体现在准则正文的第 15 ~ 25 段。例如，FRS 141 正文第 15 段指出：“将生物资产或农产品按照重要特征进行分组有助于生物资产或农产品公允价值的确定。”第16段则认为：“在确定公允价值时，合同价格并非一定是相关的，生物资产或农产品的公允价值并不因合同的存在而调整。”第18条是针对不存在活跃市场时，主体如何根据情况使用一种或多种方法确定公允价值。第20条说明在“无法取得生物资产在当前状况下的市场价格或价值，主体应使用该资产的预期现金净流量按当前市场确定的税前利率折现后的现值，确定公允价值”等。可以看出，使用公允价值会对会计人员提出较高的要求，其职业判断能力必须得到加强。

2. 后续计量方面

FRS 141 没有专门段落讲述后续计量，但是根据前述 FRS 141 第 12 段的要求，在各个报告期末，会计人员都应该按照当前的公允价值减去估计销售费用重新确定生物资产的账面价值，“因生物资产公允价值减去估计销售费用后的余额变动产生的利得或损失，应包括在其发生期间的损益中”（FRS 141 第 26 段）。也就是说，会计人员在各个报告期末，不用对生物资产计提折旧和减值损失，主要是确定公允价值的变动损益，并反映在当期损益中。

CAS 5 则对后续计量有专门的一章进行讲述，共七条，主要明确了对生产性生物资产计提折旧、对消耗性和生产性生物资产计提跌价准备或减值准备的相关问题，这些内容正是与在初始计量阶段采用历史成本相适应的，具有延续性。此外，在第二十二条中，对生物资产采用公允价值计量作出了规定，即应同时满足下列条件：①生物资产有活跃的交易市场；②能够从交易市场上取得同类或类似生物资产的市场价格及其他相关信息，从而对生物资产的公允价值作出合理估计。尽管 CAS 5 已经对采取公允价值计量的条件作出了规定，但没有详细说明如何确定公允价值，其实用效果大打折扣。

（五）对收获与处置生物资产时会计处理的比较分析

在 FRS 141 中没有专门段落讲述生物资产和农产品的收获与处置问题，但是仍然遵循公允价值计量的一贯思路，在准则中存在相关表述。FRS 141 正文第 13 段指出：“从主体生物资产上收获的农产品应按其收获时的公允价值减去估计销售费用计量”；正文第 29 段指出：“由于收获农产品而对其进行初始确认可能会产生利得或损失”。这些规定与 CAS 5 是截然不同的。CAS 5 规定：“对于消耗性生物资产，应当在收获或出售时，按照账面价值结转成本”；“生产性生物资产收获的农产品，按照产出或采收过程中发生的材料费、人工费和应分摊的间接费用等必要支出确定。”例如，奶牛产出了牛奶，如果按照 FRS 141 的规定，牛奶的入账价值应该等于市场上相等质量牛奶的售价减去可以预计销售费用后的余额，并且在牛奶产出的当期就可以按照该价值确认收益；如果按照 CAS 5 的规定，牛奶的成本应该由奶牛的饲料费、饲养和挤奶人员的人工费、挤奶设备和奶牛养殖场的折旧费等构成，在确定牛奶入账价值的同期并不能直接确认收益，收益的确认要等到牛奶实现销售。

（六）披露要求的比较分析

CAS 5 关于披露的要求共计两条。第一条要求企业应当在附注中披露与生物资产有关的信息，包括：①生物资产的类别以及各类生物资产的实物数量和账面价值；②各类消耗性生物资产的跌价准备金额，以及各类生产性生物资产的使用寿命、预计净残值、折旧方法、累计折旧和减值准备累计金额；③天然起源生物资产的类别、取得方式和实物数量；④用于担保的生物资产的账面价值；⑤与生物资产相关的风险情况与管理措施。第二条要求企业应当在附注中披露与生物资产增减变动有关的信息，包括：因购买或自行培育而增加的生物资产；因出售、盘亏或死亡、毁损而减少的生物资产。

相较而言，FRS 141 对披露的要求更为详细，分为一般要求和公允价值不能够可靠计量时的补充披露要求两种情况。披露要求当中的一些条款与 CAS 5 具有相似性，比如第 41～43 段中要求“对各组生物资产分别加以说明”，此“说明”可以采用“文字叙述方式或者定量说明方式”，将生物资产划分为消耗性生物资产和生产性生物资产分组披露，也可以进一步划分为成熟生物资产和未成熟生物加以披露，“主体应披露作出这种区分的基础”。此外，与 CAS 5 相似的要求还有，主体应当披露“所有权受到限制的生物资产的账面金额及其所有权受到限制的情况，以及作为负债担保被抵押的生物资产的账面金额”；披露“与农业活动相关的财务风险的管理战略”；列报因购买、企业合并而新增加的生物资产账面价值，因出售、收获而减少的生物资产账面价值。

虽然两个准则在披露要求方面存在一些相似的条款，但实质上差异很大，FRS 141 当中一些对披露的要求是 CAS 5 完全不涉及的，这些内容主要与公允价值计量有关。例如，FRS 141 要求披露“由于初始确认生物资产和农产品产生的利得和损失总额，以及因生物资产公允价值变动产生的利得和损失”，披露“当期内收获的农产品在收获时确定的公允价值减估计销售时费用的金额”，鼓励主体按照“实物变动”和“市场价格变动”的原因分组披露生物资产公允价值变动金额。如果生物资产的公允价值不能够可靠计量，按照 FRS 141 的要求就需要披露公允价值不能够可靠计量的原因、公允价值可能处于的估计范围、使用的折旧方法、折旧率、累计折旧、减值损失等。

（七）政府补助的比较分析

FRS 141 第 34～38 段阐述与生物资产相关的政府补助问题，其基本原则是：如果生物资产是以公允价值计量，那么只有当政府补助已经较为确定时，才能确定为当期收益；如果生物资产是按成本计量，政府补助的相关问题则采用 FRS 120（政府补助的会计和政府援助的披露）的规定。CAS 5 则在第四条规定：与生物资产相关的政府补助，适用《企业会计准则第 16 号——政府补助》。第 16 号准则是不区分公允价值计量和成本计量的，它将政府补助分为与资产相关和与收益相关的政府补助，无论是何种类型政府补助，都要求在符合“企业能够满足政府补助所附条件”并且“企业能够收到政府补助”的条件下，才能予以确认。

二、结论

（一）FRS 141 是马来西亚会计准则与国际会计准则全面趋同的产物

除编号不一致（国际财务报告准则的编号是 IAS 41）外，FRS 141 的内容是与 IAS 41 完全相同的，而且早在 2007 年 1 月 1 日就开始实施了。FRS 141 和 IAS 41 都要求对生物资产与农产品采用公允价值计量，而公允价值的采用对市场的成熟程度、会计人员的职业判断能力要求较高，FRS 141 在马来西亚的实施过程中，究竟效果如何是值得关注的问题。由于当前缺乏该准则实施情况的相关资料，不便于作出实施效果的判断，但可以看出马来西亚会计准则理事会国际趋同的决心。

（二）CAS 5 兼顾了国际惯例与我国实际情况

在考虑了农业企业的现实状况和会计人员知识水平的情况下，我国生物资产会计准则的制定并没有与国际会计准则完全一致。例如，CAS 5 明确要求生物资产按照成本进行初始计量，这种计量方法的优点在于：数据取得比较可靠，相比以公允价值计量生物资产，更加便于会计人员掌握实施。此外，提高准则的可操作性也是一个重点问题，因此 CAS 5 对一些具体方法描述比较充分，例如：详细说明了生物资产各种取得方式下的成本内容；说明了在收获消耗性生物资产和生产性生物资产时，可供选择的结转成本的具体方法；说明了生物资产类别转变时，如何确定账面价值等。这些规定减少了准则实施过程中的模糊性，这样做可能是基于对农业企业基层会计人员水平的考虑。当然，CAS 5 也说明了在满足某些条件下，可以对生物资产采用公允价值计量，这也为日后与国际惯例的趋同奠定了基础。

第三节 中马石油天然气行业会计准则比较

一、石油天然气会计准则的规范及制定背景

鉴于石油天然气行业在国民经济中占有重要地位，许多大型石油企业从事跨国经营和公开上市，有不少国家都制定了专门的石油天然气会计准则，对石油天然气行业生产活动的会计处理进行规范和指导，其中以美国的油气准则最为详细和规范。美国财务会计准则委员会（FASB）先后颁布了六个同石油天然气行业相关的会计准则（FASB 19、FASB 25、FASB 69、FASB 95、FASB 109、FASB 121）。国际上无论是原国际会计准则委员会（IASC）还是改组后的国际会计准则理事会（IASB）都将石油天然等采掘业的会计问题作为自己研究的项目。国际会计准则委员会曾在 2000 年 11 月发布了《采掘行业问题报告》，国际会计准则理事会也于 2004 年 1 月发布第 6 号征求意见稿《矿产资源的勘探与评价》（ED6 Exploration for and evaluation of mineral resources），并于 2004 年 12 月 9 日发布了相应的国际财务报告准则（IFRS 6）。基于以上形势，2005 年，我国财政部在借鉴国际会计准则，并结合我国实际情况的基础上，为规范石油天然气开采活动的会计处理及相关信息披露，根据《企业会计准则——基本准则》制定并发布了《企业会计准则 27 号——石油天然气开采》（以下简称 CAS 27），并于 2007 年 1 月 1 日实行。

马来西亚会计准则理事会认为，随着国际财务报告准则的采用，从事采掘业的企业必须运用相关的财务报告准则和框架来确认和计量勘探费用。这就意味着，在没有相关标准的情况下，企业不得不运用以下标准来确认和计量勘探费用（资产）：概念框

架中所规定的标准、《财务报告准则第 138 号——无形资产》和选择符合《财务报告准则第 108 号——会计政策，会计估计变更和差错》的政策。《国际财务报告准则第 6 号——勘探和评价矿产资源》，是由国际会计准则理事会颁布并在 2006 年执行的。于是马来西亚会计准则理事会跟进并颁布了《财务报告准则第 6 号——矿产资源的勘探和评估》（以下简称 FRS 6）。从此准则内容来看，马来西亚准则委员会未专门将“石油天然气”单列一个会计准则进行规范，只是将其囊括在《财务报告准则第 6 号——矿产资源的勘探和评估》当中。

二、油气勘探支出的会计处理

（一）我国会计准则的处理

我国会计准则单列了“石油天然气开采”这一准则，对于其相应的会计处理分为四类进行阐述，其中第三章为油气勘探的会计处理。

对于油气勘探支出的会计处理，国际上有成果法与完全成本法两种。在成果法下，只有发现探明经济可采储量的勘探支出才能予以资本化，其他勘探支出要作为当期费用处理。在完全成本法下，全部勘探支出都应予资本化。CAS 27 中规定石油天然气开采中的勘探成本统一采用成果法核算，这样有利于提高石油天然气企业的会计信息相互可比性。具体包括以下几个方面：

（1）油气勘探支出的钻井勘探支出在确定该探井是否发现经济可采储量之前，暂时予以资本化。确定该井发现了探明经济可采储量的，应当将钻探该井的暂时资本化支出金额结转为井及相关设施成本。确定该井未发现探明经济可采储量的，应当将钻探该井的暂时资本化支出扣除净残值后计入当期损益。确定部分井段发现了探明经济可采储量的，发现探明经济可采储量的有效井段的钻井勘探支出结转为井及相关设备成本，无效井段钻井勘探累计支出转入当期损益。

（2）在完井一年后仍未能确定是否发现探明经济可采储量的，应当将探井支出计入当期损益。在完井一年后确定发现探明经济可采储量的，已经费用化的探井支出不作追溯调整，重新钻探和完井发生的支出予以资本化。

（3）油气勘探支出的非钻井勘探支出于期末计入当期损益。

（二）马来西亚会计准则处理

FRS 6 中认为企业勘探矿产资源，如石油和天然气，承担沉重的勘探费用。勘探费用是那些在勘探和评估阶段发生的费用，包括地质和地球物理调查，获取执照，以及钻探和装备探井的费用。企业将这些费用资本化，然后基于其所采用的资本化方法予以注销。在发生勘探费用和发现矿物储量、出售矿物赚取收入之间，有一段时间间隔。此外，发生的勘探费用和将流入实体的经济利益都充满了不确定性，因为，不能保证将发现的矿产资源储量数量足够有利可图。此外，在支付勘探费用和发现的矿物价值之间也没有直接关系。FRS 6 根据采掘业的特点结合会计实践千差万别的处理提出了“完全成本法”与“探勘成本法”两种方法。但从前述内容来看，FRS 6 主张的是“探勘成本法”。对于“探勘成本法”的运用，列举了一个案例：在蒙古如果有十个场址勘探矿产资源，只有四个是成功的，在所有十个场址发生的费用能否资本化？运用严格的“探勘成本法”，四个场址发生的费用应当资本化，在不成功的场址所发生的费用应该注销。由此可见，其对“探勘成本法”的理解与“成果法”的原理是一样的。

三、石油天然气规则的范围

石油天然气从开采到最终消费要经过矿区权益取得、勘探、开发、生产、储运、炼制、销售等过程。在 CAS 27 中只规范矿区权益取得、勘探、开发和油气生产四个上游阶段，这部分特殊业务需要单独规范，油气的储运、炼制和销售等业务的会计处理与一般企业相同，由其他相关会计准则规范。

FRS 6 只规定了对矿产资源进行勘探和评估活动的会计处理。在业务上，该准则未能涵盖油气开采活动的完整阶段，只涉及了油气开采的四个阶段中的勘探阶段。在适用范围上，该准则是对所有矿产资源的勘探进行一般性规定，未能突出油气开采活动区别于其他矿产资源采掘活动的特点。由此看来，FRS 6 有较大局限性。

四、石油天然气开采的折耗

探明矿区权益和井及相关设施的成本，要通过计提折耗加以回收。折耗方法主要有产量法和使用年限法。CAS 27 规定我国石油企业在产量法和使用年限法中选定一种方法。

FRS 6 中规定勘探与评估资产不计提折旧，因为这些资产代表的经济收益仅在生产阶段，即采掘阶段被消耗。

五、比较

1. 准则的制定

我国企业会计准则为了规范石油天然气的开采单独制定了 CAS 27，而马来西亚会计准则理事会与国际会计准则理事会相同，没有制定专门的石油天然气准则，只比照国际会计准则制定了《财务报告准则第 6 号——矿产资源的勘探和评估》。

2. 准则的范围

CAS 27 规范了石油天然气资产从矿区权益取得、勘探、开发到油气生产四个上游阶段的会计处理，并对各关键术语进行了解释。而 FRS 6 只对石油天然气的勘探进行一般性的规定，其他各项相关活动较参照其他会计准则进行处理，局限性较大，不全面不系统。

3. 石油天然气勘探支出的会计处理

CAS 27 采用国际惯用方法之一“成果法”进行处理，并对“成果法”的会计处理方法进行了详尽的分类解释。FRS 6 对石油天然气勘探支出的会计处理提出了另一个处理方法——“探勘成本法”，并对此作了简单描述：只有成功勘探引致的成本才被资本化。

4. 油气资产的折耗

CAS 27 中对“油气资产”进行了定义：是指油气开采企业所拥有或控制的井及相

关设施和矿区权益。油气资产属于递耗资产。开采油气所必需的辅助设备和设施（如房屋、机器等），作为一般固定资产管理，适用《企业会计准则第 4 号——固定资产》。油气资产计提折耗应用采用产量法或年限平均法。产量法是以单位产量为基础对探明矿区权益的取得成本和井及相关设施成本计提折耗。年限平均法是将油气资产成本均衡分摊到各会计期间。企业采用的油气资产折耗方法一经确定不得随意变更，并规定未探明矿区权益不计提折耗，也未专门提出勘探折耗问题。而 FRS 6 中只提到了勘探与评估资产不计提折旧，对于其他的未作说明。

5. 披露

油气生产企业具有很高的油气发现成本和很大比例的不成功探井，其风险主要体现在油气储量的寻找上，所以，石油天然气企业财务会计报告需要大量的表外信息来补充表内信息的不足。CAS 27 充分借鉴了美国现行的油气会计准则和国际会计准则的披露要求，分别披露其在国内和国外拥有的油气储量的年初年末数据；探明矿区权益、井及相关设施的期末金额，累计折耗和减值准备金额以及计提方法，与油气开采活动相关的辅助设备及设施的期末金额，累计折旧和减值金额以及计提方法；当年在国内和国外发生的矿区权益的取得、勘探和开发全部支出。FRS 6 中要求披露如下信息：勘探和评估支出的会计政策，包括勘探和评估资产的；资产、负债、收入和费用的金额，以及来自勘探和评估的经营和投资现金流量。

第四节 马来西亚水产养殖业的会计处理准则评析

水产养殖涉及水生动物（如鱼、大虾、小虾米、蚌、牡蛎、文蛤等）和水生植物（如海藻、藻类、浮游生物等）育种、管理和销售。这是一个特殊的行业，虽然养殖者可在一定程度上控制一定的环境条件，如水质、营养、繁殖和物种的保护以应对疾病和天敌，但是水产养殖主要还是在变幻莫测的大自然活动中进行，可以说是处于企业控制范围之外的，是高风险和不寻常的。马来西亚《财务报告准则第 204 号——水产养殖业的会计处理》（以下简称 FRS 204）专门规定了水产养殖业的会计处理。该准则 1998 年 9 月 1 日生效，共有 39 段。本节主要分三部分对 FRS 204 进行评析，其中第一部分是导论和解释，第二部分是会计方法，第三部分是披露。

一、导论

FRS 204 的导论部分首先界定了本准则的范围，然后对本准则中的一些术语进行了定义和解释。FRS 204 涉及那些主要用于食品消费的水产养殖业务的会计处理，不适用于那些非食品消费的水生动物的养殖，包括水族馆鱼类和生物的养殖，珍珠养殖和孵化场的鱼苗、幼虫或鱼苗的经营活动都被排除在 FRS 204 之外。FRS 204 适用于从事水产养殖经营的企业，无论这样的经营是不是它们的主要活动。

FRS 204 还对水产养殖作了解释。水产养殖作业经过三个不同的阶段，即采购、转变或成长阶段和收获或销售阶段。第一阶段是种子储备的采购，可能涉及从商业孵化场采购，收集野生种苗或从运营商的孵化场转移水生动物到池塘、网箱或围栏。这些鱼苗、鱼种或幼虫经历一个成长阶段，鱼苗长成鱼，虾苗变成大虾。这一成长阶段是生产周期最关键的阶段，种子储备被培养成适销对路的产品。转型期的长度可为 3 个月至 16 个月。在这一阶段引致的直接费用包括劳动力、化肥、饲料等。在第二阶段，有可能是身体和数量的变化。最后的阶段是产品收获和销售阶段。

水产养殖业的经营活动由一系列的个别生产周期组成。每一个个别经营周期能够被单独计量，并且每一经营活动的成功，取决于其生产周期。

与其项目可以识别的其他存货不同，水产养殖业几乎不可能识别存货。因此，存货的识别是基于产品成本积累的中心，通常是物种培养的池塘或围栏。

二、会计方法

生产周期可能延长到超过一个报告期，这意味着必须定期计量和报告。收入的确定应根据最能反映农业经营和管理成本的会计方法。由于在水产养殖经营中的固有风险，企业必须从经营活动中及时确认可预见的损失。FRS 204 关于会计处理方法，分别对初始投资成本的会计处理、收入确定的会计基准、水产养殖存货、存货计量进行了规定。

1. 投资成本

初始投资成本包括在建立一个水产养殖经营过程中所引致的所有成本。这些成本可能是直接引致的金额，或是在一个合理基础上分配的金额。所引致的成本包括：

（1）土地成本，为许可证和权利支付的费用；

（2）农场建筑物、基础设施等的建造成本；

（3）池塘和围栏、运河、笼子、道路等的开挖和建造费用；

（4）诸如船只、汽车和卡车等交通工具的成本；

（5）农业机械和设备的成本。

所有这些投资成本，初始的及后续的，都要受《财务报告准则第 116 号——不动产、厂房及设备》的约束。

2. 收入的确定

在产品销售时确认收入。在水产养殖经营中确定收入有两种基础，它们分别是项目基础和成本中心基础。其中项目基础是推荐的首选方法。成本是根据项目积累的，因为每个生产周期是清晰且可辨认的。在项目的一个生产周期里将有失败的单位和成功的单位。这一观点认为，失败单位的损失是那些成功单位的成本。每一个生产周期的成本与相关的收入相匹配，因为每个周期是按整体报告的。而成本中心基础则以每个池塘、围栏或笼子作为一个成本中心，并且成本费用是按每一单个池塘、围栏或笼子累积的。成本与成本中心的收入相配比。

3. 水产养殖存货

存货成本有投入材料的合计成本、转变成本（如直接的农业劳动力和生产费用）和在培育物种到可销售条件过程中引致的项目的其他费用。间接费用，如间接材料、间接人工和农场不动产、厂场和设备的折旧，由于它们被视为存货库存成本，被分配给各项目。间接费用的分配可能会引起人们的关注。FRS 204 建议固定制造费用的分配基于农场经营的正常运营能力。正常能力应预先确定，而不是基于实际能力。

FRS 204 规定，下列费用作为一个最小值应作为存货：

（1）变动材料成本，如种子存货、饲料、化肥、药品等；

（2）直接农场人工，如农场工人的工资；

（3）直接固定费用，如池塘、围栏、鸡笼、发电机、水泵等的折旧；

（4）合理分配的间接固定费用，如共同泵的折旧，管道、通路、监督员和技术员的工资等。

4. 存货估价

水产养殖存货应被视为可辨别成本单位的存货。成本单位的辨别应该给予可靠的计量。这些成本单位可以是个别池塘、围栏或笼子，或是生产周期的个别批次。

水产养殖存货按成本和可变现净值孰低计价。可变现净值的估计应基于可获得的最可靠的证据。存货预计在周期完成时可变现。存货按生产周期记下可变现净值，因为收入的确定是基于项目法。

三、披露

FRS 204 要求在财务报表中披露以下会计政策：

（1）收入确定所采用的基础。

（2）存货计价所采用的基础。

四、结语

马来西亚 FRS 204 是对那些主要用于食品消费的水产养殖业务的会计处理的准则，而我国目前还没有制定这一准则项目。马来西亚的这一做法值得我国参考借鉴。

一方面，我国是世界水产养殖大国，同时也是世界水产品贸易大国。1986 年，我国颁布的《渔业法》确立了“以养为主”的渔业发展方针，我国将渔业发展重点转向养殖业，1988 年，我国水产养殖产量首次超过了捕捞产量。我国的水产养殖品种以滤食性和杂食性鱼类为主，也使其成为资源节约型、友好型产业，保持了良好的发展态势。2007 年，养殖产量占水产品总产量的 69%，我国渔业实现了“以捕为主”向“以养为主”的历史性转变。我国水产养殖业的持续发展，不仅满足了国内水产品的消费需求，也促进了世界水产品的贸易往来。2006 年，我国水产品出口和进口分别占世界水产品出口值的 10.5% 和进口值的 4.6%，从这个意义上说，我国水产养殖业为世界粮食安全作出了重要贡献。基于此，我国也应有专门的水产养殖会计处理准则，通过明确的规范处理，加强核算和监督，强化管理，以促进我国水产养殖的可持续发展。

另一方面，参考借鉴马来西亚水产养殖业的会计处理准则，建立我国的水产养殖会计处理准则，应属于实质性推动“中国—东盟”会计准则国际趋同的工作，有利于实现中国与马来西亚准则的等效，有利于建立高质量统一的会计准则。中国和马来西亚与国际会计准则趋同的程度不同，寻找差异，相互借鉴、加强合作是非常有必要的。

第五节　本章小结

尽管中马两国都是发展中国家，也都在逐步与国际会计准则接轨，但由于两国的经济发展水平有所差异，这使得两国的金融保险业、农业、石油天然气行业、水产养殖业等特殊行业的会计准则规定有所不同。

对于金融保险业，两国会计准则已基本实现国际趋同，各条准则在形式上或多或少地借鉴了国际会计准则，而在实质上已基本与国际会计准则相同，经过仔细分析，两国金融业专用会计准则之间仍存在少许差异。首先，我国不允许金融资产减值损失转回，而马来西亚准则允许其转回；其次，在金融资产转移方面，我国准则对于部分金融资产转移的规定比马来西亚准则更为详尽；再次，对于套期保值定义和金融工具列报方面，马来西亚准则更侧重于突出风险关系和详细罗列各种风险类型。另外，我国与马来西亚都制定了保险业专用的会计准则，对两国保险业准则相比较，可得出如下结论：①我国准则中对于保险合同的定义内容比较模糊，并未明确界定“保险风险”和“重大保险风险”，而马来西亚准则中的保险合同定义做到了这一点，体现出其准则制定的谨慎性；②两国准则的适用范围相同，但类型不同，我国的规范对象为保险合同，马来西亚则以保险公司作为规范对象，相比之下，我国的做法较为合理；③保险业务的确认和计量以及披露方面，马来西亚准则的规定更为具体详尽，考虑到许多特殊情况的业务处理，体现出其发展成熟的保险业市场及其管理体制。经过比较可看出，马来西亚金融保险业会计准则中有许多值得我们借鉴的地方，我们应充分考虑公允价值会计涉及问题的复杂性，明确界定“保险风险”和“重大保险风险”，对保单取得成本进行递延，以及通过引进和培训专业会计人员来提高会计人员的专业判断能力，促进我国金融保险业的健康发展。

对于农业，两国会计准则之间存在如下差异。首先，两国准则框架结构存在不少差异，CAS 5 没有“引言”、“附录”、“结论基础”这三个组成部分，并且在正文部分，CAS 5 不涉及“政府补助”内容，但是多了“初始计量”、“后续计量”、“收获与处置”这些章节；其次，在准则的目标和适用范围方面，CAS 5 强调的是“生物资产”，FRS 141 强调的是“农业活动”；再次，对生物资产的确认和计量方面，我国引入了马来西亚准则中并未涉及的“服务潜能”概念，主要针对公益性生物资产，另外，我国对生物资产的初始和后续计量都采用历史成本原则，而马来西亚准则采用的是公允价值，这与两国不同的国情有关；最后，在披露要求方面，马来西亚准则对披露的要求更为详细，分为一般要求和公允价值不能可靠计量时的补充披露要求两种情况。通过两国农业会计准则的对比可以看出，马来西亚农业会计准则已实现与国际会计准则全面趋同，这与其市场的成熟程度以及会计人员的专业判断能力紧密相关。另外，我国目前的农业会计准则的制定并没有与国际会计准则一致，但较符合我国目前的国情。在条件允许的前提下，我国准则将尽力与国际会计准则靠拢。

对于石油天然气行业，我国制定了专门针对石油天然气行业的准则，马来西亚并没有专门的天然石油气行业会计准则，而是在《财务报告准则第 6 号——矿产资源的勘探和评估》中作出相关规定。在准则的适用范围方面，我国规范了石油天然气资产生产各阶段的会计处理，而马来西亚准则仅规范了与石油天然气的勘探相关的会计处理，不够全面；在石油天然气勘探支出的会计处理方面，我国采用“成果法”进行处理，而马来西亚准则采用“勘探成本法”进行处理；在油气资产的折耗方面，我国准则的规定较为详细，对油气资产的定义、计提折耗的方法等方面作出了具体规定，而马来西亚准则仅提到了勘探与评估资产不计提折旧，其他未作说明；在披露方面，我国准则比马来西亚准则的要求更为详细，除要求披露石油资产相关的收入和勘探支出外，还要求披露累计折耗和减值准备金等方面的信息。

对于水产养殖业，马来西亚制定了专门的水产养殖业会计准则，该准则分为三部分。第一部分为导论，界定了准则规定的范围，并对准则中涉及的术语进行了详细的解释和定义；第二部分为会计方法，分别对水产养殖业的初始投资成本、收入以及水产养殖的存货计量等方面进行了规定；第三部分为披露，要求水产养殖业披露与收入的确定以及存货的计价相关的会计政策。我国目前还没有制定水产养殖业专用的会计准则。我们应参考借鉴马来西亚的做法，制定我国的水产养殖业会计处理准则，以促进“中国—东盟”会计准则的国际趋同。

第九章 区域会计协调：基于会计国际化的视角

第一节 中马会计国际化历程比较

会计的发展受到一国的政治、经济、法律和文化等因素的影响，因而目前在世界上形成了各具特色的会计模式，如美国会计模式、英国会计模式、德国会计模式等。而国际会计界一向都存在会计国际化和会计国家化之争。但是，随着经济全球化的迅猛发展，资本市场国际化程度越来越高，会计国际化已是大势所趋。

一、马来西亚会计国际化历程

在马来西亚，所有的注册公司均要按照《公司法》（1965 年）的相关规定，向马来西亚公司委员会提供按已批准的会计准则编制的并经审计过的财务报告。随着经济环境的变化、政府监管的进一步加强，以及经济全球化对高质量及相互可比的会计信息的进一步需求，马来西亚在企业财务会计实践方面得到了很大的加强，尤其在会计国际化方面更是走在东盟国家的前列。总的来说，马来西亚的会计国际化历程主要分为以下几个阶段：

（1）在 20 世纪 70 年代末之前。该阶段主要由马来西亚《公司法》（1965 年）对企业财务报告框架进行规范，在《公司法》（1965 年）的第 9 附件中，规定了公司必须要在财务报告中披露特定的信息，但是该附件并没有提及财务报告的格式及内容。也就是说，在这一阶段，马来西亚主要是由国内的相关法律来规范企业的会计行为。但是在 1978 年，马来西亚采纳了几个国际会计准则（IAS），这是马来西亚会计国际化的起点。

（2）1979 年至 2004 年，这一阶段马来西亚会计国际化情况发生了很大的变化，主要体现在以下两个方面。

第一，1979 年，马来西亚加入国际会计准则委员会（IASC），此后不久，马来西亚采纳了绝大多数的国际会计准则作为其会计准则，并付诸实施。在 20 世纪 80 年代，马来西亚会计师协会（MIA）和马来西亚注册会计师联合会（MACPA）进行合并，由此产生了马来西亚注册会计师协会（MICPA）。该协会主要负责制定新准则以满足国内财务报告的需要，这些准则称之为 MASs。马来西亚注册会计师协会（MICPA）当时所制定的 MASs 主要是针对国际会计准则委员会（IASC）所未提及的方面，如 MAS1 规定了每股收益，同时也颁布了专门规范特定行业如保险及水产养殖业方面的会计准则。

第二，1997 年，马来西亚《财务报告法》获得通过。在《财务报告法》的框架下，产生了两个独立的机构，即财务报告基金会（FRF）和马来西亚会计准则理事会（MASB）。由于马来西亚在此之前主要采纳国际会计准则及马来西亚会计师协会（MIA）和马来西亚注册会计师联合会（MACPA）颁布的会计准则，在国际会计准则理事会寻求会计国际协调的过程中，并没有专门针对某一国家的会计准则，因此，新产生的财务报告基金会（FRF）和马来西亚会计准则理事会（MASB）在马来西亚的会计改革中发挥着重要的作用。财务报告基金会（FRF）主要是监督马来西亚会计准则理事会（MASB）的日常运行活动。而马来西亚会计准则理事会则主要负责制定新准则，复核、修订或采纳现行的会计准则，或发布原则公告和构建财务会计概念框架等。马来西亚会计准则理事会此时所颁布的准则称为 MASB 1、MASB 2 等。同时，马来西亚会计准则理事会也把一些 IASs 吸收进来作为现存准则，只有当发布了与此相关的会计准则之后，这些吸收进来的 IASs 才会被取代。此外，马来西亚会计准则理事会也发布解释公报以突出与 IASs 的不同解释，或对某一特定准则的运用进行解释。

（3）从 2004 年至今，这一阶段是马来西亚会计准则与国际会计准则迅速融合的过程，标志着马来西亚在会计国际化进程中迈出了更大的步伐。

2004 年，马来西亚会计准则理事会（MASB）发布了一揽子针对会计准则改进的征求意见稿（亦称为“MASB 改进措施”），这些措施直接影响到当时已发布的 13 项会计准则，并使已发布的会计准则与当时相应的国际会计准则的变化相一致。

为了顺应东南亚其他国家会计准则重新命名的潮流，也为了减少报表之间不可比因素，增强财务报表的透明度和披露内容，提供更加适应经济全球化发展的高质量的财务报表，从 2005 年 1 月开始，由马来西亚会计准则理事会颁布的会计准则均改名为财务报告准则（FRS），并进行了重新编号，而且这些准则的编号与国际会计准则的编号的变化相一致。对马来西亚会计准则理事会在此之前已颁布的会计准则，编号以一百位数计，如 MASB 1 改为 FRS 101。而对此后马来西亚会计准则理事会颁布的新准则，则命名为 FRS 1、FRS 2 等。由马来西亚会计准则理事会采纳的专门针对本国业务的会计准则编号则是以两百位计，如“FRS 201 地产开发”、“FRS 204 水产养殖业会计”等。从 2006 年开始，除了 FRS 139、FRS 201 至 FRS 204 之外，马来西亚所有的公司都必须要遵循财务报告准则 FRS 1、FRS 2、FRS 3 和 FRS 5，FRS 101 至 FRS 140。

从 2007 年开始，马来西亚致力于财务报告准则（FRS）与国际财务报告准则（IFRs）的等同。2008 年 8 月 1 日，为了进一步发展国内资本市场，增强会计主体提供信息的可比性，财务报告基金会（FRF）和马来西亚会计准则理事会（MASB）共同发布一份公告，提出计划在 2012 年 1 月 1 日前实现马来西亚会计准则（FRS）与国际财务报告准则（IFRs）的全面趋同。根据该公告，2012 年马来西亚所有公开上市的公司及其子公司以及其他公共责任主体所适用的会计准则将与国际财务报告准则全面趋同；但私营主体可以继续采用当前的马来西亚私营主体财务报告准则。除此之外，在马来西亚证券交易所上市的非马来西亚公司，现在即可采用国际财务报告准则来编制财务报表。

此外，对于私营主体执行何种会计准则，马来西亚也在分阶段进行改革。在2007年7月之前，私营主体可以按未改进的会计准则，即2005年生效的旧的准则来规范自身的会计行为。但是在2006年，马来西亚发布第52号征求意见稿（ED52），该征求意见稿也被称为“私营主体财务报告准则”（PERS），旨在规范私营主体的会计行为，使得其提供的信息能满足私营主体的需要。ED52从2007年7月开始生效，此后，私营主体可以根据自身需要、成本与效益等方面的因素来选择PERS或FRS作为其会计规范予以执行，并保持一致性。

二、中国会计国际化历程

随着“中国—东盟”自由贸易区的建立，中国在区域经济一体化中发挥的作用越来越大。总体来说，中国会计国际化历程主要包括以下几个阶段：

（一）局部与国际惯例接轨阶段（1979—1992年）

该阶段的主要标志是《中外合资经营企业会计制度》的发布实施。

党的十一届三中全会以后，越来越多的境外企业到我国进行直接投资。为加强对中外合资经营企业会计工作的管理，财政部于1985年3月4日发布了《中外合资经营企业会计制度》和《中外合资经营企业会计科目和会计报表》，从1985年7月1日起正式施行。其后又陆续制定发布了《中外合资经营企业外币业务会计处理的补充规定》，对中外合资经营企业会计制度进行补充和完善，使得中外合资企业的会计核算得到进一步的完善。1985年发布的《中外合资经营企业会计制度》吸收了不少国际惯例的内容，在很多方面突破了同期国有企业会计制度的相关规定，开始了我国会计准则国际协调的步伐，也为20世纪90年代初的会计准则改革打下了坚实的基础。

（二）较为广泛地借鉴、学习国际惯例阶段（1992—1997年）

该阶段的主要标志是“两则两制”出台，即财政部发布的《企业会计准则》、《企业财务通则》、13个行业会计制度和10个行业财务制度。

在20世纪90年代初，财政部根据深化改革、扩大开放的需要，加快了会计准则制定的步伐，于1992年颁布了《企业会计准则》，同时改革传统的企业会计核算制度模式，建立行业会计制度体系，将国民经济各部门划分为若干个行业，分别制定了工业企业会计制度、商品流通企业会计制度、农业企业会计制度等13个全国性的统一会计制度，形成了一个比较完整的企业会计制度体系。1992年企业会计改革进一步加快了我国会计国际化进程，主要体现在以下几个方面：一是采用了国际通行的会计平衡公式，即以“资产＝负债＋所有者权益”取代原有的“资金来源＝资金占用”的会计平衡公式。二是采用了国际通行的会计报表体系，即采用资产负债表、损益表、财务状况变动表三张报表为主要报表，统一了不同所有制、不同行业的指标口径和内容，从而使会计报表成为通用的商业语言。三是借鉴运用了国际通用会计核算方法。如在行业会计制度中采用了制造成本法计算产品生产成本，应收账款的坏账损失企业可以采用备抵法计提坏账准备，固定资产计提折旧允许企业采用加速折旧法核算等。四是基本统一了各行业会计处理的方法和程序。13 个行业会计制度实现了“三个统一”，即各行业会计制度采用的会计处理方法和程序做到了基本统一，在会计科目使用和会计报表的项目、内容上，各行业会计制度也尽可能做到基本统一，企业会计报表体系和各行业企业会计报表的基本格式做到了统一。（郭永清，2003）

（三）全面借鉴国际惯例及完善阶段（1997—2006 年）

该阶段的主要标志是具体会计准则、《企业财务会计报告条例》及《企业会计制度》的发布及实施。

1．发布具体会计准则

财政部在总结《企业会计准则》和行业会计核算制度实施情况和经验的基础上，着手制定具体会计准则，并在具体实施的过程中根据实际情况进行修订、补充和完善。1997 年，财政部发布了《企业会计准则——关联方关系及其交易的披露》，此后又陆续发布了 15 项具体会计准则，初步建立了我国具体会计准则的基本架构。具体会计准则不仅在形式上与“国际会计准则”基本类似，而且在内容上广泛地借鉴了国际会计准则。

2．发布《企业财务会计报告条例》

《企业财务会计报告条例》由国务院于 2000 年 6 月 2 日发布，并于 2001 年 1 月 1 日实施。条例系统规范了财务会计报告的构成、编制、对外提供、法律责任等重大方面。条例的发布和实施，对我国企业对外提供的财务会计报告提出了更高的要求。新修订的《中华人民共和国会计法》（以下简称《会计法》）于 2000 年 7 月 1 日起在全国施行，《企业财务会计报告条例》作为《会计法》的配套法规，其发布及实施标志着我国实现了会计要素定义的国际化。

3．发布《企业会计制度》

为了贯彻执行《会计法》和《企业财务会计报告条例》，规范企业的会计核算工作，提高会计信息质量，财政部制定了《企业会计制度》，于 2001 年 1 月 1 日起暂在股份有限公司范围内执行。《企业会计制度》按照《企业财务会计报告条例》中的规定，对六大会计要素重新定义，使会计要素的定义更加科学，更加符合国际惯例。同时更为积极地贯彻了国际通行的稳健会计政策，规定企业对不实资产必须计提减值准备等（郭永清，2003）。

4．会计准则国际化高度趋同阶段（2006 年至今）

该阶段的主要标志是企业会计基本准则及 38 项具体准则的发布和政府会计改革的启动。

2006 年以后，我国会计国际化进程进一步加快。2006 年年底，财政部修订了企业会计基本准则及原已颁布的 16 项具体会计准则，新增 22 项具体会计准则，并把这些企业会计准则与 38 项具体会计准则一揽子予以公布。除关联方关系及其交易的披露、资产减值损失的转回、部分政府补助的会计处理等极少数问题存在差异外，其余基本上实现了与国际财务报告准则的趋同。由此可见，我国企业会计规范在更大的程度上实现了与国际会计准则的趋同。此外，财政部于2006年发布了政府收支分类科目改革方案，并于近期启动了政府会计改革的研究及改革工作，特别是对高校和医院的会计制度进行修订，就修订的内容在全国范围内征求意见，表明了我国政府会计改革正朝着与国际接轨的方向发展。

至于小企业会计主体的会计核算，国务院在2000年发布的《企业财务会计报告条例》中明确规定，对于不对外筹资、经营规模比较小的企业，由财政部另行规定会计核算办法。据此，我国在2004年4月27日，财政部发布了《小企业会计制度》，要求自2005年1月1日起在全国小企业范围内实施，该制度规范小企业的会计行为，促进小企业发展。但是，随着经济的发展，原有的《小企业会计制度》在内容上已显过时，不能真实地反映企业的财务状况和经营成果。同时，国际会计准则理事会于2009年7月制定发布了《中小主体国际财务报告准则》，引起了国际社会的广泛关注。为构建我国完整的企业会计准则体系，我国目前也在抓紧时间制定小企业会计准则，2010年11月，财政部发布《小企业会计准则（征求意见稿）》。

第二节　会计国际化及区域会计合作

一、会计准则的国际趋同与等效

随着经济全球化进程的加快，国际贸易与投资得到进一步加强，会计作为一门国际通用的商业语言，发挥了重要的作用。而安然、世通等大公司的财务丑闻以及2008年世界金融危机，对会计国际化进程产生了重要的影响。会计国际化主要是会计准则的国际化，而在其中发挥重要作用的当属国际会计准则理事会所制定的国际会计准则。我们可以从以下三个阶段了解会计国际化的进程（王艳平等，2006）：第一阶段，各国“自行其是，各自为政”阶段。该阶段主要是20世纪70年代。当时经济全球化的趋势，主要表现在国际贸易的发展和跨国公司的兴起上，资本市场的国际化不明显。1973年国际会计准则委员会成立，其所制定的国际会计准则允许多种会计方法的选择，但人们对国际会计准则能否在全球范围内被广泛接受普遍持怀疑态度。（常勋，2006）第二阶段，各国“求同存异”阶段。20世纪90年代，由于国际贸易和国际投资发展迅猛，为了让国际资本流动更为畅通，会计协调被提到很重要的地位，各国的会计准则制定机构也开始关注国际会计准则的发展和其所起的协调作用，产生了不同程度的与国际会计准则委员会协作的意向。在国际会计准则委员会的努力下，初步形成了国际会计准则体系。第三阶段，走向“天下大一统”的阶段。由于在21世纪初发生了安然等大公司的财务丑闻，国际会计准则理事会进行了改组，并提出了新的目标，提出三个方面的要求：一是强调制定高质量的会计准则；二是更加重视国际会计与财务报告准则的使用与严格运用；三是竭力提倡各国会计准则与国际会计与财务报告准则的国际趋同。

正是在国际会计准则理事会的努力下，国际会计准则被越来越多的国家所接受。随着近年全球资本市场一体化进程的加快，已有100多个国家和地区要求或允许企业采用国际报告准则，其中85个国家或地区要求其所有本国上市公司采用国际财务报告准则。在美国，已有大约2/3的美国投资者持有按照国际准则编制报表的各种证券。2007年，美国证券交易委员会允许在美上市的外国公司自2009年起按照国际财务报告准则编制财务报表，但美国本土公司仍需按照美国公认会计原则编制报表。2008年8月27日，美国证券交易委员会（SEC）通过投票表决，将发布一份采用国际财务报告准则路线图的征求意见稿，将于2011年正式决定是否强制采用国际财务报告准则。2008年，欧盟委员会向欧洲理事会和欧洲议会提交了关于实施欧洲国际会计准则规则情况的报告。这一规则于2002年被采用，要求在欧洲证券市场上市的公司从2005年开始采用国际会计准则编制合并报表，同时也给予成员国要求或允许采用国际会计准则编制公司单独报表和未上市公司合并或单独报表的选择权①。

二、区域会计组织的发展与影响②

为加强本地区会计的国际协调，提高会计信息质量，促进区域经济的快速发展，我国提出成立亚洲—大洋洲会计准则制定机构组（AOSSG）的设想。之后，我国联合澳大利亚、韩国、日本、马来西亚、新加坡、新西兰等国家和地区的会计准则制定机构，共同倡议成立亚洲—大洋洲会计准则制定机构组，并于2009年4月17日在北京成功举行了亚洲—大洋洲会计准则制定机构组筹备会议。在筹备会上，通过了亚洲—大洋洲会计准则制定机构组章程性文件《谅解备忘录》，该备忘录由澳大利亚、文莱、中国、韩国等21个亚洲、大洋洲国家和地区的会计准则制定机构签署，宣布亚洲—大洋洲会计准则制定机构组正式成立。《谅解备忘录》确定了亚洲—大洋洲会计准则制定机构组的目标是：促进本地区各国家和地区采用国际财务报告准则，以及与国际财务报告准则趋同；促进本地区各国家和地区对国际财务报告准则的一致应用；协调本地区对国际会计准则理事会技术活动的建议；与政府、监管机构和其他地区性组织和国际组织合作，以提高本地区财务报告质量。2009年11月4~5日，亚洲—大洋洲会计准则制定机构组第一次全体会议在马来西亚举行，会议通过了章程性的《谅解备忘录》和《亚洲—大洋洲会计准则制定机构组工作组运作程序指南》等文件，集中讨论了金融工具、收入确认、公允价值计量和财务报表列报四个工作组提交的工作材料。2010年9月28~30日，亚洲—大洋洲会计准则制定机构组第二次全体会议在日本东京举行，会议对亚洲—大洋洲会计准则制定机构组章程进行修改，并对重大国际财务报告准则项目进行讨论。

① 转引自财政部发布的2008年第六、七、八期《会计国际趋同简讯》。

② 转引自财政部会计司“美欧亚会计准则三足鼎立，中国确立亚洲大洋洲会计主导地位”，《会计研究》2009（11）。

毫无疑问，亚洲—大洋洲会计准则制定机构组的成立表明了亚洲和大洋洲地区在国际财务报告准则制定中拥有越来越多的话语权，基本形成了美欧亚会计准则三足鼎立的局面，对于国际财务报告准则的发展和国际会计准则趋同影响深远，也必将有力地推进会计国际化的进程。

第三节　本章小结

中马会计国际化历程各有不同，会计准则国际趋同已成为不可逆转的趋势。因此，我们可以从以下三个方面来认识中马会计国际化及区域会计合作的相关问题。

第一，从会计国际化程度来看。在会计国际化不断加强的现实背景下，中马两国顺应历史发展潮流，分阶段地使自身会计规范与国际会计准则趋同，增强了其会计信息在全球范围内的可比性，也大大提升了企业的市场竞争力。但是，两国在会计国际化的进程方面，存在着较大的差异。早在20世纪70年代，马来西亚就部分采纳了国际会计准则，在其后的会计改革中，表现出与国际会计准则"亦步亦趋"的情形，其会计准则更是计划在2012年实现与国际会计准则的全面趋同，即与国际会计准则等效。因此，从马来西亚会计国际化的进程来说，其国际化程度相当高，步子迈得更大。而我国的会计规范从20世纪70年代末的与国际惯例的局部接轨到目前的高度趋同，会计国际化经历了漫长而复杂的过程，同时，就目前我国企业会计准则体系而言，要实现与世界主要经济体会计准则的等效问题，还需要较长时间的努力。中马两国同属东盟自由贸易区的成员国，两国的会计规范协调对区域经济的发展必将产生重要的影响，要发挥我国在区域经济一体化中的作用及在区域会计协调中的话语权，在马来西亚会计准则与国际会计准则即将实现等效的现实背景下，如何实现我国会计准则与国际会计准则的全面趋同，如何实现会计准则的等效，将是一个值得我们深思与探索的问题。

第二，从会计规范的组成内容来看。为降低信息披露成本，中马两国对上市公司及中小企业会计主体均规定了不同的会计规范，同时也鼓励条件成熟的中小企业执行适用于公众公司（或上市公司）的会计规范。但是，从会计规范组成内容来看，中马两国存在差异。马来西亚的企业会计规范就是会计准则，不管是对上市公司还是私营企业，虽同时存在《财务报告准则》（FRS）及《私营主体财务报告准则》（PERS），但均表现为会计准则的形式，企业发生的经济业务均按照会计准则的相关规定进行处理。而我国至目前，会计规范仍是会计准则与会计制度并存的方式。对于上市公司而言，其从2007年1月1日起必须要执行企业会计基本准则及38项新的具体会计准则。除此之外的公司及小企业会计主体，可以选择按新具体准则处理经济业务，也可以选择执行《企业会计制度》和《小企业会计制度》或《金融企业会计制度》等。会计准则与会计制度并行存在的模式与单一以会计准则作为规范的模式孰优孰劣，目前并无权威的定论，但是，从会计国际趋同的发展方向来看，目前更多的国家倾向于采用单一会计准则的模式。因此，如何协调处理我国会计准则与会计制度并存产生的矛盾，并最终以会计准则取代会计制度，是一个亟待解决的问题。

第三，中国与马来西亚同属“中国—东盟”自由贸易区成员国，并且都是亚洲—大洋洲会计准则制定机构组（AOSSG）的成员。虽然两国的会计准则存在差异，但是，目前最为重要的是两国如何充分利用好亚洲—大洋洲会计准则制定机构组现有工作机制，深化和协调各项目组工作，在国际财务报告准则的制定过程中充分发表意见，以影响国际财务报告准则的制定，促使国际财务报告准则更多地考虑亚大地区国家，尤其是新兴市场和发展中国家的实际情况，以促进区域经济的协调发展。

参考文献

1. 黄德汉. 基于中国经济环境下的会计准则模式抉择 [J]. 中央财经大学学报, 2005 (4).

2. 杨全照. 国际会计模式差异的人文环境因素 [J]. 财会月刊, 2006 (1).

3. 黄德汉. 中国会计准则与国际会计准则差异的环境因素 [J]. 现代财经, 2005 (8).

4. 张惠忠. WTO 与中国会计环境的转变 [J]. 经济师, 2000 (9).

5. 财政部会计准则委员会. 会计国际趋同简讯, 2008 (7).

6. 王建新. 中国会计准则体系的历史演进与最新发展 [J]. 中国金融, 2006 (11).

7. 汪祥耀. 美国会计准则体系的重大变革及启示 [J]. 财经论丛, 2009 (6).

8. 许家林, 蔡传里. 论会计准则国际协调与趋同下的中国会计准则体系建设 [J]. 湖北民族学院学报 (哲学社会科学版), 2007 (2).

9. 殷红. 法国政府会计准则体系演进及其借鉴 [J]. 财会通讯, 2010 (3).

10. 李孝林, 杨兴龙. 关于建立我国财务会计概念框架的思考 [J]. 重庆工学院学报, 2007 (4).

11. 李小荣. 我国财务会计概念框架的构建 [J]. 财会月刊, 2008 (9).

12. 景翠莲. 财务会计概念框架的国际趋同及启示 [J]. 重庆交通大学学报, 2007 (6).

13. 刘永泽, 梁爽, 崔顺姬. 中韩财务会计概念框架比较研究 [J]. 会计研究, 2006 (4).

14. 葛家澍. 财务会计概念框架研究的比较与综评 [J]. 会计研究, 2004 (6).

15. 李孝林. 研究财务会计概念框架的四个问题 [J]. 北京工商大学学报, 2005 (4).

16. 范娟娟, 梁斌. 世界各国无形资产会计准则比较及对我国会计准则制定的启示 [J]. 经济师, 2004 (9).

17. 葛家澍, 杜兴强. 无形资产会计的相关问题: 综评与探讨 (上) [J]. 财会通讯, 2004 (9).

18. 郭漫勤, 韩龙生. 我国无形资产新旧会计准则与国际准则的比较研究 [J]. 昆明理工大学学报, 2007 (3).

19. 王惠珍, 张佩. 无形资产准则的国际比较及借鉴 [J]. 财会月刊, 2004 (B9).

20. 杨鹃. 中外无形资产会计准则的比较［J］. 经济问题，2007（5）.

21. 袁堂梅. 中外无形资产准则比较［J］. 中国管理信息化，2007（7）.

22. 支春红. 我国建造合同准则与IAS 11的比较与思考［J］. 山西财经大学学报，2008（S2）.

23. 倪敏. 借款费用会计处理国际比较与启示［J］. 财会月刊（理论），2009（1）.

24. 袁彬. 借款费用会计处理的纵向比较与现实思考［J］. 中国高新技术企业，2008（9）.

25. 李芳. 原则导向型会计准则在我国应用的可行性分析［J］. 纺织财会，2004（2）.

26. 朱琪. 我国金融工具会计准则与IAS 39的对比［J］. 财会月刊，2007（5）.

27. 梁淑红. 中国—东盟五国财务会计概念框架之比较［J］. 会计之友，2008（12）.

28. 蒋峻松，卢漪，马静，等. 中国—东盟会计区域协调与会计准则国际趋同［J］. 国际商务财会，2009（2）.

29. 胡华夏，杨琦. 我国《金融工具确认和计量》准则与国际会计准则之比较［J］. 交通财会，2007（2）.

30. 芮鹏. 中国金融工具会计准则与国际会计准则对比研究［J］. 时代金融，2006（8）.

31. 周雅琴. 我国金融工具会计准则与IAS的趋同和差距［J］. 财会通讯，2006（3）.

32. 财政部会计司年编写组企业会计准则讲解［M］. 北京：人民出版社，2007.

33. 中华人民共和国财政部. 企业会计准则——应用指南2006［M］. 北京：中国财政经济出版社，2006.

34. 周红，王建新，张铁铸. 国际会计准则［M］. 大连：东北财经大学出版社，2008.

35. 王建新. 财务会计概念框架［M］. 大连：东北财经大学出版社，2007.

36. 盖地. 税务会计与纳税筹划［M］. 大连：东北财经大学出版社，2003.

37. 王清刚. 全球会计准则研究——兼论中国会计标准国际化［M］. 北京：中国财政经济出版社，2007.

38. 郭永清. 会计国际化——全球范围内的考察与中国的经验［M］. 上海：立信会计出版社，2003.

39. 许宁宁，裴铕才. 中国—东盟自由贸易区概论［M］. 北京：红旗出版社，2005.

40. 马来西亚会计准则理事会. 财务报告准则第139号（2010）［M］.

41. 马来西亚会计准则理事会. 财务报告准则第129号——恶性通货膨胀经济中的财务报告［M］.

42. 马来西亚会计准则理事会. 财务报告准则第204号（马来西亚会计准则第5

号）——水产养殖业的会计处理［M］.
43. 马来西亚会计准则理事会. 财务报告准则第 138 号（2010）［M］.
44. 广西财经学院会计系. 马来西亚财务报告准则. 南宁：内部资料，2009.
45. JANE LAZAR，HUANG CHING CHOO. Financial reporting standards for malaysia［J］. Mc Graw Hill，2008.
46. 梁淑红. 中国——东盟会计准则制定模式比较［J］. 会计之友，2008（6）.
47. 赵桂琴. 中外会计准则制定模式比较及制度经济学分析——以韩国、美国为例［J］. 会计之友，2008（3）.
48. 曹立. 两种会计准则制定模式的比较及启示［J］. 当代经济，2005（1）.
49. 吕怀化. 我国会计准则制定模式之探讨［J］. 财会研究，2008（5）.
50. 靳远文. 我国会计准则制定程序的国际比较及完善策略［J］. 审计月刊，2007（8）.
51. 刘莉萍，王宏艳. 会计准则制定模式比较及启示［J］. 商业时代，2009（14）.
52. 冯丽丽，郭焕书. IAS 37 与我国或有事项准则的比较研究［J］. 财会月刊，2006（12）.
53. 王敏. 中国与国际会计准则或有事项的比较［J］. 山东财政学院学报，2006（3）.
54. 于卫兵，梁洪华. 对我国金融会计标准国际化进程的评析［J］. 当代经济，2007（5）.
55. 洪纯. 浅谈我国金融会计准则国际趋同问题［J］. 金融纵横，2008（5）.
56. 刘玉焕. 保险会计新政对保险业的影响及完善建议［J］. 上海保险，2009（9）.
57. 吴迪. 保险会计准则比较研究［J］. 金融理论与实践，2007（11）.